高等院校通识教育课程教材

大学生
职业生涯规划与发展

主　编　刘　青
副主编　曹　琴　邹权武　代　玮　杨　惠
　　　　钱　程　代雪茹　喻　怡

WUHAN UNIVERSITY PRESS
武汉大学出版社

图书在版编目(CIP)数据

大学生职业生涯规划与发展 / 刘青主编. -- 武汉 ：武汉大学出版社，2025.8. -- 高等院校通识教育课程教材. -- ISBN 978-7-307-25119-9

Ⅰ.G647.38

中国国家版本馆 CIP 数据核字第 2025HM8758 号

责任编辑:韩秋婷　　　责任校对:汪欣怡　　　版式设计:马　佳

出版发行: **武汉大学出版社**　(430072　武昌　珞珈山)

(电子邮箱: cbs22@ whu.edu.cn　网址: www.wdp. com.cn)

印刷:武汉中科兴业印务有限公司

开本:787×1092　1/16　印张:14.75　字数:330 千字　插页:2

版次:2025 年 8 月第 1 版　2025 年 8 月第 1 次印刷

ISBN 978-7-307-25119-9　定价:49. 00 元

前 言

在当今时代，大学生的职业发展既面临着前所未有的机遇，也伴随着严峻的挑战。根据教育部、人力资源和社会保障部统计，2025 届全国高校毕业生规模预计达 1222 万人。习近平总书记在党的二十大报告中强调我国的人才培养战略，指出教育、科技、人才是全面建设社会主义现代化国家的基础性、战略性支撑。深入实施人才强国战略，培养造就大批德才兼备的高素质人才，是国家和民族长远发展大计。在 2025 年两会上，国家再次聚焦大学生就业，明确提出要通过政策支持、就业指导和人才培养模式创新，助力大学生更好地适应社会需求。这些举措，与《中华人民共和国国民经济和社会发展第十四个五年规划和 2035 年远景目标纲要》中的长远部署一脉相承，共同为大学生的职业生涯规划与发展提供了根本遵循和清晰指引。

新时代的大学生正处在人生的关键节点，面对复杂多变的社会环境，如何精准定位自身角色，实现个人价值与社会需求的有机融合，成为他们必须深入思考的重要课题。职业生涯规划，不仅是助力大学生顺利就业的有效工具，更是引领他们实现自我成长、追求卓越的关键路径。

本教材紧密围绕职业生涯认知、职业兴趣探索、职业性格匹配、职业价值观树立、职业能力概述与培养、职业世界探索、职业生涯决策、职业生涯规划以及职业生涯管理这九大方面展开详尽阐述。其核心目的在于，帮助大学生系统而全面地掌握职业生涯规划与发展的相关理论与方法，引导他们结合个人兴趣、性格特质、职业价值观以及自身能力，精准探寻出一条契合自身发展的职业道路。本教材指导学生深入剖析职业环境，熟练掌握科学的决策方法，精心策划并有效执行切实可行的职业生涯规划，旨在全方位提升大学生的职业能力与综合素养，使他们能够更加从容自信地应对未来职业领域的各种挑战。在本教材的内容设计上，我们充分考虑了大学生的实际情况，注重理论与实践、普遍性与特殊性的紧密结合，遵循"贴近实际、注重实效、有所创新"的基本思路，充分彰显了系统性、全面性和实用性的特点。

教材编写的具体分工为：第一章由刘青、邹权武负责，第二章由杨惠负责，第三章由刘青负责，第四章由代雪茹负责，第五章由刘青、喻怡负责，第六章由刘青负责，第七章由钱程负责，第八章由曹琴、刘青负责，第九章由代玮负责。全书由刘青担任主编，具体负责设计、统稿、定稿。曹琴、邹权武、代玮、杨惠、钱程、代雪茹、喻怡担任副主编，参与书稿框架的设计和部分章节的审稿。

在编写过程中，我们特别注重内容的实用性和贴近性，结合当前大学生的实际需求，引入了大量真实案例和实践活动，帮助大学生将理论知识转化为实际能力。同时，我们密切关注国家政策导向和社会发展趋势，以确保教材内容与时俱进，最终为大学生的职业发展提供有力支持。

本教材在编写过程中借鉴了向阳生涯创始人洪向阳等专家学者在职业生涯规划与发展领域的研究成果与观点，在此一并表示感谢！

我们希望通过这本教材，激发大学生对未来的思考，引导大学生树立正确的职业观和人生观，培养创新精神和实践能力，最终实现个人的全面发展和职业理想。愿大家在职业生涯中勇敢探索、砥砺前行，书写属于自己的精彩篇章！

由于时间和编者水平有限，书中难免有疏漏和不妥之处，真诚欢迎广大读者提出宝贵建议和意见，以便在将来更好地修订和完善。

刘 青

2025 年 3 月

目　录

第一章
职业生涯认知

知识导航

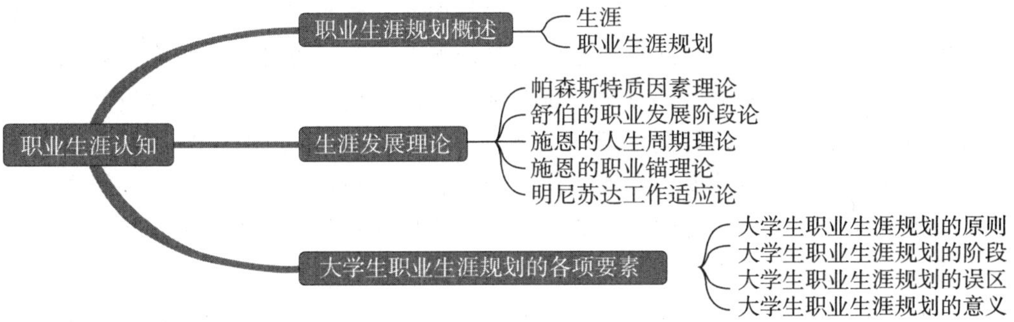

学习目标

知识目标

1. 了解生涯的概念及其相关理论

2. 掌握职业生涯规划的原则

能力目标

1. 明确大学生进行职业生涯规划的重要作用及意义

2. 能够结合所学知识初步规划自己的学业

素质目标

1. 树立终身学习的理念，培养自主学习能力，不断追求知识和技能的提升，以适应快速变化的职业环境

2. 养成明确目标、合理规划的习惯，将个人发展与社会需求相结合，强调职业发展的目的性和计划性

【案例导入】

罗学姐的跨国创业故事

罗学姐2007年毕业于一所普通本科院校英语专业，现在是印度尼西亚红宝石国际物流公司、红宝石钢铁公司、红宝石国际贸易公司创始人之一。

在校期间，听到老师和同学们说军训生活虽然辛苦，但很值得怀念，她想到把大家的军训过程拍成纪录片，刻制光碟售卖给新生，帮“萌新”们留下珍贵的回忆。大二开学后，她利用课余时间在学校附近租下一间小门面房，开了一家文印店，为同学们提供打字复印、拍登记照、拍视频等服务。在完成学业的同时，初尝创业滋味的她，为自己赚取了足够的学费和生活费，积累了宝贵的创业经验和工作技能，逐步培养了独立自主的个性，为日后海外创业奠定了坚实的基础。她曾经说，有梦想并且能够为之付诸行动，就能在大学生活中实现自己的价值，为未来的职业生涯铺路。

踏入职场，锤炼自身，再度成长。2007 年大学毕业后，罗学姐凭借自身突出的专业优势和英语能力，顺利入职位于深圳的华侨城集团。初到深圳的她，探索着这座科技与资本汇聚、国际交流合作频繁的城市，观察着身边来自全国各地的优秀人才，感受着这座城市的活力和创新精神，她感受到了前所未有的挑战和机遇。在深圳的工作生活中，她得到了很多的锻炼和成长，学会了制定市场策略和执行方案、管理项目和推动进度、处理工作中的各种问题和挑战，也学会了分析市场需求和竞争情况、与客户有效沟通协商、与团队伙伴加强配合合作……短短几个月，她经历了许多困难和挑战，也取得了许多进步和成长。凭借扎实的专业基础和极快的成长速度，她迅速被公司提拔为骨干成员，升任马来西亚总部公司销售总监。初入职场的她深刻感受到，只有不断地学习和成长，才能在竞争激烈的职场中立于不败之地。

勇闯天涯，站稳脚跟。随着自身能力不断提升、经历不断丰富，为老板打工已经不再能够满足罗学姐。2013 年，习近平总书记在出访中亚和东南亚国家期间，提出共建“丝绸之路经济带”和“21 世纪海上丝绸之路”的重大倡议。商业触觉敏锐的罗学姐，嗅到了来自印度尼西亚的创业机会。当时的印度尼西亚物资严重依赖进口，工业发展相对滞后，但是中上层收入者的消费观念十分超前，商业发展潜力巨大。看到商机的罗学姐果断辞去了让众人羡慕、收入颇高的工作，离开马来西亚，只身前往印度尼西亚。在充分了解市场需求及“一带一路”倡议后，她决定长期居住在雅加达，在那里开启自己的创业之旅，希望走出自己的一片天地。

2014 年，在雅加达商学院的推荐下，罗学姐获得了去德国攻读工商管理硕士(MBA)的机会。读书期间，她将自己的创业经历和商业梦想与理论知识进行对照，学习先进的商业运作模式，不断为构筑自己梦想中的“商业王国”添砖加瓦，为走好后面的创业路夯实基础。2016 年毕业后，罗学姐回到印度尼西亚，先后开创了红宝石国际物流公司、红宝石钢铁公司、红宝石国际贸易公司，致力于打造国际一流的基建出海项目供应商与服务商，尤其致力于在中国—东盟区域发挥关键作用。现在红宝石公司的业务已覆盖印度尼西亚雅加达、三宝垄、棉兰及泗水四个大型城市，拥有员工100余人，市值8000万元。公司主营钢铁、建材、设备进出口业务，配套提供仓储、海运、报关清关、配额检验、代理进口、港到门/门到门集装箱运输等服务，合作伙伴有青山控股集团、宁德时代、格林美、力勤集团、华友钴业等。公司成立至今十余年，乘借中国与东盟经贸合作的东风，红宝石公司在印度尼西亚市场的经贸往来中实现了持续而显著的发展。

【案例分析】

"凡事预则立，不预则废。"罗学姐的成功经历充分体现了科学合理的职业生涯规划在个人发展中的重要作用。大学期间，她找到自己的优势，通过创业积累经验与资金，为未来职业发展奠定了基础。毕业后，她凭借专业优势进入华侨城集团，迅速适应并不断成长，被提拔为骨干成员。在这一阶段，她积累了丰富的职场经验与管理能力，为后续创业储备了关键的资源与能力。

"一带一路"倡议提出后，她结合自己的工作经历，敏锐捕捉到海外创业机会，果断前往印度尼西亚，结合当地市场需求与政策优势，开启海外创业之旅。在德国读书期间，她将实践与理论相结合，进一步完善公司商业布局，使业务覆盖印度尼西亚多个城市，成为中国和印度尼西亚经贸往来的重要桥梁。她的成功源于对自身能力的清晰认知、对市场机遇的敏锐洞察以及对职业目标的坚定追求，这些品质共同构筑了她职业生涯的坚固基石。

第一节　职业生涯规划概述

人的一生是在无数次树立目标与实现目标中度过的。细化到每天的工作与生活，或以月、以年，或以三年、五年、十年为单位来进行目标的确立、奋斗与达成。而每个人的心里又都有一个总的人生目标。归纳起来，这个总的目标才是一切生产创造的动力来源，它影响着一个人的思维与行动，决定了一个人的人生观与价值观，而这，就是人生发展的方向。

一、生涯

（一）生涯的概念

在我国，"生涯"一词源于庄子所说："吾生也有涯，而知也无涯。"在这里，"生"为生命，"涯"为边际的意思。庄子所说的意思是"我的生命是有限的，但需要我学习、探索的却是无边界的"。因此，生涯正贯穿每个人有限而完整的人生旅程。

英文中，"career"一词并非直接来自希腊语，而是源自拉丁语"cursus"（跑道），经古法语“carriere”(赛马场)进入英语，原指可供奔驰的车道。16 世纪后，该词被引申为“人生赛道”，泛指个体一生所经历的职位、角色与发展轨迹。

在西方，目前大多数学者所接受的“生涯”定义来自美国学者舒伯的论点：生涯是生活中各种事件的演进方向和历程，它综合了人一生中的各种职业和生活角色，由此表现出个人独特的自我发展形态。生涯具有终身性、独特性、发展性和综合性的特点。人们可将其理解为介于“生命”与“职业”之间的概念，其外延既未大到与“生命”等同，也未小到与“职业”完全重合，其内容是比较宽泛的，具有丰富的内涵与特性。

(二)生涯的特性

一般来说，“生涯”通常有两种用法：一是作为名词，有“向上的职业流动”之意，表示某种行业可由基层循级而上，如“军人生涯”，是指由军校学生、尉官、校官逐级晋升至将官的一种职业生涯的模式；二是作为形容词，表示某种特定的就业状态，如“职业军人”。这两种用法均强调持续性或持久性，对个人的前程发展而言，均包含跨越时间与空间的意义。因此，生涯具备以下六种特性：

1. 方向性

生涯是生活中各种事态的连续演进方向。一个人一生当中的生涯发展，宛如茫茫大海中破浪前行的航道，虽不可见，却有迹可循。正如黑塞在《流浪者之歌》一书中所言：“大多数的人就像是落叶一样，在空中随风飘游、翻飞、荡漾，最后落到地上。一小部分的人像是天上的星星，沿着固定的轨迹而走，任何风都吹不到他们，因为他们内心有自己的引导者和方向。”

至于这个方向是沿着哪个路径前进，“内心的引导者”为何，不同的理论有不同解释，不同文化背景影响下的个体也有不同的引导者：可能是自我概念，可能是生命意义或价值；可能是某种需求的满足，也有可能是兴趣或能力等某些特质，甚至是紧跟社会趋势的追求。研究蚂蚁世界的知名生物学巨匠威尔逊在其自传中提及，决定他生涯方向的是“性格内在的那个男孩”——“我只想成为第一个发现某些事物的人”。这种内在的声音即威尔逊内在的引导者。

2. 时间性

生涯的发展是连续不断的过程。具体而言，生涯是一生中依序发展的各种位置的综合体。这一定义虽不精确，但抓住了“生涯”的基本元素——时间性，即纵贯一生的发展。从过去、现在到未来，个体的生涯发展历程由一连串的“点位”构成：每一个当下的“点位”都受过去的“点位”的影响，也为未来的“点位”做准备。这些“点位”是依序发展的。如前所述，“军人生涯”，就是从军校学生、尉官、校官到将官的“点位”依次上升。

3. 空间性

生涯以事业角色为主轴，也涵盖其他与工作相关的角色。从不同年龄阶段来看，个体可能同时承担多种角色。这些角色也许不全是职业角色，但都与职业活动直接或间接相关。以大学生的“大学生涯”为例，涉及的主要角色是学生；以中年女性的“教师生涯”为例，涉及的角色可能包括妻子、母亲、教师等。

有人认为生涯等同于生活，实则不然。生涯只是生活的一部分，而非全部。生涯发展必定伴随许多相关角色的发展，这些角色的发展无法脱离生涯脉络而独立存在。生涯涵盖了人一生中的各种角色，其中职业角色带来的生活经验是重要组成部分。正是这些角色在家庭、学校、职场等多重空间中的并置与转换，构成了生涯独特的空间性。

4. 独特性

每个人的生涯都是独一无二的。即使经历类似的职位或角色，不同个体的生涯仍具独特性，因为每个人在职位或角色上的表现方式不同。例如，美国前总统约翰逊和福特都出身工人家庭，都曾在海军服役、担任过国会议员并最终成为总统，但两人在国会和总统任职期内的表现评价褒贬不一。可以说，每个人的生涯经验自然各异。

5. 主观性

生涯具有强烈的主观性。生涯不等于客观存在的生命，而是个体主观建构的现实。它并非自动存在，唯有当一个人开始反思自我、规划未来时，其生涯才得以真正显现。

从本质上看，生涯是人对客观职业角色的主观认知与诠释。职场中的每个职位都是客观现实，但个体对职位的理解、对工作意义的赋予，以及对自身在其中的定位却完全是主观的。前者关乎“人如何工作”，后者则关乎“人如何看待工作”以及“如何在工作中定义自我”。生涯，正是在这个框架内，定义了一个人如何理解自己的过去、现在和未来。因此，人生的意义在生涯发展过程中得以彰显和完成，这不仅取决于所谋求的客观职位，更取决于对所成就事业的主观认同与自我实现。

6. 主动性

人是生涯的主动塑造者。在个人生涯发展中，遗传条件、社会阶层、政策环境乃至机遇等因素固然会产生影响，然而，过去二十年的心理学研究愈发强调个体在行为机制中的主动地位。研究表明，人并非完全受制于外在环境，而是能够主动思考、计划，并积极改变与创造环境。这种主动性尤其体现在个体面对生涯转换时所作的决策中——正是通过一次次主动的选择与规划，人们持续地塑造着自身的生涯轨迹。

二、职业生涯规划

(一)职业生涯的概念

职业生涯是指一个人一生所有与职业相关的行为、活动，以及相关的态度、价值观、愿望及连续性经历。它既是一个人一生的任职经历，也是职业、职位变迁及工作理想、人生价值实现的全过程。

职业生涯包含以下五个方面的含义：

(1)职业生涯以个体职业为核心，与特定组织和群体的关联度较低，随主体的不同而变化。

(2)职业生涯是一种贯穿一生的动态过程，涵盖所有与职业相关的连续活动或经历。职业生涯并非从步入社会工作才开始。它既包括就业前的职业准备阶段，如职业能力获得、职业兴趣培养、职业选择和定位、职业资格证书获取等，也包括就业后的职业发展、变更经历和过程。

(3)职业生涯并非仅指一个人在其一生中所经历的各个工作职位的总和，也不以成功与否或发展速度的快慢为衡量标准。

(4)职业生涯受多方面因素影响，如个人对终身职业生涯的设想与计划、组织的需要与人事计划、社会客观环境、教育成长环境、个人发展需求等。

(5)职业生涯是一个发展的过程，这个过程随着时间的延续而改变。这个过程有两种表现形式：一是职业的改变，这种改变是个人所从事的工作内容的改变，不一定是工作或者单位的变动，也可以是在同一单位中从事不同的工作；二是职务的晋升，即在同一职业或同一单位内个人职位不断提升。二者均属于职业生涯的良性发展。

(二)职业生涯规划的概念与模型

1. 职业生涯规划的概念

职业生涯规划也叫“职业规划”。在学术界，人们喜欢称之为“生涯规划”，在部分地区，也有一些人喜欢用内涵更广的“人生规划”一词来强调职业生涯规划的核心地位。它又称职业生涯设计，是指个人与组织相结合，在对一个人职业生涯的主客观条件进行测定、分析、总结的基础上，对自己的兴趣、爱好、能力、特点进行综合分析与权衡，结合时代特点，根据自身职业倾向，确定其最佳的职业奋斗目标，同时为实现这一目标做出行之有效的安排。

职业生涯规划既包括个人主导的个人职业生涯规划，也离不开组织提供的职业规划管理体系两类。前者是核心，后者是支持系统，二者并不并列。职业生涯规划是个体人生规划的主体部分，其目的不仅在于帮助个人找到一份合适的工作，更重要的是帮助个人真正认识自我。合理设计自己的职业生涯是迈向成功的第一步。

实际上，大学生的职业生涯规划的前置思考在参加高考前就已启动。在新高考改革背景下，选科模式打破了传统的文理分科，赋予学生更多的自主选择权；学生在高中伊始就需要在众多科目组合中做出决策，而这一决策将直接影响到未来大学专业的选择和职业发展路径。进入大学后，大学生应通过对自身和外部环境的认知，尽早制定职业生涯规划，珍惜大学这段宝贵的时光，努力学习知识、掌握专业技能、提升综合素质，为未来进入职场做好充分准备。

职业生涯规划就是对职业生涯乃至整个人生进行持续的、系统的计划的过程。一个完整的职业生涯规划由职业定位、目标设定和通道设计三个要素构成。

2. 职业生涯规划的模型

当我们考虑职业生涯规划时，首先应该想到的是最佳状态——什么职业最适合自己。此时我们应该兼顾以下四个原则：

第一，喜好原则。喜欢一件事时，就会发自内心地想要把它做好。只有真正喜欢，才有可能在碰到强大的对手时仍然坚持，在极其困难的条件下仍然不放弃，即便面对非常大的诱惑也不会动摇。

第二，擅长原则。做自己擅长的事，才有能力做好，才能解决具体的问题。只有做自己最擅长的事情，才有可能做得比别人更好，从而在竞争中脱颖而出。

第三，价值原则。必须认为这件事足够重要，无论是物质价值还是精神价值，至少值得投入，否则即使再有能耐、再喜欢也很难坚持下来。

第四，发展原则。这件事所在领域应当有足够大的市场前景和成长空间，这样的事才有持续发展的可能。

如果一个人做的是自己最喜欢且擅长的事，又认为它有价值，那么做成的概率会很大。如果这件事情还很有发展前景，就更可能获得长久的成功。因此，要想获得职业生涯的真正成功，坚持上述四个原则非常重要。

基于上述原则，中国职业规划师协会会长洪向阳构建了职业生涯规划的模型——向阳职业规划模型(见图1-1)。该模型由职业取向系统、商业价值系统与职业机会系统构成，三大系统相互影响、相互作用。

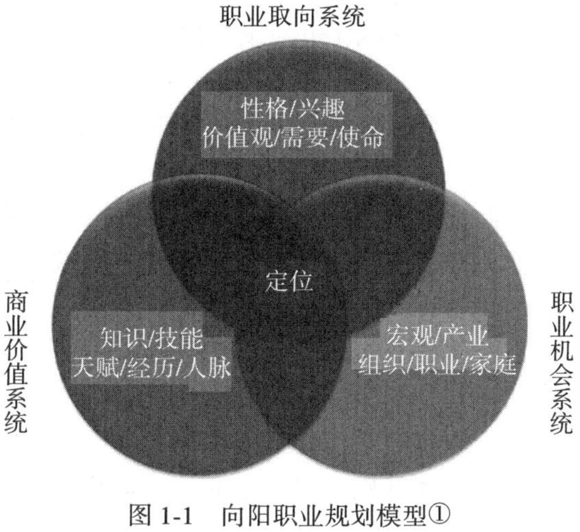

图 1-1　向阳职业规划模型①

职业取向系统。职业生涯是以个人为中心的，在考虑职业定位和职业规划时，自然要优先关注一个人最根本的取向。职业取向系统是人的潜意识的外在表现，人的本性遵循快乐原则，具体由性格、兴趣、价值观、需要与使命等要素来体现。事实上，上述每一种要素都足以反映个体在职业乃至生活方式上的倾向。它是职业生涯规划的第一系统。当人们面临较少外在限制的情况下，优先考虑职业取向系统，可最大限度获得职业满足感。它直接引导人们走向最舒适，同时也是最佳的职业方向。

商业价值系统。该系统面向现实社会，评估个体相对于职业世界的客观价值。个体能为职业世界作出多大贡献，直接决定其能否获得相关职业机会。该系统由一系列可直

① 洪向阳 . 10 天谋定好前途：职业规划实操手册(第二版)[M]. 北京：中国经济出版社，2021：26.

接创造价值的要素构成，主要包括知识、技能、天赋、经历和人脉五个方面。商业价值系统具有一定的相对性，对 A 职业无商业价值的要素，对 B 职业却可能极具商业价值。在设定职业目标时，目标大小主要受本系统影响。

职业机会系统。该系统由一系列环境因素构成，包括宏观环境、产业环境、组织环境、职业环境与家庭环境。它直接影响个体可获得的职业机会，进而直接决定职业的一般发展方式和发展路径。对职业生涯而言，它可能是助力，也可能是阻力。

在不同的职业发展阶段及不同的外在环境下，三大系统所起作用的大小与先后顺序均会发生变化。

3. 职业生涯规划的类型

(1)从时间维度划分。

短期规划：短期规划一般设定 2~3 年的职业规划，主要确定近期的目标，规划近期要完成的任务。

中期规划：中期规划一般设定 3~5 年内要达到的目标和完成的任务。人们通常把个人职业规划的重点放在中期规划，这样有利于根据实际情况随时调整。

长期规划：长期规划一般设定 5~10 年的职业规划，主要制定较长远的目标及实现目标所需的措施。

人生规划：人生规划即整个职业生涯的规划，时间可长达 40 年，主要设定个人整体发展目标。

(2)从内生涯与外生涯维度划分。

内生涯是指个人在职业生涯中所具备的知识、技能、经验、观念、心理素质以及内心感受等因素的组合及其变化过程，主要包括以下几个方面：

知识与技能：通过学习和实践获得的专业知识和技能，是内生涯的核心部分。

经验与成果：在工作和学习中积累的经验及取得的成果，反映个人的职业成长。

观念与心理素质：包括职业价值观、职业态度以及应对工作压力的心理素质等。

内生涯是外生涯发展的前提和基础，只有不断提升内生涯各项要素的水平，才能推动外生涯的持续发展。

外生涯是指个人在职业生涯中所处的工作单位、工作地点、工作内容、工作职务、工作环境、薪资待遇等因素的组合及其变化过程，主要包括以下几个方面：

职位与晋升：个人在组织中的职位及晋升路径，是外生涯的重要组成部分。

工作环境与待遇：包括工作场所的物理环境、工作氛围以及薪酬福利等。

社会认可与荣誉：通过职业活动获得的社会认可和荣誉，也是外生涯的重要体现。

外生涯的发展受外部环境和组织影响较大，同时也受到内生涯的制约。理想的职业生涯规划是内外生涯的协调发展，个人需要在发展内生涯的同时，积极寻找与之匹配的外生涯机会。

第二节 生涯发展理论

职业生涯是一个人长期的发展过程，在不同的发展阶段，个人有着不同的职业需求和人生追求。比如，20 多岁的人注重多学习、长见识，把职业工作更多地看成历练的机会；30~40 岁的人开始成家立业，追求人生的发展；40 岁以上的人想获得稳定的地位和收益，追求事业的稳定，趋向于避免风险；50 岁以后，许多人开始享受职业生涯带来的成果，并为退休后的生活做准备。职业生涯发展阶段的划分是职业生涯规划研究的一项重要内容。对于具体阶段的划分，不同的专家学者有不同的观点，相关的重要理论包括帕森斯特质因素理论、舒伯的职业发展阶段论、施恩的人生周期理论和职业锚理论、明尼苏达工作适应论。

一、帕森斯特质因素理论

帕森斯特质因素理论又称人职匹配理论。它以个人的个性心理特质作为描述个体差异的重要指标，强调个人特质与职业选择的匹配关系。美国波士顿大学教授帕森斯是该理论的创始人，后来美国学者威廉姆逊、戴维斯等人在其理论基础上发展完善了该理论。该理论的核心是帕森斯提出的“职业选择三要素”，即通过三步操作实现人职匹配。

1909 年帕森斯在他的著作《选择一个职业》中提出，职业选择的焦点是人与职业的匹配。他认为，每个人都有独特的人格特质，每种人格特质都有与之相适应的职业类型。帕森斯特质因素理论中的“特质”指个人的人格特质，包括价值观、性格、兴趣、能力和气质等，可通过心理测量工具加以评估；“因素”指取得职业成功所需要具备的资质或条件，可通过分析职业特点来获得。

根据帕森斯的职业选择三要素，个人在职业生涯规划过程中可以通过以下三个步骤进行职业选择。

第一步是全面了解个人的生理和心理特点。个体差异普遍存在，每种职业对工作者的能力、性格、气质等都有不同要求。可借助心理测量工具及其他测评手段，掌握身体状况、兴趣爱好、气质与性格、能力倾向等方面的资料，并对这些资料进行评价。

第二步是分析各种职业对人的要求。每种职业的性质、环境、条件不同，对个人的身体素质、年龄、学历、专业技能及其他心理素质及就业机会等要求也不同。个人应根据自己的个性特征来选择对应的职业类型。

第三步是实现人职匹配。在了解个人特性和职业各项指标的基础上，进行比较分析，选择一种既适合个人特点又最具成功可能性的职业。人职匹配的实现，意味着个人特征与职业环境高度契合，工作效率和职业成功的可能性将大幅提高。反之，则可能性降低。

帕森斯认为，只有实现人职匹配，个人才更可能适应工作，从而使个人和社会共同受益。因此，进行职业选择时，应尽可能详细地掌握个人特质和职业特点，进行全面、深入的分析，区分持久的与暂时的、关键的与次要的特质和因素，从而最大限度地发挥帕森斯特质因素理论在职业生涯规划中的作用。

二、舒伯的职业发展阶段论

目前最常见、应用最广泛的职业生涯规划理论是美国学者舒伯的职业发展阶段论。

通过长期研究，舒伯系统地提出了有关职业生涯发展的观点。舒伯认为，每个人都有一个职业周期。1953 年，他根据自己“生涯发展形态研究”的结果，将个人职业生涯发展划分为成长、探索、确立、维持和衰退共 5 个阶段。后来，他提出了“生活广度、生活空间”的生涯发展观，即职业生涯彩虹图(见图 1-2)。职业生涯彩虹图的纵向层贯穿个体一生，呈现的是生活空间中的一组角色，分别是子女、学生、休闲者、公民、工作者、持家者。这 6 种角色相互影响，共同构成个人独特的生涯轨迹。

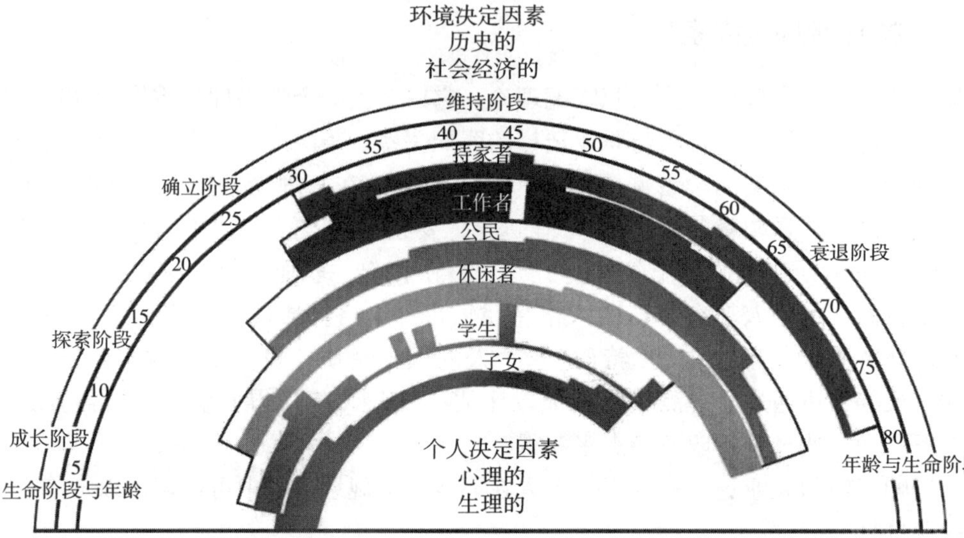

图 1-2　职业生涯彩虹图

(一)成长阶段(0~14 岁)

成长阶段属于认知阶段。在这个阶段，儿童开始发展自我概念，学会以不同的方式来表达自己的需要，并通过不断尝试来调整自己的角色认知。这个阶段的任务是塑造自我形象、树立对工作世界的正确态度并理解工作的意义。这个阶段包括三个时期：

1. 幻想期(0~10 岁)

以“需要”为主要考量因素，在这个时期幻想中的角色扮演很重要。

2. 兴趣期(11~12 岁)

以“喜好”为主要考量因素，个体的抱负与活动主要受喜好影响。

3. 能力期(13~14 岁)

以“能力”为主要考量因素，能力的作用逐渐凸显。

(二)探索阶段(15~24 岁)

探索阶段属于职业准备阶段。在该阶段，青少年通过参加学校活动、社团体验活动、兼职等，对自我能力、角色和职业进行探索，职业选择具有较大弹性。这个阶段的任务是使职业偏好逐渐具体化、特定化、明确化。这个阶段包括三个时期：

1. 试探期(15~17岁)

综合考虑需要、兴趣、能力及机会，做出暂时的决定，并通过幻想、讨论、完成课业及工作实践进行尝试。

2. 过渡期(18~21岁)

进入就业市场或接受专业训练，更重视现实因素，力图实现自我价值，将宽泛的选择转为具体的选择。

3. 试验期(22~24岁)

初步确定职业方向，并试验将某一职业作为长期职业的可能性。若发现不适合，则可能重新经历前述阶段进行调整。

(三)确立阶段(25~44岁)

确立阶段属于职业选择和稳定阶段，是大多数人职业生涯的核心阶段。经过上一阶段的尝试，职业定位仍与自身条件不符的人会谋求变化或作进一步探索，已找到匹配方向的人则确定相应的职业定位，并在31岁以后开始考虑如何巩固职业成就。这个阶段的任务是整合资源、巩固基础并谋求发展。这个阶段包括两个时期：

1. 尝试期(25~30岁)

个体寻求安定，但可能因生活或工作上的若干变动而感到不满意。

2. 稳定期(31~44岁)

个体致力于工作稳定，通常因资历深厚而取得良好的业绩。

(四)维持阶段(45~65岁)

维持阶段属于职业发展和精进阶段。在此阶段，个体希望继续维持现有职位，同时应对新人的挑战。这个阶段的任务是维持已有的成就与职业地位。

(五)衰退阶段(65岁以上)

衰退阶段属于职业退出阶段。随着生理及心理机能日渐衰退，个体不得不面对现实，从积极参与转向逐步退出。这个阶段的任务是发展新角色，适应退休生活，寻求新的需求满足方式。

三、施恩的人生周期理论

美国学者施恩从生物社会周期和职业社会周期两个维度来剖析职业的发展，下面进行具体介绍。

(一)生物社会周期理论

在生物社会周期理论中，人的发展主要与年龄有关，同时受社会法律和社会文化等因素影响；个体的生物因素与家庭背景亦存在差异。大致可分为四个阶段：

1. 少年至30岁

此阶段人群充满活力、热情奔放，怀抱理想主义，开始面临成家立业的现实课题。

2. 30岁左右

此阶段人群具有以下特点：

(1)慢慢安定下来，重新审视并调整人生坐标。

(2)富有责任感，人生机会最多，挑战也最为严峻。

3. 40岁左右

此阶段人群具有以下特点：

(1)面临"中年危机"，需为自己和家庭承担更大责任。

(2)在子女身上看到青春期自我的影子。

(3)以更清晰的自我认知和更开放的心态化解人际矛盾。

4. 50岁左右

此阶段人群具有以下特点：

(1)体能渐衰，深感时光飞逝。

(2)待人更加圆滑、成熟、宽厚。

(3)子女离巢后，夫妻彼此依靠，共同适应空巢生活。

(4)追求安稳与满足，为退休后的财务、社交和健康等方面可能出现的变故做好准备。

(二)职业社会周期理论

施恩根据人生不同年龄段面临的问题和职业任务，提出了职业社会周期理论，其将职业生涯分为九个阶段。

1. 成长、幻想、探索阶段

(1)发现并发展自己的需要和兴趣、能力和才干，为实际的职业选择奠定基础。

(2)学习职业方面的知识，寻找现实榜样，获取丰富信息，形成价值观、动机和抱负，做出合理的教育决策，将幼年的职业幻想转化为可操作的现实目标。

(3)接受教育和培训，培养工作所需的基本习惯和技能。个人在这一阶段的主要角色是学生、职业候选人、申请者。

2. 进入工作世界阶段

(1)考察劳动力市场，争取可能成为职业起点的第一份工作。

(2)个人和雇主签订正式契约，成为某一组织的成员。个人在这一阶段的主要角色是应聘者、新学员。

3. 基础培训阶段

(1)以实习生、新手角色进入职业或组织。此时的主要任务是熟悉组织、接受组织文化、融入工作群体，尽快取得成员资格。

(2)适应日常操作程序，从容应对工作。

4. 获得"早期职业的正式成员资格"阶段

(1)承担责任，成功地完成首次工作任务。

(2)发展并展示自身技能和专长，为晋升或横向成长打基础。

(3)根据自身才干、价值观，结合组织能够提供的机会，以及其对成员的约束，重新评估是否继续留在该组织，或在这些要素之间寻找一种更好的平衡。

5. 职业中期阶段

(1)选定专业方向或进入管理部门。

(2)保持技术竞争力，在自己选择的专业或管理领域继续学习，力争成为一名专家或职业能手。

(3)承担更大的责任，确立自身地位。

(4)制定个人长期职业规划。

6. 职业中期危险阶段

(1)现实评估个人进步、职业抱负及前途。

(2)在“接受现状”与“争取看得见的前途”之间做出选择。

(3)建立与他人的良好关系。

7. 职业后期阶段

(1)成为一名良师，学会发挥影响力，指导他人，对他人承担责任。

(2)扩展、深化技能，或增长才干，以承担更大范围、更重大的责任。

(3)如果求安稳而就此停滞，则要接受和正视自己影响力和挑战能力的下降。

8. 衰退和离职阶段

(1)学会接受权力、责任、地位的下降。

(2)在竞争力和进取心减弱时，学会接受并发展新角色。

(3)评估自己的职业生涯，准备退休。

9. 离开组织或职业阶段(退休以后)

(1)保持认同感，适应角色、生活方式和生活标准的急剧变化。

(2)保持自我价值观，运用自己积累的经验和智慧，承担各种资源角色，对他人进行传帮带。

需要指出的是，施恩的职业发展阶段划分虽然总体上遵循年龄递增的顺序，但其划分依据并不单纯取决于年龄因素，而是更侧重于职业状态、发展任务和职业行为特征。具体而言，施恩在划分职业周期阶段时，主要考量三个关键维度：职业状态、职业行为和发展过程的关键特征。由于个体进入各阶段的年龄存在差异，因此在相邻职业阶段之间存在年龄交叉现象。

四、施恩的职业锚理论

(一)职业锚的含义

1978 年美国学者施恩在《职业动力论》中首次提出“职业锚”的概念。在他的描述中，职业锚源于早期工作实践，是自我认知中习得的部分。他认为，职业规划实际上是一个持续不断的探索过程，在这一过程中，个人依据自己的天资、能力、动机、需要、态度和价值观等，逐渐形成较为明晰的与职业有关的自我概念。施恩还认为，随着一个人对自己越来越了解，这个人就会越来越明显地形成主导性的职业锚。

通俗地说，职业锚是个体在选择职业时最不愿放弃的核心价值或关键要素，也是职业发展的中心点。只有当一个人对自己的天赋、能力、动机、需求和价值观有了清楚的认识后，职业锚才会真正明确。

施恩根据自己在麻省理工学院的研究指出，要想对职业锚进行预测是很困难的，这是因为一个人的职业锚是不断发生变化的，它实际上是不断探索的动态结果。有些人也许一直都不知道自己的职业锚是什么，直到他们不得不做出某种重大选择的时候。比如，到底是接受公司将自己晋升到总部的决定，还是辞去现职转而开办和经营自己的公司。正是在这一关口，一个人过去所有的工作经历、兴趣、资质等才会汇聚成一个富有意义的模式——职业锚，从而揭示对个人而言最重要的事物。

(二)职业锚的特点

职业锚具有以下五个特点：

(1)在概念上，职业锚比工作价值观、工作动机更具体、更明确。职业锚产生于最初的工作价值观和工作动机基础之上，又在实践经验和自我认识中不断强化。

(2)由于实践成果具有偶然性，职业锚无法通过各种测试来预测。个体在一系列职业选择中的偶然经历，体现出从不适应、无法满足需要的工作环境向更和谐环境转变的必然性。个体需要在实践中选择、认知和强化自己的职业定位。

(3)职业锚强调能力、动机和价值观的相互作用。在职业取向中，能力、动机和价值观三者相互影响，单独考量动机、能力和价值观的意义不大，关键在于三者整合后的整体效应。

(4)职业锚通常在正式工作若干年后才被确认。唯有经历不同环境的反复验证，才能最终确立，大多数人会经历多次岗位或组织变动。

(5)职业锚强调的是个人应寻找并保持一个相对稳定的成长领域，但这并不意味着个人会停止变化或成长。职业锚是个人在长期职业历程中的核心贡献方向，在整个职业发展过程中占据重要地位，然而它本身也可能随环境变化而发生改变。每个人都会依据新的情境重新调整职业定位，进而形成新的职业锚。

(三)职业锚的类型

施恩根据研究，最初提出了五种职业锚，后来扩展为八种职业锚。以下是施恩职业锚理论中的八种类型。

1. 技术/职能型

具有这种职业锚的人追求在技术/职能领域的成长和技能的不断提高，以及应用这种技术/职能的机会。他们对自己的认可源于他们的专业水平，喜欢迎接来自专业领域的挑战。由于他们不愿放弃在技术/职能领域的成就，他们通常不喜欢从事一般的管理工作。

2. 管理型

具有这种职业锚的人追求并致力于工作晋升，热衷于全面管理，能够独自负责一部分工作，整合部门其他人的工作成果。他们希望承担整体的责任，并将公司的成功与否看成自己的工作成果。具体的技术工作或者职能工作仅仅被他们看作走向更高级别的管理层的必经之路。

3. 自主/独立型

具有这种职业锚的人希望随心所欲地安排自己的工作方式、工作习惯和生活方式，追求能施展个人能力的工作环境，最大限度地摆脱组织的限制和制约。他们宁愿放弃晋升或工作发展的机会，也不愿意放弃自由与独立。

4. 安全/稳定型

具有这种职业锚的人追求工作中的安全与稳定感。他们通过预测将来的成功而感到安心。他们关心财务安全，例如，关注退休金和退休计划。稳定感包括诚信、忠诚，以及完成老板交代的工作。尽管有时他们能获得更高的职位，但他们并不在意具体的工作内容。

5. 创造/创业型

具有这种职业锚的人希望运用自己的能力去创建属于自己的公司或完全属于自己的产品(或服务)，愿意去冒风险，并克服面临的障碍。他们想向世界证明公司是他们靠自己的努力创建的。他们可能正在别人的公司工作，但同时也在学习并评估将来的机会。一旦感觉时机到了，他们便会出去创建自己的事业。

6. 服务/奉献型

具有这种职业锚的人一直以来追求的都是他们认可的核心价值，例如，帮助他人，提高他人的安全感。他们不断寻求能够实现这些价值的机会，即使需要更换公司，他们也不会接受阻碍其实现核心价值的工作变动或晋升。

7. 挑战型

具有这种职业锚的人喜欢解决看上去无法解决的问题，战胜强硬的对手，克服难以克服的困难、障碍等。对他们而言，参加工作的原因就是工作允许他们去战胜各种不可能。新奇、变化和冒险是他们的终极追求。如果工作非常容易，可能会令他们感到厌烦。

8. 生活型

具有这种职业锚的人喜欢平衡个人、家庭和职业的需要。他们希望将生活的各个主要方面整合为一个整体。正因为如此，他们需要一个能够提供足够弹性的职业环境来实现这一目标。他们甚至可以牺牲职业的一些方面，如放弃职位的晋升。在他们看来，成功的定义不局限于职业成功。他们认为自己在生活方式、居住地点、处理家庭事务，以及职业发展道路等方面是与众不同的。

五、明尼苏达工作适应论

明尼苏达工作适应论是由美国心理学家戴维斯和洛夫奎斯特提出的，是一种强调个人与环境适配的心理学理论。该理论认为，当工作环境能满足个人的需求(即内在满意)，且个人也能满足工作的要求(即外在满意)时，个人与环境之间的关系就会比较协调，个人的工作满意度会比较高，在该工作领域才能获得持久发展。其中，内在满意主要通过衡量个人的职业期待与企业文化及奖惩制度之间的适配性来评估；外在满意主要通过衡量个人职业技能与工作的技能要求之间的匹配程度来评估。

明尼苏达工作适应论如同一架天平，追求平衡、匹配和适应。在工作环境中，天平的一端是个人的能力和个人对工作的需求，天平的另一端是工作对个人能力的要求，以及工作所能提供的物质和精神回报。个人要想有稳定的发展，就必须实现两者的平衡。

根据明尼苏达工作适应论，个人与工作环境存在互动的关系。在实际工作中，个人需求和工作要求都会随着时间不断调整和变化。如果个人能主动维持与工作环境之间的协调统一的关系，就能在该环境中继续发展；反之，如果无法维持这种平衡关系，则个人最终会选择离开该工作环境。

第三节　大学生职业生涯规划的各项要素

一、大学生职业生涯规划的原则

大学阶段是就业的准备期，职业生涯规划能为大学生提供明确的方向指引。大学生需以科学的方法进行职业规划，在把握自身特长的基础上，充分理解用人单位的需求，将个人成长与组织发展有机结合起来。大学生要深入分析各种客观因素，明确自身发展目标，选择合适的职业，并制订相应的工作、教育和培训计划。同时，要合理安排每个步骤的时间、顺序和方向，以确保职业目标的顺利实现。大学生在制定职业生涯规划时，应遵循以下十大原则：长期性原则、清晰性原则、具体性原则、挑战性原则、可持续性原则、可评估性原则、可调整性原则、激励性原则、时间性原则以及利益整合原则。

(一)长期性原则

大学生在制定职业生涯规划时，应具备长远眼光，设定明确的人生发展方向，并集中精力朝着目标持续努力，确保一切努力都聚焦于核心目标，避免行动偏离正轨。

(二)清晰性原则

大学生在制定职业生涯规划时，应确保发展目标、实施路径和具体措施清晰明确，各阶段划分与行动步骤应具备可操作性。

(三)具体性原则

大学生在制定职业生涯规划时，应结合自身实际情况，进行个性化设计，避免简单套用他人模式。

(四)挑战性原则

大学生在制定职业生涯规划时，应设定具有一定难度和高度的目标，通过逐步实现以获取成就感，并激励自身不断追求更高目标。

(五)可持续性原则

大学生在制定职业生涯规划时，应确保各阶段目标紧密衔接、逐步推进，使短期选择与长远发展协调一致，保持职业路径的连续性和发展性。

(六)可评估性原则

大学生在制定职业生涯规划时，应设定明确的总体目标与阶段性任务，并制定相应的时间节点与评估标准，定期检查执行情况以便及时调整。

(七)可调整性原则

大学生在制定职业生涯规划时，应保持规划与措施的灵活性，积极应对环境与个人因素变化，将职业生涯规划视为动态调整和决策的过程。

(八)激励性原则

大学生在制定职业生涯规划时，应注重目标与个人性格、兴趣和特长的匹配，以增强内在动力，并通过获取成就感和外界认可保持积极性。

(九)时间性原则

大学生在制定职业生涯规划时，应合理规划未来行动，并为各项主要活动设定明确的起止时间，以此作为落实和检查规划的依据。

(十)利益整合原则

大学生在制定职业生涯规划时，应注重个人利益与组织利益的有机结合，寻求双方发展的共同点，在实现自身成长的同时推动组织发展，从而达到互利共赢的目标。

二、大学生职业生涯规划的阶段

编者所在院校开展的大学生求职准备情况调查显示，大学生在求职准备方面呈现出几个明显倾向：第一，在职业能力的自我评估方面，不少大学生存在高估或低估自身能力的情况，自我评估结果与实际职业能力之间存在较大偏差；第二，在职业信息的获取方面，许多大学生更关注职业是否符合自身需求，而忽视了职业要求与自身素质的匹配度；第三，在职业准备的投入方面，大多数大学生在知识储备和技能提升方面的投入仍显不足，且态度较为被动。

为贯彻落实党中央、国务院关于高校毕业生就业工作的决策部署，依据《国务院关于印发“十四五”就业促进规划的通知》(国发〔2021〕14 号)精神，进一步加强高校职业生涯教育与就业指导，增强大学生职业生涯规划意识，引导其尽早做好就业准备，促进高校毕业生高质量充分就业，教育部自 2023 年起举办全国大学生职业规划大赛。大赛通过“以赛促学、以赛促教、以赛促就”等方式，着力提升大学生职业规划能力与意识，推动高校职业生涯教育体系建设，促进人才供需有效对接。同时，大赛也充分发挥了朋辈示范作用，增强了大学生的就业信心与主动性，进一步推动了校企合作与产教融合。

职业生涯活动贯穿人的一生，科学合理的职业生涯规划是实现职业成功与人生发展的重要基础。对大学生而言，职业生涯规划不仅是走向独立的重要起点，更是衔接学业与职场的关键阶段，因此具有特别重要的意义。

大学生职业生涯规划的实施通常可分为四个阶段(见表 1-1)，即大一探索期、大二定向期、大三准备期和大四冲刺期。

表 1-1　**大学生职业生涯规划的四个阶段**

时期	侧重方向	侧重目标	关键行动
大一探索期	正确认识大学，理解专业，认识自我，进行职业生涯剖析，制定职业目标	初步了解职业，特别是自己未来想从事的职业或自己所学专业对口的职业，提高人际沟通能力	多与学长学姐交流，尤其要多向大四同学询问就业情况，多参加学校活动，增加交流技巧，为转专业、攻读双学位或留学深造做好资料收集及课程准备，多多利用学生手册，了解相关规定
大二定向期	侧重夯实基础，拾遗补阙，进行职业生涯设计	考虑未来是想深造还是就业或自主创业，提高自身的基本素质	对目标进行细化和调整。通过参加学生会或社团等组织，锻炼各种能力，同时检验知识技能是否充分掌握；可以开始尝试兼职、社会实践活动，最好能在课余时间从事与未来职业或本专业有关的工作，提高责任感、主动性和抗挫折能力，增强英语口语能力、计算机能力，通过英语和计算机相关等级证书考试，开始有选择地辅修其他专业的知识来充实自己
大三准备期	侧重拓展素质，培养创新意识。此时应更多思考如何在本专业领域成长成才	全面提升自身综合素质，培养所需的各种职业能力； 提高求职技能，搜集行业与企业信息； 做出深造还是就业的初步抉择	提高自己的沟通能力和表达能力；可大胆提出自己的见解，锻炼独立解决问题的能力；参加与本专业或未来职业有关的实践活动，和同学交流求职心得体会，学习写简历、求职信，了解获取就业信息的渠道，并积极尝试。例如，通过校友网络了解往年的求职情况；准备留学的学生可参加留学系列活动，备考托福、雅思考试，并留意留学考试资讯

续表

时期	侧重方向	侧重目标	关键行动
大四冲刺期	明确自己的目标是就业、升学还是创业	正式确定是求职还是继续深造（在国内还是国外）	可以对前三年的准备工作进行如下总结：首先，检验此前确立的职业目标是否清晰，以及这期间的准备是否充分；其次，开始投递工作申请，并积极参加各类招聘活动；最后，提前预习或模拟面试环节。具体包括：深入了解目标企业的背景信息，强化求职面试技巧，通过模拟面试不断训练，争取在充分准备的基础上进行实战演练。同时，也应尝试多种可能的方向，为自身争取更多的选择路径

三、大学生职业生涯规划的误区

当前，新时代大学生具有视野开阔、思维活跃、接受新事物能力强等特点，然而，他们在职业生涯规划中也存在一些比较常见的误区。

（一）对职业生涯规划的认识不足

缺乏规划意识：许多大学生对职业生涯规划的重要性认识不足，认为自己还年轻，未来充满不确定性，现在进行规划为时过早。这种错误观念导致他们缺乏明确的职业目标和发展方向，毕业后往往陷入就业迷茫的困境。

将规划等同于选择职业：部分大学生误以为职业生涯规划就是单纯选择一份工作，而忽略了其系统性。实际上，职业生涯规划包括自我评估、机会评估、目标设定、行动计划制订以及评估反馈等多个环节。

（二）自我认知不清晰

自我评估不准确：尽管新时代大学生思维活跃，但他们的自我认知能力仍有待提高。有的大学生高估自己，自认为无所不能，职业目标设定过高；而有的大学生则低估自己，缺乏信心。这种不准确的自我评估会影响职业选择和发展路径的合理性。

忽视自身兴趣和优势：一些大学生在制定职业生涯规划时，没有充分考虑自己的兴趣爱好和优势特长，而是盲目跟从热门职业或他人的选择。例如，有些大学生看到别人考研或考公，便随波逐流，却没有思考这一选择是否真正适合自己。

（三）目标设定不合理

目标过于理想化：新时代大学生往往具有较高的自我期望，然而在设定职业目标时容易好高骛远，不切实际。他们可能只关注大城市、大企业、高收入的岗位，却忽视了自己的实际能力和市场需求。

目标缺乏灵活性：部分大学生在设定职业目标时，缺乏动态调整的意识，认为目标一旦确定就不能改变。实际上，职业环境和个人能力都是在不断变化的，应根据实际情况灵活调整。

(四)急功近利的心态

过度追求短期利益：受社会经济因素影响，一些大学生在职业生涯规划中过于关注短期的经济收益，忽视职业发展的长期价值。例如，有的大学生看到某种职业收入高就盲目跟风，缺乏对职业发展前景和自身适配性的考量。

忽视实践积累：部分大学生为了快速提升学历或获取各种证书，将大量时间用于考研或考证，忽视社会实践能力的培养。实际上，很多用人单位往往更看重实践经验和实践能力。急功近利的心态可能导致部分大学生难以适应职业要求。

(五)盲目跟风现象严重

跟风考研或考证：在就业压力和周围环境的影响下，很多大学生盲目跟风考研或考证，而没有结合自己的职业目标和实际情况慎重考虑。例如，有些大学生为了逃避就业压力而选择考研，却不清楚自己真正想要什么。

从众选择职业方向：一些大学生在选择职业方向时，容易受到他人或社会潮流的影响，缺乏独立思考和判断。这种从众心理可能导致他们进入不适合自己的职业领域，从而阻碍其职业发展和个人成长。

此外，新时代大学生虽然获取信息的渠道较多，但在职业信息的筛选和有效应用方面往往能力不足。部分大学生对不同行业的职业特点、发展趋势和就业要求了解不够深入，导致职业规划缺乏针对性和科学性。

四、大学生职业生涯规划的意义

2019 年 7 月 16 日，习近平总书记在考察内蒙古大学时强调："要志存高远、脚踏实地、行循自然，学好知识，打好基础，增长才干，将来为中华民族伟大复兴贡献自己的智慧和力量。"①习近平总书记的话，如同一座灯塔，指引着大学生在学业和未来职业道路上的方向。通过职业生涯规划，大学生可以合理安排学习内容，打好基础，逐步积累实现目标所需的能力和经验。科学合理的职业生涯规划不仅能让大学生在学习过程中更有动力和方向感，还能让他们在面对未来复杂多变的职业环境时，具备清晰的思路和坚定的信念，为实现个人价值和国家发展贡献智慧与力量。

(一)发掘大学生的自我潜能，增强个人实力

(1)引导大学生正确认识自身的个性特质、现有与潜在的资源优势，帮助大学生重新定位自身价值，并实现价值的持续增值。

---

① 习总书记寄语我们"志存高远 脚踏实地 行循自然"——习近平与大学生朋友们(二十五)[EB/OL]. [2022-03-16]. https://www.12371.cn/2022/03/16/ARTI1647395198128561.shtml.

(2)引导大学生对比分析自身的优势与劣势，帮助大学生发挥优势、克服劣势。

(3)引导大学生评估个人目标与现实状况之间的差距，精准找到职业切入点。

(4)引导大学生进行前瞻性与实际性相结合的职业定位，搜索或发现新的、有潜力的职业机会，做到与时俱进，开启职业发展的新局面。

(5)引导大学生树立明确的职业发展目标与职业理想，充分调动他们自身的内在动力。

(6)引导大学生运用科学的方法，采取可行的步骤与措施，不断提升自身的职业竞争力，努力实现职业目标与理想。

(二)增强职业发展的目的性与计划性，增加成功的机会

明确的目的性与计划性是职业生涯规划的显著特征。一个人的职业发展必须有目的、有步骤，不能盲目“撞大运”。有人把失败归咎于运气差，甚至认为“计划赶不上变化”，于是干脆放弃规划。其实，这恰恰说明他们未能掌握正确的规划方法，规划的内容要么脱离实际，要么缺乏灵活性，导致计划难以执行。

好的计划是成功的开始。前文案例中的罗学姐和小杨同学，正因为制定了科学而灵活的规划，结合自身特点，抓住就业环境中的机会，才找到合适的职业方向，并顺利达到岗位要求。凡事预则立，不预则废。一份清晰的职业生涯规划，能够显著提高大学生的就业成功率。

(三)提升应对竞争的能力

在当前复杂的经济与就业形势下，开展职业生涯规划对增强大学生就业竞争力具有重要意义。一方面，高校毕业生人数持续攀升，就业市场竞争日益激烈；另一方面，经济结构调整与数字化转型不断深入，传统就业岗位数量缩减，而人工智能、新能源等新兴领域对高素质人才的需求日益增长。

面对上述挑战，科学的职业生涯规划能够帮助大学生及时把握市场动向，找准自身优势与市场需求的结合点。通过确立清晰的职业目标与实施路径，大学生可以系统性地提升专业技能与综合素养，增强对行业变迁的适应能力。例如，有志进入科技行业的大学生可提前修习人工智能、数据科学等相关课程，积累竞争优势。

与此同时，政府也在通过加大财政投入、落实就业补贴等稳就业政策，积极拓展就业渠道，为高校毕业生创造更多就业机会。在这一背景下，依托职业生涯规划提升自身竞争力，显得尤为关键。

(四)为未来的职业成功打好基础

人生的角色与生活方式，很大程度上取决于我们自己的选择。职业生涯规划不仅影响着当下的每一步，更指引着未来的发展方向。对于大学生而言，是否拥有清晰的职业生涯规划，直接决定了大学生活的形态与质量。

大学阶段充满无限可能，同时也需要高度的自主选择——是投身社团活动，还是专

注竞赛？是考取专业证书，还是参与志愿服务？面对众多机会，如何取舍？若缺乏明确的目标和方向，时间与精力便容易分散，最终可能一事无成。反之，若能提前规划，就能有的放矢地积累能力、创造机遇，为未来的职业成功奠定基础。

真正的成功，不仅是事业上的成就，更包括情感的满足、社会的认可、审美的愉悦以及自我价值的实现。而这一切，都需要我们以清晰的规划为指引，按照规划有步骤、有计划地去实施，持续积累，最终在职业舞台上绽放光彩。

拓展阅读

以职业规划应对转型挑战：从工程管理到房地产营销

小杨同学是某民办本科院校工程管理专业2020届毕业生。在校期间，他担任班级组织委员，积极参加学校各种活动，曾在创新创业大赛中获奖。通过大学前两年的学习，小杨发现自己对本专业并没有多大兴趣。当初填报高考志愿的时候，他只是感觉建筑行业收入比较高，且工程管理这个职业听起来比较有社会地位，他并未深入了解。现在，他对就业方向感到迷茫。

经过四次生涯咨询辅导，小杨同学逐步明确了自己的职业方向。首先，他通过自我认知探索，充分了解了自己的职业性格和兴趣，明确了大致的职业方向。其次，他结合自己的专业特点和自身优势，找到了职业契合点。再次，通过职业探索，他找到了一个适合自己的职业机会，并通过生涯人物访谈深刻理解了岗位要求。最后，他围绕房地产营销方向，制订了大学期间的学习计划和实践计划，并不断朝着自己的目标前进。最终，在大学毕业参加秋季招聘期间，小杨同学获得了国内某知名房企的录用通知。在之后的工作中，他凭借出色的工作表现获得了客户和企业的认可，短期内晋升为销售主管。

2022年年底，房地产行业开始呈现下行趋势。此时，小杨同学通过分析国家宏观环境、探索职业发展趋势，了解到生物制药行业是当前的战略性新兴产业。他凭借在房地产销售工作中积累的经验和方法，果断选择了一家大型生物制药上市公司从事销售工作。经过几年的努力，如今他已担任产品经理，事业蒸蒸日上，生活也越来越幸福。①

小杨同学的案例充分展示了大学生职业生涯规划的重要意义。科学的职业生涯规划不仅有助于大学生明确职业方向，提升自我认知，还能引导其结合专业优势找到职业契合点。此外，它还能培养大学生主动探索职业机会、应对职业变化的能力，增强职业适应性。通过科学合理的职业生涯规划，大学生能够在大学期间更好地安排学习和实践，为未来的职业发展奠定坚实基础，实现个人的职业目标和人生价值。

---

① 来源：2023年湖北省高校生涯咨询优秀案例名单。

探索活动

“魔镜生涯幻游”——思考我的人生路

在舒缓的背景音乐下，请大家以舒服的姿势坐好，放松身心。随后，由一位老师或同学以缓慢、轻柔的语言念出以下指导语：

请同学们闭上眼睛，放松身体，深呼吸。你正置身于一个美丽的天然花园，天空湛蓝，空气中弥漫着花香。你站在花园里一条曲折蜿蜒的石子路上，欣赏着四处的美景，大自然的气息让你陶醉。你沿着小路往前走，转了一个弯，发现前面是一片树林，幽静安逸。你踏着松软舒适的落叶，沿着小径走进树林，发现对面有一个山洞。你很好奇，于是走上前去，发现山洞的门口有一面魔镜。

现在，你走到魔镜前，看到了镜中的自己。仔细端详镜中的形象，留意是什么样的发型、穿着怎样的衣服和鞋子，脸上是怎样的表情，越清晰越好，看看他/她是不是你平日里的模样。

此时，时间切换到五年后的某一天，那是一个平常的工作日。早晨，你收拾妥当，准备出门前又照了照镜子，仔细观察镜中的自己是什么样子，脸上是什么表情。接着，将目光放远，看看你居住的房子是什么样的，周围有哪些摆设，房间里营造出怎样的氛围。(停顿片刻)随后，你准备去上班，走出家门。你居住在怎样的环境中？乘坐何种交通工具？然后，你出现在办公场所，那是一个什么样的地方？你的同事看起来状态如何？(停顿片刻)

到了晚上，你结束了一天的工作，是否感到愉悦和满足？你会如何度过夜晚的时光？

时间切换到十年后的某一天，同样是一个平常的工作日……(重复上述话语，从早晨照镜子观察自身形象，到观察居住环境、出行方式、办公场所及同事，再到夜晚的安排等)

今天，你不仅尽情享受了天然花园的美景，还在魔镜中看到了自己五年后和十年后的生活。你收获颇丰，内心满是愉悦。现在，你该回去了。依次穿过树林，经过石子路。五、四、三、二、一，好，请睁开眼睛。

1. 请将你在“魔镜生涯幻游”中所感受到的细节记录在下面。

____

____

2. 根据你在魔镜里看到的未来景象，制定你在职业领域的五年目标、十年目标。

____

____

3. 比较现在的你、五年后的你和十年后的你，为实现五年目标、十年目标制订具体的计划。

____

____

实践环节

大学专业能力、核心能力和社会实践能力培养方案

实训目的：培养专业能力、核心能力和社会实践能力。

实训内容：以表格的形式将各项能力的培养方案细化，并据此设定相应的远期目标和短期目标。

实训步骤：

(1)老师指导学生收集、分析信息。

(2)学生自行制订各项能力的培养方案，并填写表1-2。

表1-2　　**培养方案**

能力培养 / 目标设定	专业能力	核心能力	社会实践能力
短期目标			
远期目标			
备　注			

第二章
职业兴趣探索

知识导航

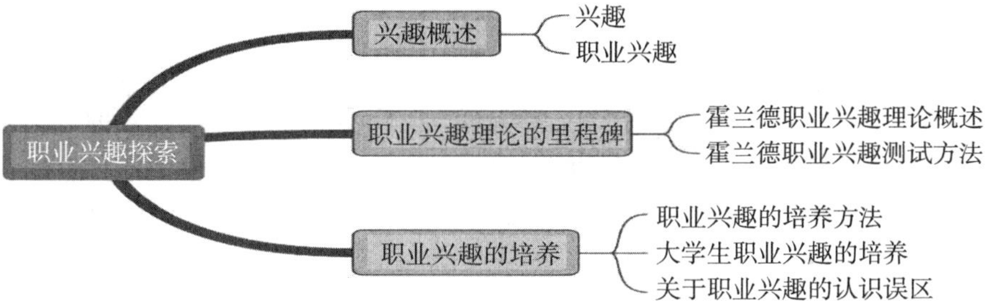

学习目标

知识目标

1. 理解兴趣、职业兴趣与职业发展的关系
2. 掌握霍兰德职业兴趣理论

能力目标

1. 运用霍兰德职业兴趣理论进行职业兴趣测评
2. 能够识别自己的兴趣类型并将其与潜在职业选择相匹配

素质目标

1. 激发大学生主动探索自身职业兴趣的热情
2. 鼓励大学生养成终身学习的习惯，增强应对职业变化的能力，培养积极进取、持之以恒的职业态度

【案例导入】

哪吒系列电影导演饺子的励志故事

在动画电影的璀璨星空中，有一颗星星格外耀眼，他就是哪吒系列电影的导演——饺子(本名杨宇)。他的故事，是兴趣引领职业成功的最佳诠释，充满了坚持与逆袭的传奇色彩。

1980年，饺子出生于四川省泸州市的一个医生家庭。然而，这位在医学世家长大的孩子，却对动画产生了浓厚的兴趣。2002年，他在华西医科大学药学院(现四川大学华西药学院)读大三时，开始学习三维动画软件，从此动画成为他生命中不可或缺的一部分。毕业后，他毅然放弃了医学专业，选择进入一家广告公司工作，但仅仅一年后，他就选择辞职，踏上了动画创作之路。

这条路并不平坦。辞职后的饺子，蜗居在成都的家中，依靠母亲每月1000元的退休金维持生活。在艰苦的条件下，他坚持自己的梦想，仅用一台电脑和一套动画软件，从早到晚地忙碌着。他的首部动画短片《打，打个大西瓜》就是在这样的环境中诞生的。这部16分钟的反战动画短片，不仅在国内引起了轰动，还横扫了30多项国际奖项，为饺子赢得了初步的认可。

然而，这些荣誉并没有立即带来经济上的改善。国产动画行业的寒冬让饺子难以找到一份正式的工作。他开始接各种外包工作，从为儿童科普片画插画到替游戏公司做特效，甚至连500元的婚庆视频剪辑工作都接。虽然收入微薄，但他从未放弃自己的梦想——创作原创动画电影。

终于，机会来了。2015年，光线传媒邀请饺子执导《哪吒之魔童降世》。面对投资方的质疑和要求，饺子坚持自己的创作理念，对剧本进行了66次修改，将哪吒塑造成黑眼圈浓重、玩世不恭却内心善良的“魔童”。经过两年的剧本打磨和三年的制作，2019年7月26日，《哪吒之魔童降世》横空出世。该片上映后，票房超过50亿元。

成功并没有让饺子停下脚步。在《哪吒之魔童降世》上映后，他宣布闭关撰写《哪吒2》的剧本。经过五年的精心打磨，2025年1月29日，《哪吒之魔童闹海》上映，上映7天票房就突破了50亿元，再次刷新了中国影史票房最快破50亿元的纪录。哪吒系列电影的总票房已经超过100亿元，饺子也因此成为“百亿票房”导演。

饺子的故事，是兴趣引领职业成功的典范。他从一个不被看好的医学生，逆袭成为国产动画领域的标杆人物。他的成功，离不开对动画的热爱和坚持。他用自己的经历告诉我们，只要坚持自己的梦想，勇于追求，就一定能够创造出属于自己的辉煌。就像片中哪吒说的那样：“我命由我不由天!”导演饺子，正是用17年的时间践行了这句话。

【案例分析】

饺子原本的专业背景是医药学。然而，大三时他对制作动画产生了浓厚兴趣，这成为他职业生涯的转折点。尽管面临专业背景的限制，饺子仍勇敢地追随兴趣，选择将动画作为职业发展方向。这一决定凸显了兴趣在职业生涯规划中的核心作用。兴趣不仅是个人动力的源泉，更是跨领域创新的推动力。

兴趣是职业发展的核心驱动力。无论起点如何，只要追随兴趣、勇于突破，加上不懈努力与长期规划，就能在职业生涯中取得卓越成就。饺子的故事激励年轻人：心中有梦、脚下有力，方能创造属于自己的职业精彩。

第一节 兴趣概述

一、兴趣

我们常常能看到很多关于兴趣的名人名言，例如，宋代陈淳在《北溪字义・志》中说："人常言志趣。趣者，趋也，心之所趋也。趋亦志之属。"我国著名物理学家杨振宁说："成功的秘诀在于兴趣。"美国钢铁大王卡耐基说："你兴趣所在的地方，也就是你能力所在的地方。"那么，什么是兴趣呢？

（一）兴趣的定义

根据《辞海》的定义，兴趣是指"注意与探究某种事物或从事某种活动的积极态度与倾向"。它以需要为基础，由对事物的认识和获得情绪体验的满足而产生。回忆一下，你是否有过以下经历：

有些事情会让你忘记时间，虽然工作量大、工作辛苦，却全然不觉疲惫。

有些事情能够带给你无尽的欢乐，让你的心灵倍感愉悦。

有些事情像磁石一般深深吸引着你，激发你的无限激情，让你在创造的世界里自由翱翔。

有些事情独特的魅力让你无法抗拒，哪怕没有物质的回报，你也甘之如饴。还有些事情能让你热血沸腾，仿佛全身充满了无穷的力量。

当你体验到上述任何一种感受时，那就要恭喜你了，因为这很可能意味着你找到了自己的兴趣所在。无论是生活中的"小确幸"，还是职业道路上的大梦想，这些美好事物的背后，往往都有一个共同的源泉，那就是你的兴趣。

兴趣，这个看似简单的词汇，实则蕴含着无穷的力量。它不仅仅是人们对事物的喜好或关注，更是一种深层次的、积极的心理倾向。当你对某事物产生兴趣时，你会自然而然地投入更多的注意力，进入一种愉悦而紧张的心理状态。此时，你对这一事物的感知会变得更加敏锐，记忆更加牢固，思维更加活跃，情感更加浓厚，意志也会更加坚定。这种积极的影响不仅能够提升你的认知和行动效率，更能够让你的生活和工作变得更加丰富多彩。

兴趣不仅是对事物表面的关注，更是对知识的渴望和对活动的热爱。当你对某件事物感兴趣时，你会想要深入了解它、掌握它，甚至愿意为此付出时间与精力。例如，如果你对跳舞感兴趣，你就会积极主动地寻找跳舞的机会；在跳舞的过程中，你会感受到无比的愉悦和放松。这种积极而自觉自愿的态度，正是源于兴趣所带来的内在动力。

(二)兴趣的分类

关于兴趣的分类方式多种多样，概括而言，主要分为三大类。

第一类，物质兴趣与精神兴趣。物质兴趣是指个体对物质需求或物质享受的追求，通常与具体的、有形的事物相关，如对衣、食、住、行、财富的兴趣。这类兴趣往往与人的基本生存需求或生活品质的提升密切相关。精神兴趣则是指个体对精神层面需求的追求，通常与抽象的思想、情感或文化相关，这类兴趣更多地满足人的情感需求，体现个体对自我实现和内在价值的追求。

第二类，直接兴趣与间接兴趣。直接兴趣是指个体对事物或活动本身产生的兴趣，通常由活动过程中的愉悦感或满足感驱动。例如，儿童对游戏本身的兴趣，学生对足球、篮球等运动的兴趣，艺术家对创作过程的兴趣。间接兴趣是指个体对活动结果或目标的兴趣。例如，学生对高考成绩的兴趣，职场人士对晋升机会的兴趣。间接兴趣往往与个体的长期目标或外部激励相关。

第三类，个人兴趣与社会兴趣。个人兴趣是指个体基于自身需求、爱好或价值观而产生的兴趣，具有鲜明的个性化特征。例如，个人对音乐、摄影或旅行的热爱。社会兴趣是指个体基于社会需求、群体目标或集体价值观而产生的兴趣，通常与公共利益或社会责任相关。例如，个人对环保、教育、公益事业或社会改革的兴趣。

(三)兴趣的特性

一般来说，兴趣有以下四个特性。

1. 倾向性

倾向性是指兴趣的指向性特征，体现了个体对特定事物或活动的偏好和关注。它源于个体的内在需求、性格特点以及外部环境的影响，决定个人注意力的集中方向。倾向性不仅反映了个体对某些领域的天然吸引力，也为个体的探索和深入学习提供了内在动力。通过了解兴趣的倾向性，个体可以更好地认识自己，明确自己的喜好和追求。

2. 广阔性

广阔性是指兴趣涉及的范围和多样性程度，体现了个体对不同事物的好奇心和探索欲。兴趣的广阔性使个体能够接触多元的知识领域和生活体验，丰富精神世界，拓宽认知边界。需注意的是，广阔性需要与专注性相平衡，避免因兴趣过于分散而导致难以在某一领域深入发展。适度的广阔性有助于培养综合能力，为个体的全面发展奠定基础。

3. 持久性

持久性是指兴趣的稳定性和持续时间，反映了个体对某一事物或活动的长期投入和坚持能力。持久性强的兴趣往往与个体的价值观、情感体验和人生目标密切相关，能够在时间的长河中经受考验。持久性不仅体现了个体对兴趣的深度认同，也为其在相关领域取得成就提供了重要保障。

4. 效能性

效能性是指兴趣对个体行为和成就的实际影响程度，体现了个体将兴趣转化为有效行动和具体成果的能力。高效能性的兴趣能够激发个体的主动性和创造力，推动其将想法付诸实践并取得实质性成果。效能性不仅可以衡量兴趣的实践价值，也可以反映个体在兴趣驱动下所展现的行动力和问题解决能力。通过提升兴趣的效能性，个体可以更好地实现自我价值和社会价值。

(四)兴趣的发展过程

兴趣的产生与发展历经三个阶段，从初级的"有趣"逐步深化至中级的"乐趣"，最终达到高级的"志趣"，这一过程深刻体现了兴趣由浅显至深刻、由外在驱动至内在激励的转变。

1. 有趣

作为兴趣发展的初级阶段，"有趣"往往源于对某一事物的新奇感受，这种感受大多通过直观的感官刺激引发。它如同晨曦中的露珠，晶莹剔透却转瞬即逝。有趣阶段的兴趣如同幼儿对世界的好奇探索，虽然充满新奇与活力，但往往难以持久。这是因为感官兴趣的持续时长和强度主要由外界刺激决定，缺乏内在的稳定性和持久性。因此，有趣阶段的兴趣虽然能够激发我们的初步探索欲望，但难以让我们专注于某一事物并形成真正的能力。在科学研究领域，许多科学家在初涉某一研究领域时，往往会被该领域的新奇现象或理论所吸引，从而产生初步的兴趣。然而，这种兴趣往往只是短暂的，需要进一步的深入探索才能转化为持续的动力。例如，物理学家在初次接触量子力学的新奇概念时，可能会产生浓厚的兴趣，但这种兴趣需要通过对量子力学理论的深入学习和研究才能得以持续。

2. 乐趣

在有趣的基础上，"乐趣"作为兴趣发展的中级阶段，呈现出更加专一和深入的特点。在这一阶段，兴趣和认知行为的结合使兴趣转化为能力，而能力的提升又进一步激发了我们深入探索的兴趣。乐趣不再仅仅依赖于外在的感官刺激，而是融入了我们的思考和行动，成为我们自觉追求的对象。例如，当我们对一首歌曲产生初步的兴趣时，这只是感官兴趣的体现。然而，当我们通过查阅歌词背后的故事、了解歌者的创作背景和情感表达时，兴趣便升华为自觉兴趣，即乐趣。这种兴趣促使我们不断学习和探索，逐渐精通某项技能或领域。例如，一位画家在初次接触到油画艺术时，可能只是被油画的色彩和质感所吸引。然而，在不断学习和实践后，他逐渐发现了油画创作的乐趣，这种乐趣不仅源于对色彩和质感的掌握，更源于对艺术创作过程的深入理解和享受。

3. 志趣

作为兴趣发展的高级阶段，“志趣”是一种更加强大而持久的兴趣。它与社会责任感、理想和奋斗目标紧密结合，具有社会性、自觉性和方向性。志趣不仅源于感官刺激和认知能力，更融入了志向与价值观的内在动力。因此，志趣能够驱使我们在面对困难和挫折时依然坚持不懈，将痛苦转化为乐趣。志趣是取得成就的根本动力，也是成功的重要保证。

在科学史上，许多伟大的科学家能够在面对无数失败和挫折后依然坚持不懈，正是因为他们对自己的研究领域怀有深厚的志趣。例如，爱迪生和他的团队在发明电灯的过程中，尝试了1600多种耐热材料和600多种植物纤维，才最终制成了第一只能够点燃45小时的碳丝灯泡。当别人问他为什么能够坚持时，他回答说：“我没有失败，我只是找到了1000多种不成功的材料。”这种将失败视为探索过程中的一部分，将痛苦转化为乐趣的精神，正是志趣的体现。

二、职业兴趣

(一)职业兴趣的定义

职业兴趣是指个体对特定职业或工作领域表现出的积极倾向和喜好，具体体现为对某一职业活动的情感认同、认知关注和行为投入。它是个人在职业选择和发展过程中，基于自身兴趣倾向、能力特点以及价值观，对特定职业内容、工作环境或职业目标产生的内在驱动力。职业兴趣不仅影响个体的职业选择，还对其职业满意度、工作绩效表现和长期职业发展具有重要作用。

职业兴趣的核心价值在于实现个人兴趣与职业活动的有机结合，使个体在工作中获得情感满足、实现自我价值。它是职业生涯规划的重要基础，能够帮助个体明确职业发展方向，激发职业潜能，最终实现个人成长与社会贡献的统一。

(二)职业兴趣的分类

职业兴趣反映了个人对待工作的态度和适应能力，具体表现为从事相关工作的意愿和兴趣。良好的职业兴趣能够显著提升个人的工作满意度、职业稳定性和职业成就感。教育和心理学研究者根据职业性质和个人兴趣特点，将职业兴趣划分为不同类型。

目前，人们对职业兴趣的分类大多参照的是美国职业指导专家霍兰德的职业兴趣理论。霍兰德把人的职业兴趣看成是影响人与职业匹配的主要依据之一。他通过多年研究，将人的职业兴趣划分为六种类型：实际型、研究型、艺术型、社会型、企业型、常规型。

每个人的兴趣与特质未必天然契合某一职业的全部要求，但关键在于主动培养和调整职业兴趣，使其与理想的职业方向相匹配。唯有持续自我提升，才能逐步接近并实现职业目标。

(三)职业兴趣的作用

在职业生涯规划中，职业兴趣扮演着至关重要的角色。它不仅是我们选择职业的重要依据，更是激发潜能、提升效率、确保职业稳定的关键要素。具体而言，职业兴趣对职业生涯规划的影响体现在以下几个方面：

首先，职业兴趣是职业生涯选择的重要依据，堪称指引职业方向的灵魂指南针。正如“兴趣是最好的老师”这一洞见所示，当我们对某种职业活动产生深厚兴趣时，它会以其独特魅力，引导我们主动探索相关领域、深入学习必备技能。这份源于内心的热情，促使我们持续关注行业动态，积极尝试创新，从而不断提升专业能力，最终在职业道路上脱颖而出，绽放光彩。

其次，职业兴趣是提升工作效率的催化剂。在其驱动下，原本枯燥的任务变得生动有趣，使人愿意投入更多时间与精力。这种由兴趣激发的内在动力，能让我们以高度的专注力、敏锐的洞察力和丰富的想象力将工作做到极致，并保持长时间的高效率而不易疲惫。

最后，职业兴趣是职业稳定的基石和职场成功的保障。对职业的浓厚兴趣能够激发我们的创造力，使我们在面对挑战时更加坚韧不拔。兴趣不仅能提升我们的工作满意度，更能驱动我们持续成长和创造价值，从而确保职业的长期稳定性和成功。

在制定职业生涯规划的过程中，我们需要结合自身的兴趣与能力，做出明智的选择。通过深入了解自己的兴趣类型、职业倾向以及市场需求，我们可以更加精准地定位自己的职业方向。同时，我们还需要不断提升自己的专业技能和综合素质，以适应不断变化的市场环境。

第二节　职业兴趣理论的里程碑——霍兰德职业兴趣理论

一、霍兰德职业兴趣理论概述

(一)霍兰德职业兴趣类型

在职业生涯规划领域，谈及“兴趣”这一概念，霍兰德职业兴趣类型理论无疑是一座绕不开的里程碑。这一理论由霍兰德在20世纪50年代提出，经过严谨的研究和量表的精心开发，它首先在美国引起轰动，随后迅速在全球范围内获得广泛认可与推广，甚至超越了学术研究的范畴，深入普通大众，成为职业生涯规划领域内一颗璀璨的“明星”。霍兰德认为，人的人格类型、兴趣与职业密切相关，兴趣是人们活动的巨大动力，凡是与个人职业兴趣相匹配的工作，都可以提高人们的积极性，促使人们积极、愉快地从事该职业。他还认为，职业兴趣与人格之间存在很高的相关性；与职业兴趣相对应，人格也可以分为现实型（Realistic，简称R型）、研究型（Investigative，简称I型）、艺术型（Artistic，简称A型）、社会型（Social，简称S型）、企业型（Enterprising，简称E型）以及传统型（Conventional，简称C型）6种类型。

霍兰德职业兴趣理论的盛行，很大程度上得益于其核心概念的通俗易懂。简而言之，该理论可以用三句话来精炼概括：首先，人的主要兴趣类型可以明确划分为6个不同的类别；其次，根据从业者的特质，绝大多数职业（及其对应的专业）同样可以归入这6个类别；最后，个体若能选择与自身兴趣类型相匹配的职业，将更有可能在职场上取得成功，实现个人价值，同时享受工作所带来的幸福感。

从这一理论出发，人们只需准确识别自己的兴趣类型，便能顺理成章地确定适合自己的专业和职业道路，从而稳健地迈向成功与幸福。因此，霍兰德职业兴趣理论的核心与精髓，也是其备受推崇之处，便在于对兴趣的精妙分类（见图2-1）。

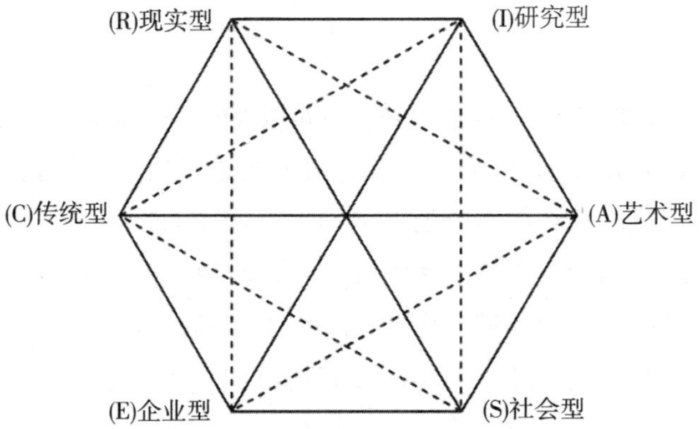

图2-1　霍兰德职业兴趣六角形模型①

值得一提的是，霍兰德职业兴趣理论并非仅仅停留在对兴趣的分类上，其最终目标是提供一种既实用又简便的方法，帮助个体评估自身与职业环境的匹配度，从而更有效地寻找满意的工作并获得职业满足感。因此，在阐述这6种兴趣类型的同时，该理论还详细描述了与之相对应的6种工作环境。

那么，这6种工作环境是如何形成的呢？霍兰德职业兴趣理论认为，从事同一职业的人们往往拥有相似的人格特质和个人发展轨迹。因此，他们在面对职业中的特定情境和问题时，会采取大体相似的行为模式。这种相似的行为模式又参与塑造并强化了该职业特有的工作环境。在这样的环境下，从业者能够找到归属感，更好地发挥自己的才能，实现个人与职业的和谐。由此可见，职业兴趣不同，所需能力与特质也不同，故适

① 来源：向阳生涯，https：//www. xycareer. com/knowledge/3783. html。

合的职业也不同，如表 2-1 所示。

表 2-1 **职业兴趣类型与典型职业对应表**

类型	特点	典型职业
现实型(R)	使用工具从事操作性工作，动手能力强，手脚灵活，动作协调。偏好完成具体任务，不善言辞，做事保守，较为谦虚，缺乏社交能力，通常喜欢独立做事	喜欢使用工具、机器，从事需要基本操作技能的工作，对与之相关的职业有兴趣，且具备相应能力。如：技术性职业(计算机硬件工程师、摄影师、制图员、机械装配工)，技能型职业(木匠、厨师、修理工、农民等一般劳动者)
研究型(I)	抽象思维能力强，求知欲强，肯动脑，善思考，不愿动手，喜欢独立且富有创造性的工作。知识渊博，有学识才能，不善于领导他人，思考问题理性，做事追求精确，喜欢逻辑分析和推理，不断探讨未知的领域	喜欢从事智力型、分析导向型的工作，具备相应的智力及分析能力，能够运用这些能力进行观察、估测、衡量、理论建构。如：科学研究人员、教师、工程师、电脑编程人员、医生、系统分析员
艺术型(A)	有创造力，乐于创造新颖、与众不同的成果，渴望表现自己的个性，实现自身的价值。做事理想化，追求完美，不拘泥实际，善于表达，怀旧，心态较为复杂，且具有一定的艺术才能	喜欢从事依赖创造力、直觉和艺术表达能力的工作，能够运用语言、行为、声音等来完成任务，并具备相应的能力，但不善于处理事务性工作。如：艺术工作者(演员、导演、艺术设计师、雕刻家、建筑师、摄影师、广告制作人)，音乐工作者(歌唱家、作曲家、乐队指挥)，文学工作者(小说家、诗人、剧作家)
社会型(S)	喜欢与人交往，不断结交新的朋友，善言谈，愿意教导别人。关心社会问题，渴望发挥自己的社会作用。寻求广泛的人际关系，比较重视社会义务和社会道德	喜欢与人打交道的工作，能够不断结交新的朋友，从事咨询、培训等方面的工作，且具备相应能力。如：教育工作者(教师、教育管理人员)，社会工作者(咨询人员、公关人员)
企业型(E)	追求权力、权威和物质财富，具有领导才能。喜欢竞争，敢冒风险，有野心、抱负。为人务实，习惯以利益得失、权力、地位等来衡量做事的价值，做事目标明确	喜欢要求具备经营、管理、领导才能，以实现政治、社会及经济等宏观目标的工作，且具备相应的能力。如：项目经理、销售人员、营销管理人员、政府官员、企业家、法官、律师
事务型(C)	尊重权威和规章制度，喜欢按计划办事，细心、有条理，喜欢接受他人的指挥和领导，不谋求领导职务。关注实际和细节情况，通常较为谨慎和保守，缺乏创造性，不喜欢冒险和竞争，富有自我牺牲精神	喜欢从事需要注意细节、讲求精确且有条理的工作，擅长记录与归档，能够根据特定要求或程序组织数据和文字信息，且具备相应的能力。如：秘书、办公室文员、记事员、会计、行政助理、图书管理员、出纳员、打字员、投资分析员

(二)霍兰德职业兴趣理论的特性

1. 一致性：解锁个体兴趣与职业满足的密钥

在霍兰德的职业兴趣理论中，“一致性”是一个至关重要的概念。从深层次解读，一致性不仅是对个体兴趣范围相似性的量化描述，更是连接个体内心世界与职业满足感的桥梁。当个体的一致性水平较高时，意味着其兴趣范围在心理上具有高度的重叠性与统一性，这种统一性为个体在职业生涯中追求满足感和成就感奠定了坚实的基础。

值得注意的是，一致性水平的高低并无绝对的优劣之分，它更多反映的是个体兴趣范围之间的内在关系。高一致性的个体往往能够更容易地在工作中找到满足自己多方面需求的方式，也更容易找到与自己心灵契合的职业舞台，从而尽情施展才华、实现价值。

然而，对于低一致性的个体而言，情况则相对复杂。他们可能在工作中难以找到完全契合自己兴趣的领域，但这并不意味着他们无法在职场上取得成功。相反，低一致性的个体需要更加敏锐地识别自己在工作中未能满足的需求，并通过其他方式来进行补充和平衡。这种对自我需求的深刻洞察和灵活应对，同样能够引领他们走向职业发展的辉煌之路。

因此，无论个体的一致性水平如何，关键在于如何根据自己的兴趣特点和职业目标，找到最适合自己的职业发展路径。在这个过程中，霍兰德职业兴趣理论无疑为我们提供了一把宝贵的钥匙，它能帮助我们更好地解锁内心的兴趣之门，实现职业生涯的满足与成功。

2. 分化性：衡量兴趣强度的标尺

分化性，这一概念在霍兰德职业兴趣理论中占据着举足轻重的地位。它用于描述个体在6种兴趣类型上的差异程度。简而言之，分化性越高，意味着在这6种兴趣类型中，某个或某些类型特别突出，成为个体的主导兴趣；反之，分化性越低，则表明这6种兴趣类型之间的强度差异不大，呈现出相对均衡的状态。

分化性的高低，不仅反映了个体兴趣的多样性与集中度，更在一定程度上预示了个体在职业选择上的倾向性与专注度。高分化性的个体由于拥有明确而强烈的兴趣导向，往往能够在职业生涯中迅速定位并专注于自己热爱的领域，从而更容易取得成就感与满足感。而低分化性的个体，虽然兴趣广泛，但可能缺乏足够的专注度，需要在职业道路上进行更多的探索与尝试，以找到最适合自己的发展方向。

3. 适配性：人与环境的和谐共鸣

适配性是霍兰德职业兴趣理论中另一个至关重要的概念。它衡量的是个体类型与环境类型之间的匹配程度，是连接个体与职业世界的一座桥梁。当个体的类型与环境类型高度匹配时，如I型人从事I型职业，这种和谐共鸣将激发出个体的最大潜能，带来工作效率的提升、生活满意度的提高以及职业稳定性的增强。

适配性的重要性不言而喻，它不仅影响着个体的职业满意度与稳定性，更是预测职业成就的关键性因素。在霍兰德的理论框架下，高适配性意味着个体能够在职业环境中找到归属感与成就感，从而实现个人价值与社会价值的双重提升；而低适配性则可能导致个体在职业道路上遭遇挫折与困惑，难以发挥出自己的真正实力。

因此，对于每一个追求职业成功的人来说，理解并提升自己的适配性至关重要。只有深入了解自己的兴趣类型与环境类型，找到最佳的匹配点，才能在职业道路上走得更加稳健与长远。同时，这也需要我们保持开放的心态，持续地学习，不断适应变化的环境与挑战，以实现个人与职业的共同成长与繁荣。

霍兰德职业兴趣理论极具影响力，它将个人特质与适合的工作类型紧密相连。在职场应用中，该理论能够指导企业进行精准的人岗匹配，优化团队管理，帮助员工调整状态，进行个人盘点，并平衡工作与兴趣，从而提升整体工作效率和员工满意度。在生活中，霍兰德职业兴趣理论也能发挥作用，家长可据此探索孩子的兴趣所在，同时个人也能利用这一理论改善人际关系。此外，在生涯咨询领域，霍兰德职业兴趣理论能够为学生提供科学的选科和选专业指导，帮助他们梳理职业理想，明确生涯定位，并探索更多的职业可能性。可以说，霍兰德职业兴趣理论不仅为我们提供了一个深入理解自我与职业关系的框架，更为我们的职业生涯规划与发展提供了宝贵的指导和启示。

二、霍兰德职业兴趣测试方法

(一)主观测试法

1. 职业兴趣回忆法

职业兴趣回忆法是指通过回顾个体过去的学习、工作或生活经历，找出那些让他们感到投入、愉悦或成就感较高的活动，并分析这些活动对应的霍兰德兴趣类型。例如，喜欢组织校园活动的人可能偏向企业型(E)或社会型(S)，热衷于编程或数学难题的人可能偏向研究型(I)，喜欢操作设备的人偏向现实型(R)。这种方法适合有一定社会经验的大学生或职场新人，通过自然归纳过往经历来识别兴趣倾向。

2. 兴趣岛活动(见本章末尾的探索活动及实践环节)

通过假设情境(如“在岛上居住至少半年”)，让个体选择最愿意长期从事的活动，从而识别其核心兴趣。

3. 职业兴趣日志法

职业兴趣日志法是指让个体在 1～2 周内记录每天自愿投入时间较多的活动(如阅读、社交、创作等)，并将其归入霍兰德的 6 种兴趣类型。如频繁参与艺术创作可能对应艺术型(A)，而经常帮助辅导他人可能对应社会型(S)。这种方法适合兴趣广泛但不确定核心倾向的人，通过长期观察分析兴趣模式，最终找到合适的兴趣。

4. 职业榜样分析法

职业榜样分析法是指通过分析个体欣赏的职业人物(如企业家、科学家、艺术家)，推断其兴趣倾向。例如，崇拜钱学森可能反映其兴趣倾向于研究型(I)。这种方法适合青少年或大学生，通过榜样的激励作用帮助其探索职业兴趣。

5. 职业兴趣访谈法

职业兴趣访谈法是指通过亲友或同事的观察，获取关于个体兴趣倾向的外部视角。例如，询问“你觉得我最享受做什么类型的事情”“做什么事情最投入”等问题，归类反馈至霍兰德类型。这种方法通过外部视角补充自我评估，适合自我认知不够清晰的个体。

(二)量表测试法

职业兴趣测试的历史可以追溯至1927年。最早出现的工具是美国心理学家斯特朗编制的《斯特朗职业兴趣调查表》，随后又出现了由库德编制的《库德爱好记录表》。霍兰德于20世纪50年代末编制的《职业爱好问卷》，则成为后来广为人知的霍兰德职业兴趣测试的前身。如今，霍多德职业兴趣测试已被广泛应用于个人兴趣评估与职业指导领域。

目前，许多网站提供霍兰德职业兴趣测试服务，例如学信网学职平台、向阳生涯以及各高校就业指导网站等。这些服务通常分为免费版和付费版：免费版提供基础测评，付费版则通常包含更全面的分析及详细报告。测试完成后，一般会生成一个由三个字母组成的霍兰德代码(例如SAE)，分别代表被测者得分最高的三种兴趣类型。其中，第一个字母对应最稳定、最突出的兴趣类型，通常与个人主观认知较为一致；后两个字母可能随时间或情境变化而有所波动。测试报告往往还会推荐与该代码相匹配的职业方向，供参与者参考。

当前国内已有多种引进或自主研发的霍兰德职业兴趣测试版本。在选择测试工具时，应注意其是否符合心理测量的基本标准，例如是否具备良好的信度与效度、是否提供常模参照，以及如果是自助式测试，是否附有清晰、详细的报告解读。在实际使用时，应严格遵守施测要求，仔细阅读指导语。此外，对测试结果的科学解释尤为关键。在国外，这类测试通常由职业生涯辅导专业人员施测并解读，以帮助受测者正确理解其含义。因此，我们须警惕对测试结果的滥用或迷信，避免被其片面结论所误导。

严格来说，职业兴趣测试的结果并不能直接指出“哪种职业适合我”，而只能反映受测者的兴趣特征与某些职业人群的相似程度。根据常模，拥有某类兴趣模式的人通常更倾向于选择某些类型的职业，并可能在这些领域中感到更为适应。但应注意，同一职业在不同机构中的实际内容可能差异很大，因此必须结合具体情境进行分析。职业兴趣测试的主要价值在于帮助人们增强对自我及职业世界的认识，拓宽职业选择视野，为未来职业发展提供方向性参考——而非限定个人的选择范围，也不应被用作给自己“贴标签”的工具。

尽管职业兴趣测评简单易用，但其局限性也相当明显。有些人因受价值观或能力认知的影响，所选答案并不能真实反映其兴趣。例如，有人测试结果显示“企业型”兴趣很高，但实际上并非真正偏好竞争环境，可能只是出于对社会地位的向往而做出选择。也有人因对自身喜好缺乏清晰认知，难以在测评中做出稳定判断，导致多次测试结果不一致。这种现象可能源于个人在成长过程中天性长期受到压抑，导致自我认识混乱。这类人群可能需要借助生涯咨询师甚至心理咨询师的专业帮助。另外，有些人兴趣偏好不明显，六类兴趣得分较为接近，这可能是因为缺乏实践机会以致兴趣未充分分化，也可能与测试时个体的心理状态(如抑郁)有关，导致各项分数普遍偏低。

在霍兰德类型理论中，兴趣被视为人格在职业领域的体现，代表个体与生俱来的偏好。然而，美国心理学家克朗伯兹等人提出了不同观点，认为兴趣是个人后天学习的结果(此处“学习”是广义概念，包括成长过程中一切经验积累)。因此，他们建议不应将兴趣测试视为终极结论，而应将其看作对过去学习经验的总结和对未来探索的指引，在此基础上推动个体进一步学习与成长。这一观点对我国大学生尤其具有启示意义。由于在中小学阶段普遍侧重学业学习，较少接触社会实践，很多大学生对职业或学科的兴趣仅建立在表面印象上。若机械地用兴趣类型对其加以限定，反而可能阻碍其探索与发展。大学生仍处于职业发展的“探索期”，在这一阶段进行测试，重点不应在于获得某个确定的职业答案，而应是以兴趣类型为参考，拓宽视野，并在实践与反思中不断加强对自我与职业世界的认知。

(三)霍兰德职业兴趣代码与其对应的职业

一个人的职业兴趣往往是多方面的。霍兰德用三个字母组成的代码来表示一个人的职业兴趣，这个代码称为霍兰德职业兴趣代码。三个字母的顺序表示职业兴趣的强弱程度。在霍兰德职业兴趣代码中，占主导地位的职业兴趣类型可以为个人选择职业指明方向。我们可以根据霍兰德职业兴趣代码找出对应的职业。例如，通过测试，发现自己的职业兴趣代码是 RIA，那么代表适合自己的职业包括牙科技术人员、陶工、建筑设计师等。具体参见本书附录：职业索引——霍兰德职业兴趣代码。

(四)动态的职业兴趣：洞察自我与职业的契合度

在现实生活中，我们不难发现，许多人的职业兴趣并非静止不变。有的人坚守一隅，终其一生致力于同一项事业；而更多的人则跨越多个行业，体验多种职业的风采。面对这样的多样性，我们或许会困惑：如何洞察那个连自己都未必全然了解的自我？为何有人钟情于这个岗位，而非那个岗位？为何职业生涯规划专家会建议我投身管理岗位，而我的朋友则更适合研发领域，我的办公室同事又被推荐去从事创新创意的市场策划工作？

也许测试工具能够为我们解答这些疑惑，那就是职业适应性测验。这种测验从个人的兴趣、需求和动机等角度出发，深入探究人与职业或职位之间的契合度。通过它，我们可以更清晰地认识自己对工作的期待、对生活的追求以及学习的渴望，这对我们做出明智的职业决策和规划职业生涯具有重要意义。

值得注意的是，不少人在进行霍兰德职业兴趣测试的过程中发现霍兰德职业兴趣代码并非静止不变，而是会随着外在环境、内在成长、重要人生事件、测评状态以及测评的精准性等多重因素的变化而发生变化。

从外在环境来看，随着科技的飞速发展和社会需求的不断变化，新兴职业层出不穷，而一些传统职业则可能逐渐衰退。这种职业结构的变迁往往影响个体的职业兴趣和职业选择，从而导致霍兰德兴趣代码发生变化。例如，随着人工智能和大数据技术的兴起，对数据分析师、AI 工程师等职业的需求大增，这可能吸引原本对科学研究或技术工作感兴趣的个体转向这些新兴领域。

从内在成长来看，个体在知识、技能和经验上的积累，以及对自身能力和兴趣的不断探索，也会导致兴趣代码的调整。随着个人能力的提升和职业经验的丰富，个体可能会发现自己对某些职业领域的兴趣更加浓厚，而对其他领域的兴趣则逐渐减弱。

重要人生事件，如教育经历、职业转换、家庭变故等，也会对霍兰德兴趣代码产生显著影响。例如，一次成功的职业转换可能让个体意识到自己在管理或销售方面的天赋和兴趣，从而改变原有的兴趣代码。

此外，测试状态和测试的精准性也是影响霍兰德兴趣代码变化的因素之一。个体在测试时的情绪状态、注意力集中程度，以及测试工具的准确性和可靠性等，可能影响测评结果。因此，在进行霍兰德职业兴趣测试时，需要保持客观、诚实的态度，并选择专业、可靠的测试工具。

第三节　职业兴趣的培养

一、职业兴趣的培养方法

职业兴趣一旦形成，便具有一定的稳定性。同时，职业兴趣的培养是一个动态的过程，需要个体通过广泛探索、实践验证和持续调整，逐步明确并深化兴趣。具体可以从以下几个方面入手。

(一)培养广泛的兴趣

广泛的兴趣是职业发展的基础。对于处在探索期的大学生而言，接触不同领域的知识和活动(如阅读跨学科书籍、参加多样化社团或学习新技能)，有助于拓宽视野、提升综合素质，并发现潜在兴趣和能力。需注意的是，广泛的兴趣应与中心兴趣相结合，避免因过于分散导致难以深入某一领域。

(二)重视培养间接兴趣

间接兴趣是指对活动结果或目标的兴趣，而非活动本身，这与直接兴趣不同。培养间接兴趣可以帮助个体在短期内缺乏直接兴趣的领域中保持动力。例如，大学生在校期间参加各类学科竞赛或创新创业类比赛时，通过设定明确的竞赛目标(如获得省赛及以上奖励或掌握某项技能)，可以激发学习热情，有些同学可能在这个过程逐步挖掘和探索自己在某一领域的兴趣。在职业发展中，间接兴趣同样重要，当面对重复性或挑战性较大的工作任务时，通过关注长期职业目标或外部激励(如晋升机会或薪资增长)，可以增强个体的工作投入度和满意度。

(三)确定中心兴趣

中心兴趣是一个人在生活、工作、学习等各个方面都表现出来的特别热爱和关注的事物，体现了人们内心深处最真实的愿望和渴望。如果一个人想要更好地发掘自己的职业兴趣，那么他应先找到中心兴趣，并将其作为职业选择的出发点。换句话说，明确中心兴趣有助于个体集中精力、深入钻研，从而在某一领域取得卓越成就。例如，一个对艺术、文学和心理学都有兴趣的人，可能会将“艺术治疗”作为中心兴趣，并围绕这一领域进行专业学习和实践，以促进自己的发展与成长。在职业规划中，中心兴趣是制定长期目标和行动计划的依据，能够帮助个体在职业发展中保持专注和持续进步。

(四)参加职业实践

职业实践是培养职业兴趣的重要途径。通过实际参与工作或实习，个体可以亲身体验职业内容、工作环境以及职业要求，从而更直观地了解自己的兴趣和能力是否与某一职业相匹配。例如，通过实习，学生可以发现自己在市场营销中的创意能力，或意识到自己对数据分析的兴趣。职业实践不仅能够验证和调整职业兴趣，还能帮助个体积累职业经验，为未来的职业发展奠定基础。

(五)客观评价自身能力

职业兴趣的培养需要以客观评价自身能力为基础。个体应通过自我反思、他人反馈以及能力测试等方式，全面了解自己的优势与不足。例如，一个对编程感兴趣的人，如果发现自己的逻辑思维能力较强但缺乏耐心，可选择技术开发中偏重架构设计的工作，而非需要耐心的调试工作。客观评价自身能力有助于个体选择与自身能力相匹配的职业方向。在此基础上形成的职业兴趣才更具长久性，并能避免因兴趣与能力脱节而导致职业发展受阻。

(六)保持职业兴趣的稳定

保持职业兴趣的稳定是职业成功的关键。个体应通过持续学习和实践，不断深化对某一职业领域的理解和热爱。例如，通过参加专业培训、阅读行业文献或与同行交流，可以增强对职业的兴趣和认同感。同时，面对职业发展中的困难和挑战，个体应保持积极心态，通过设定阶段性目标和寻求支持，维持对职业的兴趣和热情。稳定的职业兴趣不仅能够帮助个体在职业发展中取得长期成就，还能提升职业满意度和幸福感。

二、大学生职业兴趣的培养

对大学生来说，除了以上的方法外，在就业前还应做到以下方面。

(一)拓宽职业认知面

在当今快速发展的社会中，职业种类繁多且不断演变。大学生的信息渠道和社会经历有限，对职业的认知较为狭窄。为了拓宽职业认知面，大学生可以主动探索不同行业。例如，通过参加学校组织的职业讲座和行业研讨会，大学生能够近距离聆听来自不同领域的专业人士分享他们的职业经历和行业现状。这些活动能够帮助学生直观地了解各种职业的特点、工作内容以及发展前景，从而打破传统职业观念的束缚，激发对新兴职业的兴趣。

利用互联网和 AI 资源是拓宽职业认知的重要途径。大学生可以利用在线职业信息平台、行业论坛以及专业媒体等渠道，获取丰富的职业信息。这些平台不仅提供了详尽的职业描述，还涵盖了行业动态、职业晋升路径等内容。大学生可以利用课余时间浏览这些信息，例如通过观看职业纪录片、阅读行业分析报告等方式，深入了解不同职业背后的运作机制和社会价值。

积极参加社会实践是拓宽职业认知的关键环节。大学生可以积极参与实习、志愿服务以及兼职工作，通过亲身实践直接接触到不同职业的工作环境和要求。这种亲身体验不仅能帮助大学生更好地理解职业的内涵，还能让他们在实践中发现自己的兴趣所在。参加企业实习可以让大学生了解企业的运营模式和工作氛围，而参与社区志愿服务则能让他们感受到公共服务职业的意义。

(二) 拓展专业兴趣

在大学阶段，大学生往往专注于本专业的学习，容易陷入专业狭窄的困境。为了提升专业拓展性，大学生可以通过选修其他专业的课程来拓宽自己的知识面，培养跨学科思维能力。理工科大学生可以选修一些人文社科类课程，了解社会文化背景对技术应用的影响；文科大学生则可以学习一些基础的理工科课程，提升自己的逻辑思维和数据分析能力。这种跨学科、专业融合的学习方式能够帮助大学生打破专业壁垒，为未来的职业发展提供更广阔的思路。

积极参加学术竞赛和科研项目是提升专业拓展性的重要途径。大学生可以参与这些活动锻炼专业技能，接触到不同学科领域的知识和方法。在竞赛和科研过程中，大学生需要与其他专业的同学合作，共同解决复杂的问题。这种跨学科合作的模式能够激发学生的创新思维，培养他们的团队协作能力。例如，在创新创业大赛中，大学生需要综合运用市场营销、技术开发、财务管理等多方面的知识，通过这样的实践活动，大学生的专业拓展性将得到显著提升。

此外，大学生应注重培养自己的终身学习能力。职业世界是不断变化的，大学生在未来的职业生涯中需要不断更新知识和技能。例如，大学生可以参加学习方法课程，掌握自主学习的技巧；还可以利用在线学习平台，获取丰富的学习资源。通过这些措施，大学生能够在毕业后继续拓展自己的专业知识，适应职业发展的需求。

(三) 培养社会责任心

大学生是社会未来的建设者和接班人，培养社会责任心是一项很重要的任务。

首先，大学生可以通过课程学习树立正确的价值观。在思想政治课程中，应当重点关注社会责任教育的内容，通过案例分析、讨论交流等方式，深刻理解个人职业与社会发展的关系。例如，通过分析企业社会责任的案例，大学生可以明白企业在追求经济效益的同时，还需要关注环境保护、社会公益等问题。

其次，社会实践是培养社会责任心的重要途径。大学生可以积极参与学校组织的社区服务、“三下乡”、公益项目等活动，在实践中感受社会的需求和问题。例如，参与环保志愿者活动有助于增强环境保护意识；开展关爱弱势群体的志愿服务，有助于培养同理心。通过这些实践活动，大学生能够将社会责任意识融入自己的职业观念中，在未来的职业选择和发展中，更倾向于选择能够为社会带来积极影响的职业。

最后，大学生应关注社会热点问题，思考如何通过职业发展来推动社会问题的解决。例如，在课堂讨论中积极参与教师引导的探讨，思考如何利用所学专业知识解决环境污染、教育资源不均衡等问题。通过这种方式，大学生能够找到自己的职业目标与社会责任的结合点，从而在职业兴趣培养过程中，自然而然地树立为社会服务的意识。

三、关于职业兴趣的认识误区

职业兴趣是职业选择的重要依据之一，常常被人提及，但许多大学生对职业兴趣存在一些认识误区。这些误区可能会影响职业选择和发展，因此需要引起重视，及时纠正。

(一)把简单的喜欢、感兴趣当作职业兴趣

许多人会因为对某件事情的短暂喜欢，就将其视为职业兴趣。有些人因为看了几本小说就认为自己应该去当作家，或者因为喜欢打游戏就觉得自己应该去学计算机。然而，这种简单的喜欢并不等同于职业兴趣。职业兴趣需要对工作的内容、职责、性质等有深入了解，并且愿意为此付出努力和时间去学习相关知识和技能。只有当一个人对职业的各个方面都有清晰的认识，并且乐于从事这些工作时，才能算作真正地具有职业兴趣。

相关调查显示，部分大学生存在对所学专业不感兴趣的状况，职场中也有相当比例的人群从事与个人兴趣不完全匹配的工作。这说明，职业选择不能仅仅基于简单的喜欢，还需要考虑实际的职业需求和个人的长期发展等因素。

(二)认为从事自己感兴趣的工作就意味着轻松愉快

许多人认为，从事自己感兴趣的工作会自动带来轻松愉快的体验。然而，这种观点忽略了职业的复杂性和挑战性。实际上，无论从事什么工作，都需要付出努力和汗水才能取得成就。

例如，部分大学生觉得做自媒体行业轻松、自由、收入高，但成为一名自媒体从业者需要面对巨大的内容创作压力、严格的平台审核要求以及不稳定的收入。自媒体行业竞争激烈，创作者需要不断更新知识、紧跟热点话题，并且具备持续输出高质量内容的能力。此外，有时候坚持自己的职业兴趣，可能还需要在经济报酬或社会地位方面做出牺牲，因为并非所有职业都能提供高待遇或高社会地位。

(三)认为不是自己感兴趣的工作就不做

理想与现实之间总是存在差距。许多大学生认为，如果不是自己感兴趣的工作，就

坚决不做。然而，这种想法过于理想化，忽视了职业选择的复杂性和多样性。在现实中，职业选择需要综合考虑个人的兴趣、能力、性格以及市场需求等因素。

研究表明，在工作中积累经验、提升技能，有助于大学生逐渐培养出对工作的兴趣。一项针对职场新人的研究发现，超过70%的人在入职初期对工作并不感兴趣，但随着时间的推移，通过不断学习和适应，他们逐渐找到了工作的价值和乐趣。这说明，兴趣是可以培养的，而不是一成不变的。

探索活动

兴趣岛活动

1. 将班级分为6组，通过抽取卡牌确定小组成员。

2. 根据表2-2中的6个兴趣岛描述，每个小组分别完成“上岛游”旅游项目开发，包括如下内容：

(1)每个小组根据抽到的小岛，讨论、策划、开发相应的岛屿旅游项目。

(2)参考岛屿描述，设计对应的岛屿海报，内容包括岛名、标志设计、口号标语、主题活动、主打产品、营销方案等。

3. 每个小组用5分钟的时间进行成果分享。

表2-2　**兴趣岛描述**

岛屿	特点描述	岛民特征
R岛	自然原始岛，该岛拥有热带雨林等原始生态系统，手工业发达，自给自足	擅长手工制造，自己种植食物、修建房屋，崇尚自然与原始的生活方式
I岛	深思冥想岛，该岛的科学场馆众多，学术氛围浓厚	喜欢钻研学问、沉思冥想、探究真知，热衷于学术讨论和思想研究
A岛	美丽浪漫岛，该岛的艺术文化气息浓厚	热爱舞蹈、音乐、绘画等艺术活动，富有创造力和浪漫情怀
S岛	温暖友善岛，该岛的人际关系和谐，重视教育与互助合作	性情温和，乐于助人，重视教育后代，注重社区合作与和谐
E岛	显赫富庶岛，该岛的经济高度发达，商业活动繁荣	性格热情豪爽，善于企业经营、贸易活动，多为企业家、经理人、政治家、律师等
C岛	井然有序岛，该岛的户政管理、地政管理及金融管理十分完善	个性冷静保守，处事有条不紊，善于组织规划，注重秩序与效率

实践环节

个人兴趣探索

1. 通过各类网络测试平台得到的霍兰德职业兴趣代码为：______。

2. 找一个安静且不受干扰的环境，静心回忆并梳理日常生活中有关个人兴趣的一些代表性事件，增进自我觉察。务必仔细思考并详细记录以下几个问题的答案：

(1)请列举三种你非常感兴趣的职业(暂不考虑现实因素)。每种职业最吸引你的特征是什么？

(2)请回忆三个令你感到快乐(满足)的瞬间。请详细描述这三个瞬间，并说明是什么令你感到如此快乐(满足)？

(3)大学里你最想加入的社团是什么(如果没有，可以说说自己想组建的社团)？请具体说明为什么。

(4)你最崇拜(敬佩)的人是谁？他对你产生了哪些影响？你认为自己最像他/她的是什么地方？最不像他/她的是什么地方？

(5)请回忆在你的生活中，是否有因为全神贯注于做某件事情而忘了时间的时刻？什么样的事会让你如此专注？

(6)休闲的时候，如果只是出于兴趣的考虑，你最想做什么或学什么？其中最吸引你的地方是什么？

(7)除了单纯的娱乐放松以外，你最喜欢看哪几类节目或者视频？其中最吸引你的地方是什么？

这些问题的回答将有助于你总结和归纳本章所学内容，并将日常生活中的表现与本章所讲的职业兴趣类型联系起来。通过归纳得出的主题或关键词，是你今后在做职业决策时应考虑的关键因素。

第三章
职业性格匹配

知识导航

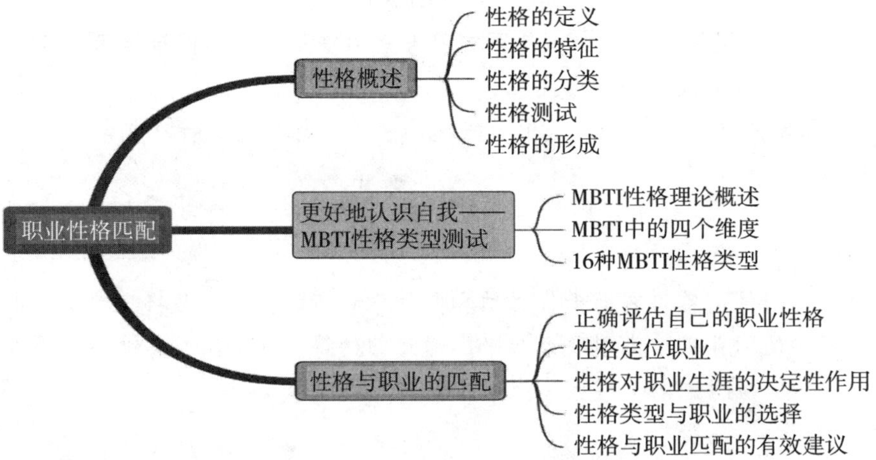

学习目标

知识目标

1. 了解性格的概念及其差异
2. 掌握性格与职业的关系、性格测试的方法
3. 掌握16种MBTI性格类型的特征及其适合的职业

能力目标

1. 理解性格与职业选择的紧密联系
2. 能够结合所学知识找到适合自己性格的职业

素质目标

1. 正确客观地对待自身性格的优劣势

2. 将自己的性格与现实社会发展的职业需要紧密联系，树立正确的职业生涯规划意识

【案例导入】

小曾同学的职业选择与发展

小曾同学是某高校财务管理专业2020届毕业生。高考填报志愿时，小曾选择财务管理专业，主要是受家庭影响，其父母认为财务工作稳定、社会认可度高。在校期间，小曾成绩较好，具备扎实的财务知识和数据分析能力。他的性格外向，善于沟通，人际关系处理得当，在同学和老师中口碑较好。尽管财务管理专业通常要求从业者具备细心、严谨和原则性强的特质，但小曾发现自己更喜欢与人打交道，享受挑战和灵活的工作方式。

在大学期间，小曾积极参与社会实践，先后在两家互联网公司担任产品销售实习生。在这段经历中，他展现出较强的市场洞察力、谈判能力和客户维护能力，业绩表现突出。这段经历让他意识到，相比财务核算类工作，他更享受销售带来的成就感和动态变化的工作环境。因此，他在毕业时选择加入国内头部医药企业，担任销售代表一职。

在医药销售代表岗位上，小曾运用财务管理专业培养的数据分析能力，在客户管理和市场策略方面表现出色。他不仅能够高效完成销售任务，还能通过数据分析优化客户拜访计划，提升成交率。此外，他能在合规要求与客户需求之间找到平衡点，既维护企业原则，又赢得客户信任。

工作三年后，因业绩突出、团队协作能力强，小曾顺利晋升为大区销售主管，负责团队管理和区域市场策略制定。

【案例分析】

小曾的职业历程生动诠释了"最适合的才是最好的"。作为一名财务管理专业毕业生，他本可以循规蹈矩地选择会计、审计等传统对口职业，获得稳定的工作环境和体面的社会评价。然而，他敏锐地察觉到自身外向开朗的性格特质与财务工作要求的谨慎内敛存在本质冲突，这种自我认知促使他勇敢突破专业限制，选择更能发挥其人际交往优势的医药销售岗位。正因性格与职业高度匹配，小曾在工作中如鱼得水——他不仅能够游刃有余地应对各种客户关系，更能将财务专业培养的数据分析能力创造性转化为销售优势，实现"1+1>2"的效果。小曾工作三年后从基层销售晋升大区主管的事例，充分证明当个人性格特质与职业要求高度契合时，不仅能提升工作满意度，更能激发超乎想象的个人潜能。

这个案例启示我们，在进行职业选择时，与其盲目追求所谓“体面稳定”的工作，不如静下心来审视自己的性格特质，找到一个能让自身优势充分发挥的舞台。如此获得的职业幸福感，往往能转化为持续的职业动力，最终帮助我们成就意想不到的职业高度。

第一节　性格概述

无论是即将步入职场的毕业生，还是已经工作一段时间的人，面对诸如“我性格内向/外向，适合什么工作?”“哪些职业正好匹配我的性格?”“以我的个性从事什么行业更好?”“我性格中的优势和劣势是什么?”“我感觉很不适应，是不是该继续现在从事的职业?”这类问题时，都会感到困惑。那么，性格因素和职业选择之间到底存在什么样的关联呢?

大家可以回想一下，刚进入大学的时候，我们在各种各样的场合做自我介绍，每个人都会提到自己是一个什么性格的人。随着学习的深入，我们又开始思考：我的性格适合我的专业吗? 大学毕业以后，我是继续读研还是直接工作呢? 我的性格又适合什么样的工作呢? 我内向、不善于交际，能在工作中有所发展吗? 我外向、充满好奇心，但能耐得住寂寞，做得了科研吗?

性格本身没有好坏之分。如果你能在未来的职业生涯中充分发挥你的性格优势，那么你将更有可能成为一个高效率的工作者。为了迎合上级、同事、同学、朋友、家长等外界环境对我们的期望，我们会不断地调整自己的性格来适应。然而，有些方面即使你改变了，但你心里似乎总有个声音在喊：“这不是我想要的!”那么，如果工作环境能够和你内心的真实想法一致，你是不是能够更轻松自如地面对和处理工作? 因此，准确认识并保持你的性格本色，可以为你未来职业生涯的发展起到积极的促进作用。

一、性格的定义

著名经济学家约翰·梅纳德·凯恩斯说：“习惯形成性格，性格决定命运。”美国心理学大师威廉·詹姆士博士也曾指出：“播下一个行为，收获一种习惯；播下一种习惯，收获一种性格；播下一种性格，收获一种命运。”这与古语“积行成习，积习成性，积性成命”所表达的道理不谋而合。由此可见，古今中外的人们对性格形成的看法具有一致性。那么，什么是性格? 性格对职业的选择与发展又有什么影响?

(一)什么是性格

性格(personality)源于拉丁语“persona”，原意是指演员在舞台上戴的面具，用于表明人物身份和性格。早在两千多年前，古希腊学者提奥弗拉斯特就提出，性格指的是人的特征、标志、属性和特性等。关于性格的定义较多，学界一般采用心理学家的定义：性格是人对现实的稳定态度和习惯化的行为方式的总和，表现为个体独特的心理特征。性格是在社会生活中逐渐形成的，同时也受到个体的生物学因素影响。

首先，性格表现在人对现实的态度和与之相适应的行为方式。性格是在社会实践活动中、在与客观环境相互作用的过程中形成的。当客观事物作用于个体时，人往往会对它抱有一定的态度，并做出与这种态度相应的行为活动。个体对客体的态度和行为方式通过不断重复得以保存和巩固下来，从而构成了个人所特有的、稳定的态度和习惯化的行为方式。这种主体对客体的态度体系和行为方式标志着性格的本质特点。例如，有的人遇到危险和困难能够临危不乱，从容应对；有的人则软弱胆小，畏首畏尾：有的人待人谦虚谨慎；有的人说话盛气凌人。这些表现体现在人对现实态度和行为方式的心理特征上，就是性格。

其次，性格是个体稳定的个性心理特征。在某种情况下，那种属于一时的、情境性的、偶然的表现，不能构成人的性格特征。一个人在一次偶然的场合表现出胆怯的行为，不能据此就认为这个人性格胆小。一个人在某种特殊条件下，一反常态地发了脾气，也不能就据此认为这个人性格暴躁。只有那些经常的、一贯的表现才会被认为是个体的性格特征。

最后，性格又是个性中具有重要意义的心理特征。人的性格是后天获得的一定思想意识及行为习惯的表现，是客观的社会关系在人脑中的反映。因此，性格能影响人的气质、能力的表现特点与发展方向。

我们每个人都有自己的独特个性，从而导致每个人看待问题、处理事情的风格和方式存在差异。由于一个人的性格涉及其心理过程和个性特征的各方面，因此性格对职业生涯规划有着十分重要的影响。

性格到底是什么时候出现在我们生命中的呢？科学家通过研究发现，刚出生几天的婴儿在行为方式上就表现出不同。有的爱哭爱笑爱闹，有的则比较安静。科学家们认为这些差别可能是我们后来性格差异的最初来源。随着年龄的增长，婴儿的某些表现会被不断地强化或改变。但实际上，在生命最初的几周内：性格所表现出来的不同特点将会持续下去。也就是说，我们后来性格的一些差异，如内向与外向之间的差异，在我们生命的最初几年中就可以观察到。

其实，我们性格的最初形成是从幼儿园时期开始的。当我们还是幼儿园小朋友的时候，已经能够对特定的事物表现出兴趣、爱好和能力方面的差异。例如，有的小朋友喜欢上画画课，有的小朋友喜欢上音乐课，有的小朋友喜欢上手工课。用性格的定义来说，幼儿园时候的我们已经初步地形成了对人、对事、对自己、对集体的一些比较稳定的态度和一些习惯化的行为方式。

到了小学阶段，在大人们有意识、有目的地为我们设立的一些集体活动(如春游、校园剧、运动会)中，我们的自我意识有了进一步的发展。逐渐地，我们形成了自己特有的一些原则，待人接物的态度也得到了进一步强化。这一时期，老师和家长很容易成为我们模仿的对象和心里认定的权威。

进入少年时期，我们会逐渐认识和评价自己的个性品质和内心体验，也能够自觉了解别人的个性特点，稳定的道德理想和道德信念开始形成，我们在道德行为方面更加有原则性和自觉性。

到了青年期，随着知识经验的积累、抽象逻辑思维的形成以及道德意识和道德感的发展，我们的各项价值观已经初步稳定并有了一定的系统性。此时，我们的性格发展趋于平稳，待人接物的态度和习惯化的行为方式更加稳定，然而直觉的情绪体验明显减少，我们开始有意识地控制自己的行为方式，并在外界的期待下对自己的性格进行完善或者调整，以便使我们能够与外界和谐相处。

(二)性格与人格、气质的关系

性格是天性和人格的结合。性格的形成既受先天因素的影响，又在后天的环境中逐渐发展而成。

1. 气质学说

天性，天生的气质(先天形成)，是一个人在正常、轻松状态下，对“信息搜集”和“决定形成”所采取的无意识的、天生的真实反应，是被“设定”的。基因等生物因素是直接决定和影响天性的因素。在心理学中，关于天性的研究较多采用气质学说，最著名的是由古希腊医生希波克里特提出的四种气质类型：多血质、胆汁质、黏液质、抑郁质。

(1)多血质。多血质又称活泼型，表现为敏捷好动、善于交际，在新的环境里不感到拘束。在工作学习上，多血质的人富有精力且效率高，表现出机敏的工作能力，善于适应环境变化。在集体中，他们精神愉快、朝气蓬勃，愿意从事符合实际的事业，能迅速地把握新事物，在有充分自制能力和纪律性的情况下，多血质的人会表现出巨大的积极性。他们兴趣广泛，但情感易变，如果事业上不顺利，热情可能迅速消失。从事多样化工作的多血质的人往往成绩卓越。

(2)胆汁质。胆汁质又称不可抑制型或战斗型，表现为兴奋过程强烈、抑制过程较弱。这种气质的人情绪易激动，反应迅速，行动敏捷，富有冲劲。在语言、表情和姿态上，胆汁质的人表现出强烈而迅速的情感。他们在克服困难时表现出不可抑制和坚忍不拔的精神，但不善于考虑是否能够达成目标。这种人性格急躁，易爆发情绪且难以自制。在工作中，胆汁质的人表现出明显的周期性：他们能够埋头于事业，努力克服通向目标的重重困难；然而，一旦精力耗尽，他们容易失去信心。

(3)黏液质。黏液质又称安静型，黏液质的人在生活中是坚持且稳健的辛勤工作者。他们具有较强的自制力，行动缓慢而沉着，严格遵守既定的生活秩序和工作制度，不易被无关因素分心。黏液质的人态度持重，交际适度，言辞务实。情感上，他们不易激动，不易发脾气，也不易外露情感。他们具有从容不迫和严肃认真的品德，以及性格的一贯性和确定性。黏液质的人能够长时间坚持不懈、有条不紊地从事工作，但不足之处在于灵活性较差，不善于转移注意力，有时容易因循守旧。

(4)抑郁质。抑郁质的人具有较强的感受能力，情绪体验深刻且持久，但表达方式较内敛。他们能观察到别人不容易察觉的细节，对外部环境变化敏感，内心体验深刻。抑郁质的人在外表行为上显得较为谨慎、迟缓，容易产生忧虑。

2. 人格

人格，包括价值观和思维、行为模式(后天塑造)，是一个人在智商、教育、文化背景、经历等生长环境作用下，对“信息搜集”和“决定形成”所采取的一贯性、有意识的主观反应。人格具有丰富的内涵，体现了多种本质特征：

(1)独特性。人格最显著的特征是独特性，即一个人的人格是在遗传、成熟和环境、教育等先天与后天因素的共同作用下形成的。人格结构的多样组合使每个人都具有独特的个性特征。即使不同的人可能具有某些相同的个别特征，但整体人格仍是独一无二的。

(2)稳定性。人格具有稳定性，某种人格一旦形成，便相对稳定。那些在行为中偶然发生、一时出现的心理特性，不能称为人格。这种稳定性具有跨时空的性质，但也并非一成不变，它会随着环境和事件的变化而发展、变化。

(3)整体性。人格是由多种成分构成的有机整体，具有内在的一致性，受自我意识的调控。一个人的各种个性倾向、心理过程和个性心理特征，都在统一标准下有机结合，绝非偶然的随机组合。

(4)功能性。人格在一定程度上会影响一个人的生活方式，甚至会决定某些人的命运。人格作为一种具有动力倾向的系统结构，并非完全被动地受客观环境支配。

(5)复杂性。人格的复杂性体现为其构成要素的多元性与多层次性。它并非由单一特质简单决定，而是由情感、动机、认知、行为等多种成分交织而成的一个有机整体。

(6)倾向性。在人格形成与发展的过程中，个体持续表现出对某些事物或活动的特定动机、偏好与心理定势，逐渐形成相对稳定的倾向系统。

二、性格的特征

(一)性格的态度特征

性格的态度特征表现为个体对待现实的独特倾向。例如，对社会、集体的态度，对他人的态度，对劳动、工作、学习的态度，以及对自己的态度等。

(二)性格的理智特征

性格的理智特征是指个体在认知活动中表现出来的稳定而独特的心理风格。例如，在感知方面，个体可能是主动观察型，也可能是被动感知型：在思维方面，可能是具体罗列型，也可能是抽象概括型，可能是描绘型，也可能是解释型；在想象力方面，可能是丰富型，也可能是还是贫乏型等。

(三)性格的情绪特征

性格的情绪特征表现为个人受情绪影响或控制情绪的程度与状态。如个人受情绪感染和支配的程度，情绪受意志控制的程度，情绪反应的强弱、快慢，情绪起伏波动的程度，以及主导心境的性质等。

(四)性格的意志特征

性格的意志特征表现为个人自觉控制自己的行为及行为努力程度方面的特征。例如，是否具有明确的行为目标，能否自觉调适和控制自身行为，在意志行动中表现出的是独立性还是依赖性，是主动性还是被动性，是否坚定、顽强、忍耐、持久等。

三、性格的分类

性格的分类是指根据不同原则或标准，对人群进行归类，每一种性格类型都代表着一组独特的、共同的特征组合。每一类型代表一类人所共同具有的性格特征的独特组合。由于性格结构极为复杂，心理学界尚未形成公认的统一划分标准。以下是几种基于不同维度的代表性分类方式。

(一)以心理机能优势分类

英国的培因和法国的李波特提出，根据理智、情绪、意志三种心理机能在人的性格中所占优势的不同，将人的性格分为理智型、情绪型和意志型。理智型的人通常以理智来评价周围发生的一切，并以理智支配和控制自己的行动，处世冷静；情绪型的人通常用情绪来评估一切，言谈举止易受情绪左右，缺乏深思熟虑；意志型的人目标明确，主动、积极、果敢、坚定，有较强的自制力。除了这三种典型类型，还存在一些混合型，如理智-意志型。在现实生活中，大多数人的性格属于混合型。

(二)以心理活动的倾向分类

瑞士心理学家荣格根据一个人的心理活动倾向来划分性格类型。心理活动既可以指向内部世界，也可以指向外部世界。前者属于内倾型，其特点是处世谨慎，深思熟虑，交际面窄，适应环境能力较弱；后者为外倾型，其特点是活泼开朗，容易适应环境的变化。

(三)以个体独立性程度分类

美国心理学家威特金等人根据场的理论，将人的性格分成场依存型和场独立型。场依存型的人倾向于以外在参照物作为信息加工的依据，他们易受环境或外物的干扰，常不加批判地接受别人的意见，应变能力差；场独立型的人不易受外界意见的干扰，习惯以内在参照(即自己的认识)作为评判事物的标准，他们具有独立判断事物、发现问题、解决问题的能力，而且应变能力强。这两种类型的人是按两种对立的认知方式进行工作的。

(四)以人的社会生活方式分类

德国心理学家斯普兰格从文化社会学的观点出发，根据价值取向，把人的性格分为6种类型，即经济型、理论型、审美型、权力型、宗教型和社会型。

经济型性格的人注重实效，追求利润和获得财富。适合的职业有工匠、农民、技师、野生动物专家、报务员、火车司机、机械制图员、电器师、机器修理工、长途汽车司机、秘书、翻译、代销商等。

理论型性格的人善于集中精力，能客观、冷静地观察事物，追求知识和真理。适合的职业有科学研究员、记账员、银行出纳、成本估算员、核对员、打字员、办公室职员、图书档案管理员、系统员、计算机操作员、法庭速记员等。

审美型性格的人感情丰富，富有想象力和创造力。适合的职业有室内装饰专家、摄影家、作家、音乐教师、演员、记者、作曲家、诗人、编剧、雕刻家、漫画家等。

权力型性格的人支配欲强，喜欢担任领导角色。适合的职业有推销员、商品批发员、辅导员、公司经理、广告宣传员、律师、政治家等。

宗教型性格的人追求超脱现实、跨越自我的意念。适合从事宗教方面的事业，以及传统文化的传播工作等。

社会型性格的人乐于关心他人、为人服务，喜欢社会交往，关心社会问题，对教育活动感兴趣。适合的职业有导游、福利机构工作者、社会学者、咨询人员、学校教师、精神卫生工作者、公共保健护士、医生、警察、消防员、救生员等。

(五)按性格的特征组合分类

1. 卡特尔的特质说

美国心理学家奥尔波特最早提出人格特质学说。他认为，性格包括两种特质：一是个人特质，为个体所独有，代表个人的行为倾向；二是共同特质，是同一文化形态下人们所具有的一般共同特征。美国另一位心理学家卡特尔根据奥尔波特的观点，采用因素分析法，将众多的性格分为表面特质和根源特质。表面特质只反映一个人外在的行为表现，常随环境变化而变化，不是特质的本质。根源特质是一个人整体人格的根本特征，每一种表面特质都来源于一种或多种根源特质，而一种根源特质也能影响多种表面特质。卡特尔通过多年的研究，确定了 16 种人格特质：乐群性(A)、聪慧性(B)、稳定性(C)、恃强性(E)、兴奋性(F)、有恒性(G)、敢为性(H)、敏感性(1)，怀疑性(L)、幻想性(M)、世故性(N)、忧虑性(O)，实验性(Q_1)、独立性(Q_2)、自律性(Q_3)和紧张性(Q_4)。

2. 吉尔福特的特性说

美国心理学家吉尔福特认为，性格与人的情绪稳定性、社会适应性和心理活动的倾向性有关，他将人的性格划分为 12 种特性，进而根据这些特性的不同组合，归纳出 5 种性格类型。

(1)行为型(A 型)：性情急躁、直爽坦率、好奇心强，人际关系不太融洽，其行为常引起人们的注意或议论。

(2)平衡型(B 型)：情绪稳定、乐观、平和，能力一般，不善交际，能够正确对待困难与挫折，人际关系融洽，社会适应性较好。

(3)安定型(C 型)：情绪稳定、社会适应性良好，内心闭塞、孤独，好幻想。

(4)管理者型(D 型)；情绪稳定、外向，性格开朗，善交际，与人关系较好，有组织领导能力。

(5)消极型(E 型)，情绪不稳定，社会适应性较差或一般，内向、自卑，易被激怒，多愁善感。

3. 艾森克的特性说

英国心理学家艾森克将因素分析方法和传统的实验心理学方法相结合研究人格问题，以外-内倾、神经质与精神质三重人格维度为基础，将人的性格分为四种类型：稳定外向型、稳定内倾型、不稳定外倾型和不稳定内倾型。

四、性格测试

(一)性格测试的概念

性格测试是性格研究中的一个重要组成部分，不仅具有理论意义，而且具有很大的应用价值。从理论上说，性格测试是了解性格本质、结构的重要手段；从实践上看，性格测试是医疗诊治、职业咨询、人事甄选等方面需要运用的重要工具。

性格测试通常通过文字、图形或交谈的形式，将一些问题呈现给被试者。一般来说，这些问题的答案本身并没有好坏、优劣之分，也没有绝对的正确答案，只是通过这些回答间接地判断人的性格。需要说明的是，性格测评乃至所有的心理测评，其精确度都是相对的，没有绝对准确的测试。

(二)性格测试的方法

现有的性格测试方法有很多种，大致可以分为观察法、自陈法和投射法三大类。

1. 观察法

观察法是了解一个人性格特性的最简单易行的方法。这种方法可以在自然情景中进行，也可以在实验室的人为情境中进行。在观察过程中，观察者可以与被观察者进行直接的接触，也可以在被观察者毫无觉察的情况下间接接触。例如，招募雇员的人事主管常常要与求职者面谈，目的是在交谈过程中考察和了解求职者的基本情况，包括其主要的性格特征。

2. 自陈法

自陈法通常以让被试者填写问卷的形式进行。问卷是事先编制好的，由一系列问题或条目组成，要求被试者报告自己在给定情境中可能有的行为、情绪感受和想法。这种问卷有指定的回答方式，如“是”或“否”、“同意”或“不同意”，或用一定的评分尺度评定某一情境与个人情况的契合程度。这种方法对被试者的行为具有高度的规定性，分析也就比较简单、容易、明确。常见的自陈量表有 4 种。

(1)爱德华个人兴趣量表(EPPS)。

爱德华个人兴趣量表由美国心理学家爱德华于 1953 年编制，以美国心理学家莫瑞所列举的人类 15 种需求为基础。全表共 225 题，其中 15 题是重复的，用来测试被试者的认真程度。每个题目通常包括两个以“我”开头的陈述句，用“强迫选择法”要求被试者从中选出一个答案。

(2)艾森克个性问卷(EPQ)。

艾森克个性问卷是由英国心理学家艾森克夫妇编制的一种常用的人格结构自陈问

卷。与其他因素分析的人格问卷相比，该问卷涉及的概念较少。艾森克测量了三个基本人格维度：神经质(N)、内-外倾(E)和精神质(P)。这一量表经过大量施测者的不断修订，具有较好的信度和效度。1982年以后，北京大学心理系和湖南医学院先后修订出版了其中文版。

(3)卡特尔16人格因素调查表(16PF)。

卡特尔16人格因素调查表是目前世界上较完善的个性心理测验表之一(见表3-1)，适用于16岁以上的成年人。其设计者是美国心理学家卡特尔。他的理论研究特点是通过因素分析进行特质的筛选和分类。卡特尔通过对各种生活情景、行为事件进行观察和测试，抽取出16种人格因素，并形成对应的人格特质。

通过对16种人格因素的测试，可以测定每一因素的水平，其得分可通过图表形式呈现个人或群体的人格轮廓。卡特尔认为，每个人身上都可能具备这16种人格特质，只是在不同人身上的表现存在程度上的差异。

表3-1 **卡特尔16人格因素调查表**

人格因素	低分特征	高分特征	人格因素	低分特征	高分特征
乐群性	缄默，孤独	乐群，外向	怀疑性	信赖，随和	怀疑，刚愎
聪慧性	迟钝，学识浅薄	智慧，富有才识	幻想性	现实，合乎成规	幻想，狂放不羁
稳定性	情绪激动	情绪稳定	世故性	坦白直率，天真	精明能干，世故
恃强性	谦虚，顺从	好强，固执	忧虑性	安详沉着，有自信心	忧虑抑郁，烦恼不堪
兴奋性	严肃，谨慎	轻松，兴奋	实验性	保守，服膺传统	自由，批评激进
有恒性	权宜，敷衍	有恒，负责	独立性	依赖，随群附众	自主，当机立断
敢为性	畏缩，退却	冒险，敢为	自律性	矛盾冲突，不明大体	知彼知己，自律严谨
敏感性	理智，着重实际	敏感，感情用事	紧张性	心气和平	紧张，困扰

(4)“大五”人格调查表。

“大五”人格调查表是一种较新的人格测验工具。人格结构中的五个因素被称为“大五”，分别是情绪性(N)、外倾性(E)、经验开放性(O)、宜人性(A)和责任感(C)(见表3-2)。

表3-2 **“大五”人格调查表**

正面表现特征	特质量表	负面表现特征
平静、放松、不情绪化、果敢、安全、满足感，与别人相处愉快	情绪性(N) 评鉴顺应与情绪不稳定，识别那些容易有心理烦恼、不现实的想法、过分的奢望式要求以及不良反应的个体	烦恼、紧张、情绪化、不安全、不准确、忧郁、自我防卫，情绪易波动，在压力状态下表现比别人差

续表

正面表现特征	特质量表	负面表现特征
好社交、活跃、健谈、乐群、乐观、好玩乐、重感情	外倾性(E) 评鉴人际互动的数量和强度、活动水平、刺激需求程度和快乐的容量	谨慎、冷静、无精打采、冷淡、厌于做事、退让、话少
好奇、兴趣广泛、有创造力、有创新性、富于想象、非传统的	经验开放性(O) 评鉴对经验本身的积极寻求和欣赏；喜欢接受并探索不熟悉的经验	习俗化、讲实际、兴趣少、无艺术性、非分析性
心肠软、脾气好、信任人、助人、宽宏大量、易轻信、直率	宜人性(A) 评鉴某人思想、感情和行为方面在同情至敌对这一连续体上的人际取向的性质	愤世嫉俗、粗鲁、多疑、不合作、报复心重、残忍、易怒、好操纵别人
有条理、可靠、勤奋、自律、准时、细心、整洁、有抱负、有毅力	责任感(C) 评鉴个体在目标取向行为上的组织性、持久性和动力性的程度，把可靠的、严谨的人与那些懒散的、邋遢的人作为对照	无目标、不可靠、懒惰、粗心、松懈、不检点、意志弱、享乐

3. 投射法

投射法是基于这样一种心理分析的假定：人的思想、态度、情感、愿望等个人特征会不自觉地投射到外界事物上。通过对特定投射物的投射反应，可了解被试者的性格特征。因此，投射法以一些意义模棱两可，甚至本身可能毫无意义的图形或墨迹为刺激，让被试者无拘无束地对这些刺激进行自由反应。测验者通过分析这些反应来评估被试者的性格特性。

投射法有三种反应方式：一是联想，被试者根据刺激报告出自由联想到的内容；二是构造，被试者根据看到的图片自由编出一段有关图中人或物的故事；三是表达，通常是让被试者用非言语方式自由表现，借此分析其性格。例如，让被试者画画，捏泥塑，用玩具或图片构造一些情境，或是扮演一个社会角色。

投射法的优点是，它没有对被试者的反应方式进行硬性规定，被试者受到的拘束相对较少，甚至不知测试的意图，不了解反应方式与评估标准之间的关系。因此，测试目的具有很大的隐蔽性，被试者的反应偏差较小。然而，由于被试者的反应可以相当自由随意，没有标准的反应模式，反应内容的评估也就很难标准化，导致结果分析十分困难。因此，这种方法在很大程度上依赖于施测者的技术、经验以及对测验结果的解释能力。

五、性格的形成

性格的形成是一个多维度、多因素共同作用的复杂过程。在这一过程中，遗传、家庭、学校教育、社会环境以及社会实践都扮演着不可或缺的角色。

(一)遗传的作用

性格的某些方面具有遗传基础。研究表明，外向性、神经质等性格特征在一定程度上受到遗传因素的影响。基因可能通过影响大脑神经递质的分泌，如多巴胺和血清素，进而影响个体的情绪调节和行为表现。然而，遗传并非性格形成的唯一决定因素，环境因素同样发挥着至关重要的作用。

(二)家庭的影响

家庭是个体性格发展的重要环境。父母的养育方式、行为模式和情感表达对孩子的性格塑造具有深远影响。不同的养育方式，如权威型、放任型或忽视型，会对孩子的自我概念、自尊和社交技能的发展产生不同的影响。家庭的价值观、信仰和传统也会在个体性格的形成过程中留下印记。

(三)学校教育的作用

学校教育在性格形成中起着关键作用。学校提供了一个结构化的环境，孩子们在这里学习社会规则、道德标准和学术知识，这些学习经历会影响他们的性格发展。教师的期望、反馈和鼓励可以增强学生的自信心、动机和学习态度。同伴关系和社交互动也是性格发展的重要因素，孩子们通过与同龄人的互动学习合作、竞争和解决冲突的技巧。

(四)社会环境的影响

社会环境，包括社区、文化和社会经济地位，对个体的性格形成具有显著影响。文化背景提供了一套行为规范和价值观，个体在成长过程中会内化这些规范和价值观，形成特定的性格特征。社会经济地位可能影响个体的教育资源、生活机会和压力水平，进而影响性格的发展。

(五)社会实践的作用

社会实践，如工作、志愿服务和社区活动，为个体提供了与社会互动的机会，有助于性格的成熟和稳定。通过实践，个体可以学习新技能、发展自我效能感和责任感，这些经验可以促进性格的积极发展。社会实践还可以帮助个体形成对社会的认同感和归属感，这对于性格的稳定性和适应性至关重要。

第二节　更好地认识自我——MBTI 性格类型测试

每个人天生有自己擅长的一面，也有自己不擅长的一面(就像我们的左手和右手)。这没有好坏对错之分，性格也是如此。如果能够找到一个适合的环境，使我们在其中发挥自己的长处和优势，那么我们会很自信，并且往往能取得佳绩。相反，如果要求我们做不擅长的事情，那么多半会感到不舒服、不自在，并且可能干不好工作。

成功心理学的最新研究认为：在外部条件给定的前提下，一个人能否成功，关键在于能否准确识别并全力发挥其天生优势——性格。虽然职业成功不仅仅取决于性格，但是性格肯定影响职业目标的选择与定位。性格类型测试有很多，长期的事业规划实践经验表明，性格测试中用得最多、最普遍的是 MBTI 性格类型量表。

一、MBTI 性格理论概述

MBTI 性格类型量表是一种迫选型、自我报告式的性格评估工具，用于衡量和描述人们在获取信息、做出决策、对待生活等方面的心理活动规律和性格类型。它的理论基础来源于瑞士心理学家荣格的性格理论，由美国的心理学家凯瑟琳·库克·布里格斯（Katherine Cook Briggs）及其女儿伊莎贝尔·布里格斯·迈尔斯（Isabel Briggs Myers）共同研究开发而成。

1913 年，在国际精神分析大会上，荣格首次提出个性的两种态度类型：内倾和外倾。1921 年，他在专著《心理类型学》一书中详细阐述了这一理论，并提出了四种功能类型，即理性功能的两种对立类型——思维功能与情感功能，以及非理性功能的两种对立类型——感觉功能和直觉功能。荣格将两种态度类型和四种功能类型组合起来，形成了八种个性类型：外倾思维型、外倾情感型、外倾直觉型、外倾感觉型、内倾思维型、内倾情感型、内倾直觉型、内倾感觉型。

凯瑟琳·库克·布里格斯和她的女儿伊莎贝尔·布里格斯·迈尔斯在荣格的理论基础上，进一步增加了判断和知觉两种类型，由此组成了个性的四维八极特征。这四维八极特征彼此结合，构成了 16 种性格类型。经过 20 多年的研究，她们将这一理论运用到职业选择的实践中，通过大量的个案分析，总结出与不同性格类型相对应的职业体系，并编制成“迈尔斯-布里格斯类型指标”（Myers-Briggs Type Indicator，MBTI）。伊莎贝尔·布里格斯·迈尔斯还在荣格的优势功能和劣势功能、主导功能和辅助功能等概念的基础上，进一步提出了功能等级等概念，并有效地为每一种类型确定了其功能等级的次序，提出了类型的终生发展理论，为心理类型理论作出了新的贡献。

MBTI 性格类型量表揭示了一个人深层的“本我”、真实的我、自我的核心，是最本能、最自然的思维、感觉、行为模式，而不是在别人面前所表现出来的表面性格特征。通过 MBTI 性格类型量表，可以帮助我们了解自己和他人的性格倾向，更好地理解自己的优点和缺点，更好地接受和包容他人。它使我们明白为什么人与人之间会在思维理念、行为上产生不同差异，为什么不同的人对不同的事物感兴趣，为什么不同的人擅长不同的工作。

近年来，MBTI 性格类型量表成为世界上应用广泛、较为著名和权威的性格测试工具。它被翻译成 20 多种语言，每年的使用者多达 200 多万。世界著名的迪士尼公司、百事可乐公司、西南航空公司等都在使用它进行员工测试。据统计，世界前 100 强企业中有 89%的公司引入了 MBTI 性格类型量表测试作为招聘选拔、人职匹配、组织诊断、改善团队沟通及人际关系的重要方法。

二、MBTI 中的四个维度

MBTI 性格类型量表衡量的是个人的类型偏好，或称作倾向。所谓偏好，是一种天生的倾向性，表现为特定的行为和思考方式。这些偏好并无优劣之分，却形成了人与人之间的不同。它们分别识别一系列人类正常且有价值的行为模式，但也可能成为误解和偏见的来源。MBTI 性格类型量表采用四个维度的偏好二分法来评估一个人的类型偏好，每个维度的偏好均由对立的两极构成(见表 3-3)。

表 3-3 **MBTI 的四个维度**

能量获取	你喜欢将自己的注意力集中于何处？你从何处获得活力？	外倾(E)/内倾(I)维度
信息获取	你如何获取信息？	感觉(S)/直觉(N)维度
决策方式	你是如何做决定的？	思考(T)/情感(F)维度
行动方式	你如何与外部世界打交道？	判断(J)/知觉(P)维度

(一)外倾(E)/内倾(I)维度

性格的第一个维度与我们和周围世界的互动有关，解释能量从何处获取(见表3-4)。

表 3-4 **性格第一维度：外倾(E)/内倾(I)维度**

外倾(E)	内倾(I)
与他人在一起感到振奋	独自一人时感到兴奋
希望能成为注意的焦点	避免成为注意的焦点
先行动，再思考	先思考，再行动
喜欢边想边说出声，易于被了解，愿与人共享	注重个人隐私，只与少数人共享信息
说的比听的多	听的比说的多
热情地交流，精神抖擞	不把热情表现出来，显得矜持
反应迅速，喜欢快节奏	思考后再做出反应，喜欢慢节奏
较之精深更喜欢广博	较之广博更喜欢精深

(二)感觉(S)/直觉(N)维度

性格的第二个维度与人们平时注意的信息有关(见表 3-5)。

表 3-5 **性格第二维度：感觉(S)/直觉(I)维度**

感觉(S)	直觉(N)
相信确定且有形的事物，相信看到、听到的	相信灵感和推理，相信“第六感”(直觉)
喜欢具有实际意义的新主意	喜欢新主意和新概念，只出于自己的意愿
崇尚现实主义与常识	崇尚想象力和新事物

续表

感觉(S)	直觉(N)
喜欢运用和琢磨已有的技能	喜欢学习新技能，但熟练掌握之后容易厌倦
留心特殊的和具体的事物，注意细节	留心普遍和有象征性的事物，使用隐喻和类比
循序渐进地给出信息	以一种“绕圈”的、跳跃式的方式给出信息
着眼于现在	着眼于将来
只相信可以测量、能够记录下来的信息	相信字面之外的信息

(三)思考(T)/情感(F)维度

性格的第三个维度涉及我们做决定和下结论的方式(见表 3-6)。

表 3-6 **性格第三维度：思考(T)/情感(F)维度**

思考(T)	情感(F)
喜欢后退一步，客观分析问题	喜欢向前看，关心行动给他人带来的影响
崇尚逻辑、公正和公平，有统一标准	注重情感与和睦，看到规则的例外性
乐于发现缺点，有吹毛求疵的倾向	乐于让别人快乐，易于理解别人
可能被视为无情、麻木、漠不关心的	可能被视为过于感情化、无逻辑、脆弱的
认为诚实比机敏更重要	认为诚实与机敏同样重要
认为合乎逻辑的感情才是正确的	认为所有的感情都是正确的，无论是否有意义
受获得成就欲望的驱使	受被人理解欲望的驱使
按逻辑做决定	按爱好和感觉做决定

(四)判断(J)/知觉(P)维度

性格的第四个维度所关注的，是一个人更愿意有条理地生活，还是随意地生活(见表 3-7)。

表 3-7 **性格第四维度：判断(J)/知觉(P)维度**

判断(J)	知觉(P)
做完决定后感到快乐	因保留选择的余地而快乐
具有“工作原则”：先工作再玩(有时间的话)	具有“玩的原则”：先玩再工作(有时间的话)
确立目标并按时完成任务	当有新的情况时便改变目标
想知道自己的处境	喜欢适应新环境
看重过程	看重结果

续表

判断(J)	知觉(P)
通过完成任务获得满足	通过接触新事物而获得满足
把时间看成有限的资源，认真对待时间	把时间看成无限的资源，认为时间限制是可变的、具有灵活性
重条理性、计划性	重机动性、自由变通

经过以上四个维度的分析，你会得到四个比较符合自身情况的特性，这四个特性就代表了你的性格特征和职业偏好。可以自测一下，你的性格组合“四字母”是怎样的？如果你对自己的分析没有把握，可以通过互联网查询相应的标准化量表进行测量。

关于 MBTI 的效度、信度及效果的研究，目前学术界尚未形成权威的定论。在 MBTI 的测评结果中，每个维度上一个人只能表现出一种偏好。例如，一个人如果是内倾的，就不会是外倾的；一个人如果是感觉型的，就不会是直觉型的。然而，这并不意味着一个人在某一维度上表现出某一偏好时，其性格就是极端的单一倾向。实际上，大多数人同时具备某一维度上两种倾向的特点，而不是仅仅具有其中一种。例如，一个人可能是内倾的，这意味着在大多数情况下，他的自然反应是内倾的，但他也可能在特定情境下表现出外倾的倾向。每个人在某一维度上都会表现出对某一倾向的偏好。当我们处于自己偏好的领域内，我们往往表现得更出色，感觉更有效率，并且精力充沛。

事实上，由于环境的限制，我们常常不能完全按照自己天性所喜好的方式生活。例如，社会往往要求我们以一种有规律、有计划的方式生活，要求我们多去社交。这就好比在一个以右利手为主的社会中，左利手的人不得不改用右手一样。因此，在判断自己更偏向于哪一方面时，我们需要区分到底是出于天生的倾向还是出于社会的期望。我们应该关注哪些是我们的第一反应，哪些是我们天生的偏好。

三、16 种 MBTI 性格类型

对照四个维度的描述，大家可以识别出自己在每个维度上的偏好。每个维度上的偏好类型用字母表示，这些字母组合在一起，就构成了一个人的性格类型(见表 3-8)。

表 3-8　**16 种 MBTI 性格类型**

内倾、感觉、思考、判断(ISTJ 型)	内倾、感觉、情感、判断(ISFJ 型)	内倾、直觉、情感、判断(INFJ 型)	内倾、直觉、思考、判断(INTJ 型)
内倾、感觉、思考、知觉(ISTP 型)	内倾、感觉、情感、知觉(ISFP 型)	内倾、直觉、情感、知觉(INFP 型)	内倾、直觉、思考、知觉(INTP 型)
外倾、感觉、思考、知觉(ESTP 型)	外倾、感觉、情感、知觉(ESFP 型)	外倾、直觉、情感、知觉(ENFP 型)	外倾、直觉、思考、知觉(ENTP 型)
外倾、感觉、思考、判断(ESTJ 型)	外倾、感觉、情感、判断(ESFJ 型)	外倾、直觉、情感、判断(ENFJ 型)	外倾、直觉、思考、判断(ENTJ 型)

（一）ISTJ 型：内倾+感觉+思考+判断

基本特征：安静、严肃，以周到、可靠取胜；实干，注重事实、现实，负责任；理性地决定要做的事情，之后便可排除干扰，坚定地付诸实施；乐于将事情处理得井井有条，包括工作、家庭、生活；重视传统与忠诚。

不足之处：不喜欢变动，死板、僵硬，对改变适应性差；比较固执，见到实际应用的结果后才肯接受新观点，不能很好地理解他人，对自己认识不足。

（二）ESTJ 型：外倾+感觉+思考+判断

基本特征：实干、现实、注重事实；决断、迅速地执行决策；组织人员完成任务或项目，着力于以最有效的方式达到目的；注重日常细节；有清晰的逻辑标准并能系统地遵守；强制执行他们的计划。

不足之处：在工作中不太留意别人的反应和情感，天生喜欢批判，不虚心听取意见，有时甚至会粗暴无礼；对不遵守程序的人或对重要细节不重视的人缺乏耐心；不能容忍工作没有效率，追求目标时总想凌驾于他人之上。

（三）ISFJ 型：内倾+感觉+情感+判断

基本特征：安静、友好、负责任、谨慎；恪守自己的义务；周到、勤恳、精确；忠诚、体贴，能注意到并记住那些对自己重要的人的细节，关心他人的感受；努力在家里和工作中营造有序与和谐的工作环境。

不足之处：过于现实，很难全面地观察问题，准确预见情况的可能性；对自己的需求判断不果断，灵活性差，难以适应突然的变化；若认为自己不被需要或不被欣赏，容易灰心丧气。

（四）ESFJ 型：外倾+感觉+情感+判断

基本特征：热心、认真负责，有合作精神；希望有和睦的工作环境，并在工作中努力营造这种气氛；喜欢与他人一起按时、准确地完成任务；忠诚，即使在细小的事情上也能坚持到底，能注意到他人日常生活所需并努力满足；希望自己的所作所为能被他人感激、欣赏。

不足之处：对批评过于敏感，在紧张的环境中容易倍感压力；过于关注他人对自己的肯定和表扬，一旦没有就会失望；做决定过快，有点固执己见。

（五）ISFP 型：内倾+感觉+情感+知觉

基本特征：安静、友好、敏感且和善；享受当下的时刻以及周遭发生的事情；忠诚于自己看重的人和价值观；不喜欢意见不一、冲突；不会将自己的观点与价值观强加于人。

不足之处：对别人的批评相当敏感，容易把别人的批评和否定看得很重；不喜欢提前做好准备，时间安排有困难；工作中轻易就接纳别人的行为，不考虑隐含的含义和动机。

（六）ESFP 型：外倾+感觉+情感+知觉

基本特征：外向，友善，包容；热爱生活，重视物质上的享受；喜欢与别人共事；会将常识运用到工作中，奉行现实的风格，力求将工作变得有趣；灵活、自发，容易适应新的人以及环境；把与他人一起尝试新的技能看作最好的学习方式。

不足之处：把体验和享受生活放在第一位，工作中不是特别尽职尽责；易受干扰且分心，不善于提前做好计划和察觉行动征兆；易冲动、发脾气，易情绪焦躁，不能独自工作，对不相关事物和言外之意悟性不够。

（七）ISTP 型：内倾+感觉+思考+知觉

基本特征：宽容、灵活、安静的观察者，直至出现问题才迅速寻找解决方法；分析什么是有效的方法，能迅速处理大量的数据来找到问题的核心；对原因和结果感兴趣，运用逻辑原理组织事实；看重效率。

不足之处：缺乏语言交流的兴趣和能力；对抽象和复杂的理论缺乏耐心，工作中对别人的要求和情感无动于衷，容易产生疲劳感和倦怠感。

（八）ESTP 型：外倾+感觉+思考+知觉

基本特征：灵活、忍耐力强、实际，注重结果；对理论和抽象的概念感到厌烦；喜欢精力充沛地解决问题，专注于眼前，有自发性，享受与他人在一起的每一刻；享受物质上的舒适，在实践中学习能达到最好的效果。

不足之处：目光有时不够长远，只关注眼前；在工作中不能很好地遵守规章和制度，对他人的感受不敏感，对工作的期限和日程安排不能很好地遵守。

（九）INFJ 型：内倾+直觉+情感+判断

基本特征：寻求思想、关系、物质等之间的意义和联系；希望了解人类的动机，对他人富有观察力；恪守自己牢固的价值观；对如何更好地为公益服务有清晰的观点；在实践自己的想法时条理清晰且决断。

不足之处：思维单一，缺乏灵活性和弹性；过于追求尽善尽美；与人交流时想法、方式比较复杂，难以获得他人的理解。

（十）ENFJ 型：外倾+直觉+情感+判断

基本特征：温情，有同情心，反应敏捷，有责任感；非常关注别人的情绪、需要和动机；善于发现他人的潜能，并希望能帮助他们实现；能够成为个人或群体成长和进步的催化剂；忠诚，对赞美和批评都能做出积极的回应；在团队中能很好地帮助他人，并有鼓舞他人的领导能力。

不足之处：过分严肃认真，易受情绪影响，倾向于将他人理想化；决策时过于仓促，不擅长处理矛盾和揭露潜藏的问题；对批评和指责反应过于个人化和情绪化；有时会忽略事情的精确度。

（十一）INTJ 型：内倾+直觉+思考+判断

基本特征：在实现自己的想法和达成自己的目标时有创新的想法和非凡的动力；能迅速洞察到外界事物间的规律并形成长期的远景计划；一旦决定做一件事就会开始规划直至完成；具有怀疑精神、独立，对自己和他人的能力和表现都要求非常高。

不足之处：对自己和他人要求过于严格，过于独立，在工作中对他人不够包容，容易固执己见；缺乏恒心，一旦创造性地解决问题后会迅速对该事情失去兴趣。

（十二）ENTJ 型：外倾+直觉+思考+判断

基本特征：坦诚、果断，具有天生的领导能力；能发现组织中的不合理性和低效能性，进而创立全面解决问题的系统并付诸实施；善于做长期的计划和目标的设定；通常见多识广、博览群书，喜欢拓宽自己的知识面并将此分享给他人；在表达观点时具有说服力。

不足之处：认为工作至上，工作中挑剔、严厉，爱发号施令；性子急，可能会因为急于做决定而忽视事情发生、发展的细节；不善于鼓励、肯定、赞扬他人。

（十三）INFP 型：内倾+直觉+情感+知觉

基本特征：理想主义者，忠于自己的价值观及自己所重视的人；想让外部世界的生活与自己的价值观相符；有好奇心，迅速发现可能性，再加速想法的执行；试图了解别人，协助别人发展；适应力强，柔顺，有弹性，如果与他们的价值观没有抵触，他们往往能包容他人。

不足之处：制订计划时缺乏实际性；如果丧失对工作的控制力，可能会丧失工作兴趣；如果工作趋势没有向他们想象的方向发展，会情绪低落；在竞争中处于弱势。

（十四）ENFP 型：外倾+直觉+情感+知觉

基本特征：热情洋溢，富有想象力，认为生活充满很多可能性；能迅速找出事情和信息的联系，基于自己的判断解决问题；需要别人的大量肯定，乐于欣赏和支持别人；灵活、自然、不做作，有很强的即兴发挥的能力，语言流畅。

不足之处：缺乏条理性，有时候遇到事情不能分清楚主次顺序；不喜欢从事重复、例行的工作，缺乏细节性；独自工作时效率较低。

（十五）INTP 型：内倾+直觉+思考+知觉

基本特征：对任何感兴趣的事物，都要探索一个合理的解释；喜欢理论和抽象的事情，喜欢理念思维多于社交活动；安静，满足，灵活性强，适应力强；对感兴趣的事情有非凡的能力去专注且深入地解决问题；具有怀疑精神，有时批判，常常善于分析。

不足之处：某些观点可能无法实现；他们的观点、思想对他人来说难以理解，可能因丧失兴趣而不能坚持下来；对琐碎的事情缺乏耐心，对别人的反应、感想迟钝。

（十六）ENTP 型：外倾+直觉+思考+知觉

基本特征：敏捷、睿智，机灵、坦率，有激励别人的能力；在解决新的、具有挑战性的问题时显得足智多谋；善于发现理论上的可能性而后再用战略的眼光分析；善于理解别人；不喜欢例行公事，很少会用相同的方法做相同的事情，能不间断地发展新的爱好。

不足之处：在创新性地解决难题之后，往往对相关事务失去兴趣，不愿投入实际操作，缺少持久力；厌恶日常的常规任务，对单调重复的活动不感兴趣，总是倾向于按自己的方法行事；常常在他人讲话时插嘴，可能因过度自信而影响能力的充分发挥；有时显得不可靠，缺乏责任感。

无论你是哪种性格，性格类型本身没有对错。在工作或人际关系上，也不存在更好或更坏的组合。每一种性格类型都有其独特的优点。哪一种性格类型最符合你，是由你自己来做最后判断的。你的性格分析结果是根据你回答问题的选择来建议你最有可能属于哪一种性格类型，但是只有你自己才知道你真正的性格类型。

探讨性格类型可以帮助你更好地理解和接纳自己，但不能把它作为你做或不做任何事情的借口。性格类型不应左右你对任何事业、活动或人际关系的选择。同时，要避免自己对性格类型的偏见，避免因偏见而对他人进行负面定型。

第三节 性格与职业的匹配

一、正确评估自己的职业性格

兴趣决定一个人“想做什么”，性格决定一个人“适合做什么”，能力决定一个人“能做什么”。如果你的兴趣与你的职业不一样，可以通过兴趣补偿理论在生活中培养兴趣来弥补；如果你暂时不具备你即将从事的工作所需的能力，可以通过后天的强化和培训来提升相应的技能。然而，性格对职业选择和职业成就的影响最为直接。性格不仅体现个体对他人、对自己和对集体的态度，也在很大程度上左右职业选择和职业成就。

由于职业之间存在千差万别，对从业者的要求也不同。这种要求除了知识和技能之外，还需要从业者具备从事某种职业的“职业性格”。什么是职业性格？

职业性格是指人们在长期特定的职业生活中所形成的与职业相联系的、稳定的心理特征。例如，有的人在工作中要求严苛、一丝不苟，所有的事情都是尽善尽美地完成；有的人则是高效率地工作，遇到问题或争执时能够勇敢、果断地做出抉择；有的人在工作中规则性不高，但是创意不断、思维跳跃，总能想好办法解决困难。这些特点和特征的总和就是一个人的职业性格。相应地，每一类职业也有其要求的标准或特征。例如，作为一名法官，就需要在工作中有原则、有准则，在量刑时就必须客观、公正，不能受个人感情的影响；作为一个管理者，要有宽广的胸怀，能用人之长、容人之过、关心下属，如果不具备相应的职业性格，就很难成为一个好的管理者。可以使用 MBTI 理论测定自己的职业性格，也可以通过其他的测试方式或者借助专业的测试工具进一步、准确地了解自己的性格。

二、性格定位职业

每个人都有独特的性格特点，这些特点决定了我们更适合什么样的工作环境、工作内容以及人际互动方式。了解自己的性格，不仅能够帮助我们找到更匹配的职业方向，还能提升工作满意度和职业成就感。研究表明，当个人性格与职业要求高度契合时，工作表现更出色，职业发展更顺利，同时也能减少职业倦怠感。因此，在职业规划过程中，性格评估应成为重要的参考依据。

性格与职业的匹配可以从多个维度进行分析。例如，外向型的人通常擅长社交、沟通和团队协作，适合销售、市场营销、公关等需要频繁与人打交道的职业；而内向型的人可能更倾向于独立思考、专注细节，适合科研、编程、财务分析等需要深度思考的工作。此外，性格中的情绪稳定性、开放性、责任感等特质也会影响职业适应性。通过科学的性格测评工具，可以更系统地了解自己的性格倾向，从而在职业选择时做出更明智的决策。

在职业实践中，性格匹配的重要性尤为明显。以本章案例中的小曾同学为例，尽管他学习的是财务管理专业，但他的外向性格和说服力使他更适合销售类岗位。当他选择医药代表这一职业后，不仅能够充分发挥人际交往优势，还结合了财务分析能力，形成了独特的竞争力。相反，如果强迫自己从事与性格冲突的工作（如需要高度专注和重复性的会计岗位），可能会感到压抑，难以持久。因此，职业规划不仅要考虑专业背景和市场需求，更要重视性格与职业的契合度。

三、性格对职业生涯的决定性作用

每个人都有着不同的做事方式，这些方式逐渐形成了每个人独特的做事习惯，而这些习惯又塑造了每个人不同的性格。性格对职业生涯规划有着重要的影响，具体表现在以下几个方面：

（一）性格在个体人格中的重要意义

性格使一个人更偏爱某种而非另一种环境。由于性格的差异，每个人在认知不同环境的过程中，表现出不同的个性化风格。从事与自己性格不相匹配的工作，个人的才能可能会受到阻碍，工作状态也会感觉不对劲。一种性格在某种职业中可能带来成功，但在另一种职业中却可能导致挫折。因此，在职业选择中，我们应充分考虑自己的个性特征与职业要求是否相适应。这样我们不仅能在工作中满足自己的独特需求，发挥自己的特长，还能利用自己的个人优势，体验到更多的快乐和满足。

职业规划专家通过一个简单的实验可以很好地说明这一点。请你在一张纸上或书页边上签写自己的姓名。然后，换另一只手再签一次。如果你感到别扭，那是因为大多数人第一次签名时会觉得“很自然”“简单”“很快”“毫不费劲”。然而，换用另一只手时，感觉就会大不相同，一些常见的回答包括“很慢”“别扭”“困难”“发酸”“很累”“要花很长时间”“花费更多精力和心思”。职业规划师认为，这个实验很好地说明了找到与性格匹配的职业的重要性。使用惯用手时，你会感到舒服和自信；而被迫使用另一只手时，虽然可以拓展能力，但绝不会像惯用手那样灵活自如，效果也不如预期。

(二)在职业发展上，性格比能力重要

用人单位在选人时已逐渐认识到性格比能力更重要。这种认识在国外已经相当普及。原因在于，如果一个人能力不足，可以通过培训来提高，一年不行，就培训两年；两年不行，就培训三年，总可以培训出来。但是，如果一个人的性格与职业或岗位不吻合，要彻底改变就困难多了。因此，有些公司在招聘新人时，会将性格测试放在首位。只有当性格与职业或岗位吻合时，才会对其能力进行测试和考察。如果性格与职业或岗位不匹配，即使学历再高、能力再强，也可能不会被录用。

(三)性格相适应的职业范围

职业心理学研究表明，不同的职业需要具有不同性格的从业者，某一类职业工作往往能体现出其从业者共同的职业性格特质。例如，外向型的人，通常精神饱满，热情开朗，好动不好静，善于社交，喜怒哀乐溢于言表。他们办事喜欢速战速决，适应能力强，但有时可能因追求效率而显得考虑不周，或情绪容易受到外界影响。这类人适合从事需要与人广泛接触、充满挑战和变化的职业，如运动员、行政人员、营销人员等。内向型的人，则通常安静、谨慎、喜欢独处。他们的内心世界丰富，但情感深沉，不习惯于将情绪轻易外露。他们做事倾向于深思熟虑，专注而有耐心，但有时可能不太愿意参与大型社交活动。这类人适合从事需要专注、深度思考和独立完成的职业，如研究人员、作家、程序员、艺术家等。因此，我们不能设想让林黛玉(内向、敏感、细腻)这样性格的人去带兵打仗，也不能设想让张飞(外向、冲动、豪爽)这样性格的人在家刺绣女红。这正说明了人格特质与职业匹配的重要性。

有一位美国记者采访晚年的投资银行家 J. P. 摩根时问：“决定你成功的条件是什么?”摩根毫不掩饰地说：“性格。”记者又问：“资本和资金何者更为重要?”摩根一语中的地回答道：“资本比资金重要，但最重要的是性格。”摩根的职业成就，如成功地在欧洲发行美国公债、推动钢铁托拉斯计划、推动全美铁路联合，的确都得益于他倔强和敢于创新的性格。

在进行职业生涯规划时，性格通常是重点因素。性格是在社会活动中由自然环境和社会环境交互作用下产生的，对人、事、物形成一定态度，能够反映人的价值观，并对其行为方式产生重大影响。职业选择能够反映出人的性格特点，可被看作是人的性格的

延伸。人在进行职业选择时，很大程度上受到性格的影响，依据自身的性格特点选择符合自身要求的职业。如果在职业选择时无法做到性格与职业的有效匹配，甚至出现矛盾与冲突，不仅会在职业发展上遇到巨大阻碍，还会影响其工作表现，出现精神紧张和烦躁，缺乏兴趣且注意力难以集中。因此，要想充分发挥个人能力，实现自身价值，就应当做好性格与职业的匹配。

四、性格类型与职业的选择

通过 MBTI 性格类型测试，每个人都会找到属于自己的 MBTI 性格类型。16 种 MBTI 性格类型都有自己的优势和劣势，因此每种性格适合的职业类型不一样。

(一) ISTJ 型——稽查员、检查者

(1)适合岗位的特点：技术型的岗位，涉及对实体产品的操作，能提供周到的服务；有独立的工作环境，有充裕的工作时间，有规范的解决问题的程式及方法。

(2)适合领域：政府机构、技术、医护业、金融银行业、工商业等领域。

(3)适合岗位举例：会计师、数据管理员、公务员、审计师、质量控制专员。

(二) ESTJ 型——督导、监督者

(1)适合岗位的特点：喜欢工作中带有和人接触、交流的成分，喜欢做见效快、看得见、摸得着的工作，能有效地利用时间和资源，岗位目标明确，绩效考核公正合理。

(2)适合领域：无明显行业领域偏好。

(3)适合岗位举例：运营经理、军官、财务主管、生产主管、行政总监。

(三) ISFJ 型——保护者

(1)适合岗位的特点：需要细心观察，追求精确度，付出能及时得到肯定。

(2)适合领域：医护业、教育业、服务业、消费类商业等领域。

(3)适合岗位举例：护士、人力资源专员、社工、档案管理员。

(四) ESFJ 型——销售员、供给者

(1)适合岗位的特点：能够与很多人接触和交流，密切参与整个事件的决策流程；工作的目标明确，有明确的业绩标准；能组织安排自己及周围人的工作，以确保一切进展得尽可能顺利。

(2)适合领域：餐饮业、酒店业、旅游业等领域。

(3)适合岗位举例：人力资源经理、医生、公关经理、酒店经理。

(五) ISFP 型——创作者、艺术家

(1)适合岗位的特点：能够独立进行工作又能与他人(尤其是合得来的人)保持联系，较少受繁文缛节或一些僵化程序的约束；可以通过双手创造出美丽、吸引人同时又

有用的东西。

(2)适合领域：艺术(含手工艺)、医护业、商业、餐饮业、娱乐业、服务业等领域。

(3)适合岗位举例：平面设计师、花艺师、宠物美容师、自由摄影师、手工艺人、自然保护员。

(六)ESFP 型——表演者、演示者

(1)适合岗位的特点：能在实践中学习，利用常识搜集各种事实来寻找问题的解决方案；直接与顾客和客户打交道；能同时在几个项目或活动中周旋，适合能发挥自己审美能力的项目或活动。

(2)适合领域：消费类商业、服务业、广告业、娱乐业、旅游业、社区服务等领域。

(3)适合岗位举例：综艺节目主持人、婚礼策划师、奢侈品顾问、游乐园管理员、健身教练、美食博主。

(七)ISTP 型——操作者、演奏者

(1)适合岗位的特点：工作充满乐趣、活力，具有良好的独立性，操作性强，能经常有机会去户外，工作能随自己的感觉独立地进行。

(2)适合领域：技术、金融证券业、贸易、商业、户外、运动、艺术等领域。

(3)适合岗位举例：证券交易员、机械工程师、网络安全工程师、消防员、机械维修师、刑事侦查员、汽车改装师。

(八)ESTP 型——发起者、创设者

(1)适合岗位的特点：能随意与许多人交流；工作中充满冒险和乐趣，能随时抓住新的机遇；工作中，当自己觉得有必要时才作出相关的组织和安排，而不是听从别人的安排。

(2)适合领域：贸易、商业、娱乐业、服务业、金融证券业、体育、艺术等领域。

(3)适合岗位举例：证券经纪人、户外拓展教练、房地产经纪人、特技演员、应急救援员。

(九)INFJ 型——咨询者、劝告师

(1)适合岗位的特点：能从事创新型的工作(如能够帮助别人成长)，经常面对紧急突发事件，生产或提供一种自己能感到自豪的产品或服务，符合自己的价值观，能够发挥自己语言及交际才能的优势，能够发挥个人独创性，能够有较充足的个人决策空间。

(2)适合领域：咨询、教育、科研、文化、艺术、设计、公共关系、政治等领域。

(3)适合岗位举例：心理咨询师、特殊教育教师、公益组织负责人、职业规划师、临终关怀护士。

(十)ENFJ 型——教师、教导者

(1)适合岗位的特点：工作中能建立温馨的人际关系，能使自己置身于自己信赖且富有创意的人群中工作。希望工作多姿多彩，但又能有条不紊地开展。

(2)适合领域：培训、咨询、教育、新闻传播、公共关系、文化艺术等领域。

(3)适合岗位举例：企业培训师、大学辅导员、人力资源总监、社区工作者、健康管理师、青少年发展顾问。

(十一)INTJ 型——“智多星”、科学家

(1)适合岗位的特点：能创造和开发新颖的解决方案来解决问题或改进现有系统；有意愿且责任心强，能够在专业知识、智慧和能力方面赢得自己敬佩的人合作；喜欢独立工作，但也需要定期与少量智囊人物切磋交流。

(2)适合领域：科研、科技应用、技术咨询、管理咨询、金融投资等领域。

(3)适合岗位举例：人工智能工程师、企业战略顾问、计算机安全分析师、金融分析师、建筑师。

(十二)ENTJ 型——统帅、调度者

(1)适合岗位的特点：能够做领导(发号施令)或指导他人，完善某个运作系统，使系统高效运行并如期达到目标，能够从事长远战略规划，寻求创造性地解决问题的方式。

(2)适合领域：工商业、政治、金融投资、管理咨询、培训等领域。

(3)适合岗位举例：企事业单位负责人、投资银行家、高级项目经理、军事指挥官、管理顾问。

(十三)INFP 型——导师、治疗师

(1)适合岗位的特点：合乎个人价值观，能通过工作陈述自己的远见；工作环境有灵活的架构，在自己激情高昂时可以从事各种项目，能发挥个人的独创性。

(2)适合领域：艺术、教育、研究、咨询等领域。

(3)适合岗位举例：诗人、动漫设计师、博物馆讲解员、园艺治疗师、儿童文学作家、宗教工作者。

(十四)ENFP 型——倡导者、激发者

(1)适合岗位的特点：在创造性灵感的推动下，与不同的人群合作从事各种项目，较少需要处理日常琐碎杂务，能按自己的工作节奏行事。

(2)适合领域：广告业、营销策划、公关、教育、培训、咨询、文艺创作、艺术等领域。

(3)适合岗位举例：广告创意总监、用户体验设计师、旅行体验师、创新教育讲

师、公关活动策划、文化传播使者。

(十五) INTP 型——建筑师、设计师

(1)适合岗位的特点：能酝酿新观念，专心负责某一创造性流程，而不是最终产品，在解决复杂问题时，能获得支持，采用突破常规、存有一定风险的解决方案。

(2)适合领域：计算机技术、专业技术研究、理论研究、学术等领域。

(3)适合岗位举例：数据科学家、哲学教授、算法工程师、系统分析师。

(十六) ENTP 型——企业家、发明家

(1)适合岗位的特点：有机会从事创造性解决问题的工作，工作有一定的逻辑顺序和公正的标准，能够通过工作能力提高个人权力并常与权力人物交流。

(2)适合领域：投资、银行业、公共关系、政治、市场营销、自我创业等领域。

(3)适合岗位举例：企业负责人、市场营销策划、科技趋势分析师、律师、产品经理。

五、性格与职业匹配的有效建议

(一) 结合自身性格制定职业规划

在职业生涯的起点，大学生应首先通过专业的性格评估工具来识别自己的性格类型。这一步骤对于理解个人的工作偏好、优势和潜在的职业路径至关重要。性格评估结果能够帮助学生了解自己究竟是更适合结构化、团队导向的工作环境，还是独立、创新的工作环境，进而在众多职业选项中做出更契合个人性格特征的职业选择。

(二) 以性格特点和兴趣爱好指导择业

性格特点和兴趣爱好是职业选择的重要指南。大学生应探索那些能够与自己性格相契合的职业领域。例如，外向型的学生可能在需要频繁社交互动的职业中表现出色，而内向型的学生可能更适合那些需要深度思考和独立工作的职业。通过将性格特点与个人兴趣相结合，学生可以更精确地定位自己的职业兴趣，从而提高未来工作的职业满意度和成就感。

(三) 让自身性格适配当前工作

对于即将进入职场的大学生，理解和适应自己的性格对于职业成功同样重要。这包括明确工作环境的需求，并找到方法来调整自己的行为和态度以适应这些需求。例如，一个内向的学生可能需要学习如何在团队会议中更有效地表达自己的观点。通过不断实践和调整，学生可以提高自己的适应能力，使个人性格与工作环境更加和谐。

(四) 在职业实践中完善自身性格

在职业实践中，大学生应将性格的完善视为一个持续的过程。这不仅包括在现有工

作中发挥自己的性格优势，也包括识别和改进性格中的不足之处。通过接受反馈、参与培训和自我反思，学生可以在职业实践中不断成长和进步，使自己的性格更加成熟和全面，从而在职业生涯中取得更大的成功。

探索活动

向左转、向右转

全体同学起立，每个小组围成一个封闭的圈，根据以下四个问题，选择 A 的人向左转，选择 B 的人向右转。

题目一：想象十年后同学聚会的场景。

A：聚会前很激动，到达现场后主动跟同学打招呼，现场很活跃，主动调动气氛，主动加同学的微信和留下联系方式，聚会结束后主动策划下一次的聚会。

B：聚会前觉得不是特别激动，只想见到几位熟人；到达现场见到久未联系的同学也不会主动打招呼，都是被动地跟同学加微信或留联系方式，接触的基本是原本一直有联系的同学，聚会结束后仍只想跟熟悉的几个同学保持联络。

题目二：想象你站在沙滩上，你会如何描绘你面前的这片海？

A：夸赞海水干净、沙石细腻，远处有海鸥、游轮。

B：感叹大海波澜壮阔、一望无际，海天相接。

题目三：想象一下，你是一个篮球队的队长，你必须选择一名队员荣膺“年度篮球先生”，现在有两位候选人，A 和 B，你倾向于哪一位？

A：很明显，他是一个明星队员。虽然他还只是一个低年级学生，但是为球队赢得了许多分数，帮助全队获得年度金奖。虽说 A 是天生的运动健将，但他还是尽力打好每场比赛。出于公平起见，评选应根据赛场表现来做出，杜绝偏袒。

B：虽然不是最佳的球手，但是他付出了超出常人的努力去练球，总是拿出150%的努力打好每场比赛。每一场比赛他都热情高涨，并且很好地鼓励其他队友共同努力。B 是高年级同学，成绩不太好，可能在高中毕业后就得找份工作，若他能获得这个荣誉，大概率有机会继续读书。

题目四：你不是特别喜欢的某一科目的老师布置了一项作业，要求一周后交，你会怎么安排？

A：计划这两天就及时完成，其他时间安排好其他科目的学习。

B：不是很喜欢的科目，等要交的前一天再临时抱佛脚吧。

这四个题目其实对应的是 MBTI 中的四个维度。

在转身后，如果有同学与你面对面，意味着他跟你的选择不一样，也意味着你们在某个维度上的偏好不同。大家可以互相交流，分享一下选择该选项的理由，以及自己的具体想法和观点。

实践环节

我的性格与职业倾向

1. 自我探索

完成自己的 MBTI 性格类型测试，确认自己的性格类型。

(1) 记录你的 MBTI 性格类型。

(2) 结合所学内容，记录下你认同的描述自己性格的语句。

(3) 根据你的 MBTI 性格类型，罗列出你比较感兴趣的职业，并进行排序。

2. 职业判断

列出你曾经想要从事的三个职业，运用你学到的 MBTI 理论知识判断这些职业是否适合你。如果你要去面试其中一个职位，尝试用 MBTI 理论来描述这个职业的优劣势。

3. 名人传记分析

挑选一位名人(心中的榜样或偶像)的传记，仔细阅读并列出其性格特点。比较一下这位名人的性格特点与你自己的性格的异同，以此激励自己做好之后的职业生涯规划。

第四章
职业价值观树立

知识导航

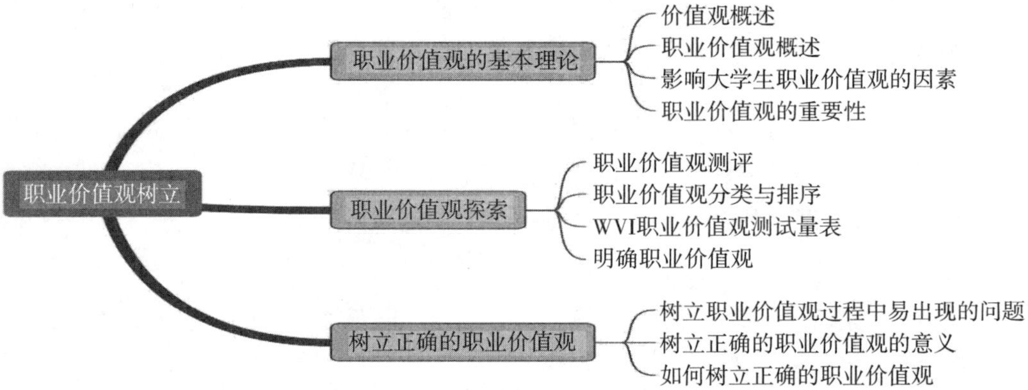

学习目标

知识目标

1. 理解职业价值观的内涵、特性
2. 了解大学生职业价值观的影响因素及其重要性

能力目标

1. 能够通过测评和问卷分析自身职业价值观
2. 明确自己的职业价值观

素质目标

1. 树立正确的职业价值观，培养责任感和使命感
2. 将个人职业目标与国家社会发展相结合，实现个人价值与社会价值的统一

【案例导入】

钱学森：赤子之心，科学报国

1955 年，一艘从美国驶往香港的邮轮上，钱学森站在甲板上，望着渐渐远去的海岸线，心中百感交集。五年了，他终于踏上了归国的旅程。

1949 年，中华人民共和国成立的消息传到美国，钱学森激动不已。他立即决定回国，用自己的所学为祖国效力。然而，美国政府却以“威胁国家安全”为由，将他软禁。美国海军次长甚至放言：“一个钱学森，抵得上五个师。”但钱学森并未屈服。他一边与美方周旋，一边继续开展科学研究，等待着回国的机会。

1955 年，在周恩来总理的亲自过问下，中美双方达成协议，钱学森终于得以回国。踏上祖国土地的那一刻，他热泪盈眶：“我终于回来了，我要为祖国做点事！”

回国后，钱学森立即投身于新中国的国防科技事业。当时，中国的科技基础几乎为零，但他毫不畏惧。他带领团队从零开始，克服技术封锁和资源匮乏的困难，成功研制出中国第一枚导弹“东风一号”。此后，他主持了“两弹一星”工程，为中国航天事业奠定了坚实基础。

钱学森的爱国情怀不仅体现在其科研成就上，更体现在他对青年人才的培养上。他常说：“科学没有国界，但科学家有祖国。”他不仅亲自指导年轻科研人员，还提出了“技术科学教育观”和“系统通识教育观”，为中国科技教育的发展指明了方向。

【案例分析】

钱学森的职业选择深刻体现了他“科学报国”的职业价值观。他放弃在美国的优越科研条件和丰厚待遇，毅然选择回到百废待兴的新中国，投身于国防科技事业。这一选择不仅展现了他对祖国的深厚情感，更彰显了他将个人理想与国家命运紧密结合的责任感。钱学森始终坚信，科学家的价值在于为人民服务、为国家贡献力量。他不仅在科研领域取得了卓越成就，还致力于培养科技人才，推动中国科技教育的进步。他的职业选择和实践，诠释了什么是真正的爱国精神和科学家使命，成为后人学习的楷模。

第一节 职业价值观的基本理论

一、价值观概述

(一)价值观的基本概念

价值观是个人对客观事物(包括人、物、事)以及自身行为结果的意义、作用、效果和重要性的总体评价。它体现了一个人对"什么好""什么应该"的基本看法。价值观是推动和指引个人做出决策和行动的原则与标准，是个性心理结构的核心要素之一，使人的行为表现出稳定的倾向性。价值观是一种心理倾向体系，用于区分好坏、分辨是非及其重要性，反映了人对客观事物的是非和重要性的评价。

个人的身心条件、年龄阅历、教育背景、家庭环境和兴趣爱好等方面的差异，导致人们对不同职业形成不同的主观评价。从社会层面来看，社会分工的发展和生产力的相对不足，使得各种职业在劳动性质、劳动难度与强度、劳动条件与待遇、所有制形式以及稳定性等方面存在显著差异。此外，传统思想观念的影响也使得各类职业在人们心目中的声望和地位有所不同。这些因素共同塑造了人们的职业价值观，并深刻影响着他们在就业方向和具体职业岗位上的选择。

价值观是一种内在的衡量标准，它贯穿于人的整个性格体系，支配着人的行为、态度、观察、信念和理解。它不仅影响着人们对世界的认知，还决定了人们如何理解事物对自己的意义，以及如何进行自我认知、自我定位和自我设计。价值观还为人们认为正当的行为提供了充分的理由。在职业价值观的研究中，我们通常关注的不是人们对"职业价值"本质的看法，而是他们在职业选择和职业生活中，面对众多价值取向时，优先考虑哪种价值。

价值观在组织行为研究中具有重要意义，因为它不仅是理解员工态度和动机的基础，还影响着人的知觉和判断。每个人在加入组织之前，已经形成关于"应该"与"不应该"的思维模式，这些观念与价值观密切相关。它们包含对正确与否的解释，并隐含着一种观念：某种行为或结果比其他行为或结果更可取。因此，价值观使得客观性和理性判断受到影响。

（二）价值观的特性

1. 价值观因人而异

价值观是个人对事物重要性的评价体系，因个体的背景、经历和个性差异而各不相同。在大学生职业规划中，这种差异尤为明显。在职业选择上，有的学生重视职业的稳定性和社会地位，可能倾向于选择公务员或大型国企的工作；而另一些学生则更看重职业的创新性和自我实现的可能性，会选择创业或进入新兴行业。这种差异源于个人的成长环境、家庭教育、兴趣爱好以及对未来的不同期望。

2. 价值观是相对稳定的

价值观一旦形成，通常会在较长时间内保持相对稳定。这种稳定性为大学生的职业规划提供了重要的指导基础。如果一个同学在大学期间逐渐形成了对学术研究的浓厚兴趣和追求真理的价值观，这种价值观可能会贯穿其整个职业生涯，使其在未来的职业选择中更倾向于继续深造或从事科研工作。然而，价值观的稳定性并不意味着它是一成不变的。人们既要基于稳定的价值观做出长期规划，也要为可能的变化留出调整空间。

3. 价值观在特定环境下可以改变

尽管价值观具有相对稳定性，但在特定的环境和情境下，它也可能发生变化。大学生正处于价值观形成和发展的关键时期，校园文化、社会环境、职业实践以及与他人的交流互动等都可能对其价值观产生影响。学生在大学阶段通过实践深入了解职业后，可能会发现原本认为重要的职业因素（如高收入）并非唯一追求，而工作环境的和谐、职业的社会意义等其他因素可能更具价值。因此，大学生需要保持开放的心态，积极适应环境变化，适时调整自己的价值观和职业目标，以更好地应对未来的职业挑战。

（三）价值观的作用

价值观是个人对事物重要性的评价体系，它不仅决定了人们对自我的认知，还深刻影响并决定了一个人的理想、信念、生活目标以及追求方向的性质。价值观的作用主要体现在两个方面：

第一，价值观对动机具有重要的导向作用。人们的行为动机受到价值观的支配和约束，价值观从根本上影响着动机的模式和方向。只有那些经过价值判断并被认为是值得追求的目标，才会被转化为实际行动。换句话说，价值观决定了人们在面对选择时的优先级和决策方向。

第二，价值观反映了人们的认知和需求状况。作为对客观世界及行为结果的评价和看法，价值观从侧面体现了一个人的人生观和世界观，同时也反映了其主观认知和需求层次。价值观是一种基本信念，具有强烈的判断色彩，它代表了一个人对“何为好”“何为对”以及“何为值得追求”所持的根本看法。

在职业选择中，价值观的作用尤为明显。由于教育背景和成长环境的差异，每个求职者的职业目标和要求各不相同。在许多情况下，人们需要在不同的职业目标之间做出权衡，例如，是选择轻松的工作环境，还是选择高薪待遇；是追求事业成就，还是追求安稳舒适。当这些目标发生冲突时，最终影响决策的往往是内心的职业价值观，尽管有时人们自己可能并未完全意识到这一点。因此，了解自己的职业价值观倾向，有助于筛选出符合自身理想职业的信息，从而做出更明智的选择。

二、职业价值观概述

（一）职业价值观的内涵

职业价值观作为价值观在职业生涯领域的一种具体表现形式，是个体在职业选择、职业活动以及职业评价过程中所持有的信念、态度和标准。它反映了个体对职业的期望、追求和评价。简单来说，职业价值观是我们在选择职业、从事工作以及评价职业时内心所持有的那些信念、态度和标准。它就像我们职业生涯的指南针，指引着我们前进的方向。

从认知角度看，职业价值观是个人对职业的认识和评价。每个人都会根据自己的需求和标准来衡量职业的价值。想象一下，你面前有很多不同的职业，每个职业都有它的特点和属性。比如，你可能觉得医生这个职业很有意义，因为它能帮助病人；而有的人可能更看重律师职业的挑战性和高收入。这种认识和评价是基于你自己的需求和标准，比如兴趣、能力、价值观等。这些内部因素和职业的外部属性相互作用，从而形成了你的职业价值观。

从情感角度看，职业价值观也反映着个人对职业的认同和喜好。不同的职业在工作环境、报酬、发展机会等方面都有很大的差异。同样，每个人的兴趣、能力、背景也各不相同。这就导致了每个人对职业的评价和喜好都不一样。比如，有的人喜欢稳定的工作，有的人则喜欢充满挑战的工作。这种差异的形成就是职业价值观存在的现实体现，职业价值观既有群体的共性，也有个人的倾向。

从行为角度看，职业价值观指导着个人的职业选择和决策，影响着个人的职业认知、选择和生涯发展。当你面临职业选择时，你的职业价值观会告诉你哪个职业更符合你的期望和追求。它为你探索和发展职业提供内在动力。比如，如果你的职业价值观是追求社会贡献，你可能会选择从事教育、医疗等职业。职业价值观贯穿于你整个职业活动的全过程，影响着你的职业认知、选择和生涯发展。明确职业价值观有助于更好地认识自我和探索职业，从而合理规划职业方向，增强生涯发展的预见性和可控性。

总之，职业价值观就是个人对职业的内在衡量标准。它存在于个人的职业认知、情感和行为中，深刻影响着个人的职业选择和生涯发展。作为大学生，了解职业价值观有助于更清晰地认识自己，做出更符合自身需求的职业决策，为未来的职业发展奠定坚实的基础。所以，大学生不妨多花些时间思考自己的职业价值观，让它成为自己职业生涯的强大助力，为未来的职业发展奠定坚实基础。

(二)职业价值观的特性

职业价值观是个人对职业的认知、评价和选择的综合体现。它像一面镜子，反映了我们内心对职业的期待和评价。职业价值观有五个重要的特性：主观性、差异性、稳定性、阶段性和可塑性。这些特性共同构成了职业价值观的复杂性和动态性，深深影响着我们的职业选择和未来发展。

1. 主观性

职业价值观就像我们的口味一样，每个人都有自己的偏好。它是我们根据自己需求对职业进行评价和选择的结果。因为每个人的需求、评价标准和倾向都不同，所以职业价值观也具有很强的主观性。比如，有的人可能更看重工作的稳定性，而有的人则更追求工作的挑战性。如果我们的需求变了，职业价值观也会跟着改变。同时，职业价值观还具有主观能动性，能够调节我们的需求。例如，当找不到完全满意的工作时，我们可能会调整自己的期望，先接受现有的工作。

2. 差异性

就像世界上没有完全相同的两片叶子一样，每个人的职业价值观也是独一无二的。因为人的需求复杂多样，既有共性也有个性。再加上每个人的自身条件、性格特点和所处环境不同，职业价值观的表现形式也各不相同。此外，不同的职业本身亦各具特色。因此，职业价值观呈现出鲜明的个体差异与个性化色彩。

3. 稳定性

虽然职业价值观具有主观性和差异性，但它也是一种稳定的人生态度。在我们的成长过程中，随着能力的提升、认知的增长和经验的积累，职业价值观在家庭、社会、教育及个性倾向的综合作用下逐渐形成。这个过程需要较长时间，但一旦形成，职业价值观就会深深扎根在我们的思想中，不容易改变。这种稳定性使得我们在面对职业选择时，能够有一个相对固定的参考标准。

4. 阶段性

尽管职业价值观具有稳定性，但它会随人生阶段的不同而调整。随着时代的发展、环境的变化和阅历的增加，我们的物质条件和精神世界都会发生变化，职业需求也会随之改变。因此，职业价值观可能会在不同的人生阶段发生渐进式、回归式甚至颠覆性的改变。比如，年轻的时候可能更追求职业的发展机会，而随着年龄的增长，可能会更看重工作的稳定性和家庭生活的平衡。

5. 可塑性

职业价值观并不是一成不变的石头，而是可以塑造的泥土。它的形成是一个从感性认识到实践检验，再到理性认识并指导实践的过程。这个过程需要反复验证和逐步推进。在我们的认知能力、广度和深度的影响下，职业价值观可以不断改进和完善。对于大学生来说，这是一个很好的特性，因为这意味着我们可以通过提高自己的认知能力、拓展认知广度以及在实践中深化认知来塑造和优化自己的职业价值观。

职业价值观的这五大特性为我们理解职业选择和生涯发展提供了多维度的视角。对于大学生而言，深入理解这些特性不仅有助于自我认知，还能更好地规划未来，使职业价值观成为推动个人成长和职业发展的有力工具。因此，积极思考和塑造自己的职业价值观，是每位大学生迈向成功职业生涯的重要一步。

三、影响大学生职业价值观的因素

当我们踏入大学校园，开始思考未来的职业道路时，可能会发现我们的职业价值观正在悄然形成。那么，是什么在影响着我们的职业价值观呢？其实，有很多因素在起作用，包括家庭背景、教育经历、社会环境、文化传统等。下面，我们就来详细了解一下这些影响因素。

（一）家庭环境

家庭是我们成长的第一个环境，也是职业价值观形成的最初场所。

1. 父母职业

你可能听说过“龙生龙，凤生凤”这句话，虽然它不完全准确，但确实反映了父母职业对孩子的影响。比如，如果父母是医生，你可能会更关注健康和公共服务；如果父母是企业家，你可能会更注重创新和风险承担。这种影响将在日常生活中不断强化，成为你职业选择的重要参考。

2. 家庭经济状况

家庭的经济条件也会影响职业价值观的形成。经济条件好的家庭可能更注重职业的社会地位和声望，倾向于选择法律、金融等高地位职业，而经济条件一般的家庭可能更看重职业的稳定性和经济回报，倾向于选择成为教师、公务员等。这种差异反映了家庭对职业安全感和未来发展的不同期待。

3. 家庭教育方式

父母的教育方式对职业价值观也有很大影响。如果父母开放、鼓励探索，子女可能会形成更具创新性和自我实现倾向的职业价值观。父母的支持和鼓励让个人敢于尝试不同领域，形成多元化的职业兴趣。而过于严格或保守的教育方式可能会限制孩子的职业选择范围。

（二）学校教育

学校是我们接受系统教育的地方，也是职业价值观形成的重要场所。

1. 学习的专业和课程

不同的专业课程内容可能引导学生形成不同的职业兴趣和价值观。比如，科学课程激发学生对科研的兴趣，艺术课程培养学生的审美和创造力。学校课程设置的广度和深度直接影响学生对不同职业领域的认知和兴趣。

2. 校园文化

学校的校风、社团活动等也会在一定程度上影响学生的职业价值取向。比如，重视创业的校园文化可能培养出更多有创业意愿的学生，而注重学术研究的校园文化则可能培养出更多科研人才。

（三）社会环境

社会环境是一个大熔炉，我们在其中不断受到各种影响。

1. 社会舆论

媒体、公众对某些职业的评价和看法会影响个体的职业选择。比如，社会对高科技行业的推崇可能吸引更多学生选择计算机科学等相关专业，而对传统行业的质疑可能减少对这些领域的兴趣。

2. 文化传统

不同文化背景下，人们对职业的看法和期待有所不同。在一些文化中，医生、律师被视为高尚职业，而在其他文化中，手工艺人、艺术家可能更受尊重。这种文化差异影响了个体对职业的价值判断。

3. 经济形势

经济繁荣或衰退时期，人们对职业稳定性和经济回报的重视程度也会有所变化。在经济繁荣时，人们可能更愿意尝试高风险、高回报的职业，而在经济衰退时，稳定性成为首要考虑因素。

(四)个人经历

个人经历是塑造职业价值观的宝贵财富。

1. 实习经历

在实习中的体验和收获会影响你对特定职业的看法。成功的实习经历可能增强个人对该职业的认同感，而失败的实习经历可能促使个人重新考虑职业选择。

2. 人生重大事件

人生重大事件，如家庭变故、重大疾病等，可能使你重新审视自己的职业目标和价值观。这些事件可能导致你对职业稳定性和生活平衡的重视程度发生变化。

(五)同伴影响

同伴是我们成长道路上的重要伙伴，他们的选择和观点也会影响我们。

同伴的职业选择和成功经历可能会成为个体参考的榜样。看到朋友在某一领域取得成功，个体可能会受到激励，考虑相似的职业路径。与同伴的交流和讨论有助于个体形成或调整自己的职业价值观。通过交流，个体可以了解不同职业的优缺点，拓宽职业视野，形成更全面的职业认知。

(六)心理因素

心理因素是我们内心深处的驱动力，在无形中影响着我们的选择。

1. 个性特征

外向、内向、冒险性等个性特征会影响个体对职业的偏好。外向的人可能更适合销售、公关等需要频繁社交的职业，而内向的人可能更适合研究、写作等独立工作的职业。

2. 自我认知

个体对自己的能力、兴趣和价值观的认知会影响职业选择。清晰的自我认知可以帮助个体找到符合自身特点的职业，实现个人价值和社会价值的统一。

3. 心理需求

马斯洛的需求层次理论是一种经典的心理学模型，将人类的需求从低到高分为五个层次：生理需求、安全需求、社交需求、尊重需求和自我实现需求(见图 4-1)。职业价值观是个体在职业选择和发展过程中对不同职业要素的重要性和意义的评价体系，而马斯洛的需求层次理论则为理解职业价值观的形成和演变提供了心理学基础。马斯洛需求层次理论中的生理需求和安全需求主要对应职业价值观中的物质追求，如工作的稳定性、工作环境舒适等；而较高层次的社交、尊重和自我实现需求，则主要对应职业价值观中的精神层面的追求，如实现自己的职业理想、发挥自己的职业技能等。不同的需求会影响个体形成不同的职业价值观。

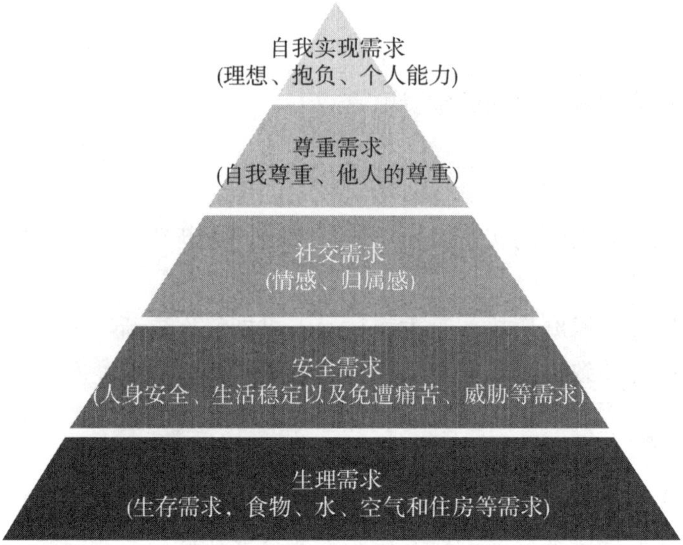

图 4-1 马斯洛需求层次理论模型

(七)政策法规

1. 就业政策

政府的就业政策、职业培训计划等可能会影响个体的职业选择和价值观。例如，政府鼓励创新创业的政策可能激发更多人的创业热情，而职业培训计划可以提高特定职业的吸引力。

2. 行业规范

不同行业的规范和标准也会对从业者的职业价值观产生影响。严格的行业规范要求从业者遵守职业道德，形成负责任、专业的职业价值观，而灵活的行业环境可能鼓励从业者进行更多创新和自由发展。

大学生职业价值观的形成是一个多元复杂的过程，受到家庭、学校、社会、个人经历、同伴、心理因素以及政策法规等多方面的影响。这些因素相互作用，共同构成了大学生职业价值观的丰富内涵，我们需要不断引导自己在职业道路上做出符合自身和社会发展的选择。

四、职业价值观的重要性

在当今快速变化的职业世界中，大学生面临着前所未有的职业选择和发展挑战。在这样的背景下，职业价值观显得尤为重要。它不仅为大学生提供了职业选择的明确方向，还是实现个人成长、社会贡献和职业满意度的关键因素。同时，职业价值观也是社会和谐发展的重要保障，正确的职业价值观能够促进社会公平正义，推动社会进步。

(一)指导职业选择，避免盲目跟风

大学生在步入社会之前，往往对各种职业充满好奇和期待，但也容易陷入盲目跟风

和随意选择的误区。职业价值观就像一盏指路明灯，帮助大学生根据自身的兴趣、能力和需要来筛选合适的职业路径。例如，一个热爱创新、追求挑战的大学生，可能倾向于选择科技等领域的职业，或是自行创业；而一个注重稳定、关心社会的大学生，可能倾向于选择教育、公共事业等领域的职业。通过职业价值观的指导，大学生能够更加明确自己的职业目标，从而增加职业满意度和成就感，避免在不适合自己的领域浪费时间和精力。

（二）提升工作动力，激发创造力和生产力

当大学生的职业价值观与所投入的工作高度契合时，他们会感到更加投入和充满热情。这种内在动力不仅能够激发他们的创造力和生产力，还能提高工作绩效，实现个人职业发展的良性循环。例如，一个注重社会责任的大学生，在从事公益工作时，会感到自己的工作充满了意义和价值，从而更加努力地投入工作，取得更好的成绩。

（三）促进职业发展，实现自我价值和社会价值的统一

清晰的职业价值观有助于大学生制定长期职业规划，明确发展目标。它引导他们在职业生涯中不断学习、成长，积累经验，实现自我价值和社会价值的统一。例如，一个致力于环境保护的大学生，可能会选择从事环保相关工作，并通过自己的努力推动社会环保事业的发展，实现个人价值和社会价值的双重提升。

（四）增强职业稳定性，积累专业经验和资源

职业价值观的一致性可以减少职业变动和不确定性。当大学生对自己的职业有深刻认同感时，他们更可能长期留在某个职业或行业，积累专业经验和资源。这种稳定性不仅有助于他们在职业领域取得更大的成就，还能为他们未来的职业发展奠定坚实的基础。

（五）改善工作环境，提升团队凝聚力和效率

职业价值观不仅影响个体，还影响整个工作环境。当团队成员共同拥有相似的价值观时，更容易建立信任、合作和积极的工作氛围，提升团队凝聚力和效率。例如，在一个注重创新和合作的团队中，成员们会相互支持、共同进步，从而推动整个团队的发展。

（六）应对职业挑战，增强抗压能力和适应能力

在面对职业挑战和困难时，坚定的职业价值观可以提供精神支持。它帮助大学生在逆境中保持信念，寻找解决问题的方法，增强抗压能力和适应能力。例如，一个拥有坚韧不拔，喜欢挑战工作的职业价值观的大学生，在遇到职业挫折时，会更容易调整心态、克服困难，继续前行。

（七）提高生活质量，实现身心健康和全面发展

职业价值观与个人的生活质量密切相关。当大学生从事符合自己价值观的工作时，通常会感到更快乐、更满足，这不仅提升了整体生活质量，还有助于身心健康和全面发展。例如，一个注重工作与生活平衡的大学生，会更倾向于选择能提供这种平衡的职业，从而在工作和生活中保持良好的状态，最终支撑自己取得更好的成就。

（八）实现个人与社会的和谐，推动社会进步和发展

职业价值观有助于大学生在社会中找到自己的位置，为社会作出贡献。当个人职业目标与社会需求相匹配时，个人与社会便能和谐发展，其间推动社会进步。例如，一个致力于科技创新的大学生，通过自己的努力推动科技进步，既实现了个人价值，也为社会的进步作出了贡献。当大学生普遍秉持积极的职业价值观时，便能促进科技发展、社会公正和经济繁荣。大学生是社会的未来和希望，他们的职业价值观将直接影响社会的未来发展方向。

第二节　职业价值观探索

不同的价值观会产生不同的行动选择。大学生需要对自己的价值观进行探索，回答“自己在工作和生活中想要寻求的是什么?”“什么才是对自己最重要的?”等问题。只有这样，大学生才能在现实与理想发生冲突时，清楚地知道哪些是可以放弃的，哪些是不可或缺的，从而做出更适合自己的抉择。

探索职业价值观的方法主要有职业价值观测评、职业价值观分类与排序、WVI 职业价值观测试量表等方法。

一、职业价值观测评

在本书第一章，我们提到了施恩的职业锚理论，职业锚也可作为我们测评职业价值观的重要工具之一。

职业锚是指当一个人面临职业选择的时候，他无论如何都不会放弃的职业中至关重要的职业定位或价值观。研究表明，职业锚是内心深处对自己的看法，它是个人的才干、价值观、动机经过自省后形成的，职业锚可以指导、约束或稳定个人的职业生涯。职业锚理论产生于美国麻省理工学院斯隆管理学院，由施恩教授领导的专门研究小组通过对该学院毕业生的职业生涯研究得出。斯隆管理学院的 44 名 MBA 毕业生，自愿形成一个小组，接受施恩教授长达 12 年的职业生涯研究。研究方法包括面谈、跟踪调查、公司调查、人才测评、问卷等多种方式。最终，研究总结出了职业锚的构成要素，形成了职业定位理论。职业锚在职业生涯过程中非常重要，这是因为它是以人们实际的生活工作经历和他人的反馈为基础形成的。即使面临困境，人们也往往不会放弃与自身职业锚相符的职业选择。这种现象揭示了个人与组织之间相互影响的深层机制——当现有工

作能够满足职业锚的需求时，个体通常不会主动转向无法满足该需求的其他岗位。

(一)测试

下面给出了40条描述(见表4-1)，根据你的实际情况，从“1~6”中选择对应的分数，分数越高，表示这条描述越符合你的情况。例如，对于“我希望做我擅长的工作，这样我作为行家的建议可以不断被采纳”这条描述，你可做出如下选择：选“1”代表这条描述完全不符合你的想法(1分)，选“2”代表你偶尔这么想(2分)，选“3”代表你有时这么想(3分)，选“4”代表你较常这么想(4分)，选“5”代表你频繁这么想(5分)，选“6”代表这条描述完全符合你的日常想法(6分)。

表4-1 **职业锚测试**

描述	评分
1. 我希望做我擅长的工作，这样我作为行家的建议可以不断被采纳	
2. 当我整合并管理其他人的工作时，我非常有成就感	
3. 我希望我的工作能让我用自己的方式，按自己的计划去开展	
4. 对我而言，安定与稳定比自由和自主更重要	
5. 我一直在寻找可以让我创立自己事业(公司)的创意(点子)	
6. 我认为只有对社会作出真正贡献的职业才算是成功的职业	
7. 在工作中，我希望去解决那些有挑战性的问题，并且胜出	
8. 我宁愿离开公司，也不愿从事需要个人和家庭做出一定牺牲的工作	
9. 将我的技术和专业水平发展到一个更具竞争力的层次是成功职业的必要条件	
10. 我希望能够管理一个大公司(组织)，我的决策将会影响许多人	
11. 如果职业允许自由地决定自己的工作内容、工作过程时，我会非常满意	
12. 如果工作结果使我丧失了自己在组织中的安全稳定感，我宁愿离开这个工作岗位	
13. 对我而言，创办自己的公司比在其他的公司中争取一个高的管理位置更有意义	
14. 我的职业满足来自我可以用自己的才能去为他人提供服务	
15. 我认为职业的成就感来自克服自己面临的非常有挑战性的困难	
16. 我希望我的职业能够兼顾个人、家庭和工作的需要	
17. 对我而言，在我喜欢的领域内做资深专家比总经理更具有吸引力	
18. 只有在我成为公司的总经理后，我才认为我的职业生涯是成功的	
19. 成功的职业应该允许我有完全的自主与自由	
20. 我愿意在能给我安全感、稳定感的公司中工作	

续表

描　述	评分
21. 当我凭借自己的努力或创意完成工作时，成就感最强	
22. 对我而言，利用自己的才能使这个世界变得更适合生活或居住，比争取一个高的管理职位更重要	
23. 当我解决了看上去不可能解决的问题，或者在必输无疑的竞赛中胜出，我会非常有成就感	
24. 我认为只有很好地平衡了个人、家庭、职业三者的关系，生活才能算是成功的	
25. 我宁愿离开公司，也不愿频繁接受那些不属于我专业领域的工作	
26. 对我而言，做一个全面管理者比在我喜欢的专业领域内做资深专家更有吸引力	
27. 对我而言，能按自己的方式不受约束地完成工作，比追求安全、稳定更加重要	
28. 只有当我的收入和工作有保障时，我才会对工作感到满意	
29. 如果我能成功地创造出完全属于自己的产品或创意，我会感到非常成功	
30. 我希望从事对人类和社会真正有贡献的工作	
31. 我希望工作能提供很多机会，持续锻炼我解决问题的能力和专业竞争力	
32. 很好地平衡个人生活与工作，比获得管理岗位更重要	
33. 如果在工作中能经常用到我特殊的技巧和才能，我会感到特别满意	
34. 我宁愿离开公司，也不愿放弃全面管理的工作	
35. 我宁愿离开公司，也不愿意接受约束我自由的工作	
36. 我希望有一份让我有安全感和稳定感的工作	
37. 我梦想着创造属于自己的事业	
38. 如果工作限制我帮助和服务他人，我宁愿离开公司	
39. 解决那些几乎无法解决的难题，比获得高级别的管理职位更有意义	
40. 我一直在寻找一份能够最大限度地减少个人与家庭之间的冲突的工作	

(二)评分

在40条描述中筛选出得分最高的3条(若得分相同，则优先选择兴趣度更高的条目)，对这3个入选条目每项原始得分额外增加4分(例如，第40条原始得分为6分，则调整为10分)，将全部条目得分填入计分表，按列计算每列总分，再将每列总分除以5得到平均分并填入表4-2(注意：计算平均分前需完成对高分条目的4分加分操作)。

表 4-2　　职业锚计分表

类型	TF(技术/职能型职业锚)		GM(管理型职业锚)		AU(自主/独立型职业锚)		SE(安全/稳定型职业锚)		EC(创造/创业型职业锚)		SV(服务/奉献型职业锚)		CH(挑战型职业锚)		LS(生活型职业锚)	
加分项	1		2		3		4		5		6		7		8	
	9		10		11		12		13		14		15		16	
	17		18		19		20		21		22		23		24	
	25		26		27		28		29		30		31		32	
	33		34		35		36		37		38		39		40	
总分																
平均分																

得分越高，通常代表你在相应的职业锚类型上具有强烈的倾向和偏好，也就是你在职业选择中最看重的部分。

二、职业价值观分类与排序

（一）分类与排序步骤

1. 展示职业价值观及其解释

我们将 50 项职业价值观及其简要解释展示出来，请学生根据从现在到未来三年内对职业价值观的重视程度进行筛选。

50 项职业价值观

（1）艺术创造性：致力于创造设计，追求美感的享受。

（2）机会均等：能够处于一个公平竞争的环境，能够凭真实能力得到提升和发展。

（3）符合兴趣爱好：工作和自己兴趣相符，能够体验到快乐。

（4）工作稳定性：不喜欢工作频繁变动，不会轻易辞职，也没有被辞退的危险。

（5）崇尚独立：工作有较大的自主性，较少受规则或制度的限制。

（6）前沿领域工作：在学术、科研或商业单位从事研发，提出新思想或具有创意的观点。

（7）个人发展：工作中能够获得更好的机会和发展。

(8)工作生活的平衡：工作之余有足够的时间兼顾家庭、个人爱好和社会活动。

(9)信仰：工作环境、内容不违背精神信仰。

(10)创造性：独创性地提出新的思想、项目等。

(11)轻松的工作环境：可以开玩笑、充满幽默、有乐趣的工作环境。

(12)影响力：能够影响别人，可以改变别人的态度或意见。

(13)有益社会：做那些能够使世界变得更美好的事情。

(14)诚实和正直：重视诚实和正直这两种品格的工作关系和环境。

(15)身体挑战：工作对身体的力量、速度、灵巧和机敏有要求。

(16)帮助他人：从事的工作可以直接帮助他人。

(17)赏识认可：工作业绩能得到积极的反馈和大家的肯定。

(18)团队合作：在团队中有良好的工作关系，并以团队的形式完成工作任务。

(19)环保：做有益于自然环境的工作。

(20)追求成就：追求自我实现，而并非外在物质利益的满足。

(21)竞争：在工作中，可以与别人在能力上一较高下，从而获得进步。

(22)福利保障：工作有较高的安全和健康保障。

(23)权力：能够掌控工作进程或工作人员的行为等。

(24)稳定的居所：能够找到一个可以保持自己生活风格的居所，按照自己希望的那样休闲、学习和工作。

(25)冒险：工作要求时常做一些有风险的事情。

(26)决策力：有权决定方向、政策等的工作。

(27)社会地位：所从事的工作在人们的心目中有较高的社会地位，从而使自己和家人得到他人的重视与尊敬。

(28)友谊：通过工作发展亲密的人际关系。

(29)快速学习：快速掌握新的、独特的和困难的工作任务。

(30)时间自由：能够自由安排工作时间，没有特别的工作时限。

(31)变化：工作内容或环境多变，可以带来新鲜感。

(32)专业地位：在领域内被公认为专家，见多识广。

(33)社会交往：能和各种人交往，建立比较广泛的社会联系和关系。

(34)归属感：获得特定组织的认可，并成为他们的会员。

(35)工作节奏平缓：避免有压力和激烈竞争的工作。

(36)追求新意：希望工作的内容经常变换，使工作和生活显得丰富多彩，不单调枯燥。

(37)同事关系：希望一起工作的大多数同事和领导人品好，相处愉快、自然。

(38)知识性：工作中可以获得知识上的提高。

(39)实用性：工作成果是实际的、有用的。

(40)刺激性：工作中经常有新鲜事物和戏剧性的事件发生，从中可以体验到刺激。

(41)挑战难题：在工作中不断有复杂的问题和任务需要解决，排解困难和解决问题是工作的核心内容。

(42)传统：工作环境与自我认同的社会习俗不冲突。

(43)独立工作：独立完成工作，不愿他人介入。

(44)发挥专长：工作中熟练使用自己的技能与知识，并有超出一般人的表现。

(45)高收入：收入能够达到自己的期望，可以购买奢侈的生活用品。

(46)家庭：确保工作不影响履行家庭责任。

(47)快节奏：在一个快节奏的环境中工作。

(48)督导：督促、指导别人开展工作，且对工作结果负责。

(49)公司知名度：公司在业内有较高的知名度和名声。

(50)工作的精确性：在工作中，必须严格按照规程，细致和精确地处理每一个细节。

2. 快速分类

根据自己的感觉，快速地将50项职业价值观按照“总是重视”“常常重视”“有时重视”“很少重视”“从不重视”5个类别进行分类。

3. 重要性排序

从“总是重视”类别中选出最重要的5项职业价值观，并按照重视程度对其进行排序。

(二)思考与分享

1. 自我反思

请回顾你在对上述职业价值观进行筛选、分类、排序价值观过程中的心理状态：你是如何权衡不同价值观的？哪些因素影响了你的最终选择？

2. 职业价值观解读

请你对选定的5项最重要的职业价值观逐一进行描述，并阐述你对它们的理解。

3. 选择与排序的原因

请说明你选择这5项职业价值观的理由，并解释为什么按照当前的顺序排列。

4. 不同职业价值观之间的关系

请分析这5项职业价值观之间的关系。

5. 职业规划探索

通过本次职业价值观分类与排序活动，仔细思考一下：你对未来的职业选择有哪些新的想法？你可能会选择哪些行业？你更倾向于哪种类型的组织(如企业、非营利机构、政府单位等)？你可能会选择什么具体岗位？

三、WVI职业价值观测试量表

WVI职业价值观测试量表是美国心理学家舒伯于1970年编制的，用来衡量与工作有关的价值观以及激励人们工作的目标。该量表将职业价值观分为三个维度：一是内在价值观，即与职业本身性质有关的因素；二是外在价值观，即与职业性质有关的外部因素；三是外在报酬，共计 13 个因素(即 13 种职业价值观)：利他主义、美感、智力刺激、成就感、独立性、社会地位、管理、经济报酬、社会交际、安全感、舒适、人际关系、变异性或追求新意。

(一)测试

WVI 职业价值观测试量表有 52 道题目(见表 4-3)，每个题目都有 5 个备选答案，请根据自己的实际情况或想法，选择相应的答案。A 代表非常重要，5 分；B 代表比较重要，4 分；C 代表一般，3 分；D 代表较不重要，2 分；E 代表很不重要，1 分。

表 4-3　**WVI 职业价值观测试量表**

题　目	A	B	C	D	E
1. 你的工作必须经常解决新的问题					
2. 你的工作能为社会福利带来看得见的效果					
3. 你的工作奖金很高					
4. 你的工作内容经常变换					
5. 你能在工作范围内自由发挥					
6. 你的工作令你的同学、朋友非常羡慕					
7. 工作带有艺术性					
8. 你的工作能使人感觉到你是团体中的一分子					
9. 不论你怎么干，你总能和大多数人一样晋升和涨工资					
10. 你的工作使你有可能经常变换工作地点或工作方式					
11. 在工作中你能接触到各种不同的人					
12. 你的上下班时间比较随意、自由					
13. 你的工作使你不断获得成功的感觉					
14. 你的工作赋予你高于别人的权力					
15. 在工作中，你能试行一些自己的新想法					
16. 在工作中你不会因为身体或能力等因素被人瞧不起					
17. 你能从工作的成果中知道自己做得不错					
18. 你的工作经常要外出，参加各种集会和活动					
19. 只要你做了这份工作，就不再担心被调到其他意想不到的岗位或单位去					
20. 你的工作能使世界更美丽					
21. 在你的工作中，不会有人常来打扰你					

续表

题　目	A	B	C	D	E
22. 只要努力，你的工资就会高于其他同年龄的人，晋升或涨工资的机会远多于其他工作					
23. 你的工作是一项对智力的挑战					
24. 你的工作要求你把一些事务管理得井井有条					
25. 你的工作单位有舒适的休息室、更衣室、浴室及其他设备					
26. 你在工作中有可能结识各行各业的知名人物					
27. 你在工作中能和同事建立良好的关系					
28. 在别人眼中，你的工作是很重要的					
29. 在工作中你经常接触到新鲜的事物					
30. 你的工作使你能帮助别人					
31. 你在工作单位中，有可能经常变换工作					
32. 你的作风使你被别人尊重					
33. 同事和领导人品较好，相处比较随意					
34. 你的工作会使许多人认识你					
35. 你的工作场所很好，比如有适度的灯光，安静、清洁的工作环境，甚至具备恒温、恒湿等优越的条件					
36. 在工作中，你为他人服务，使他人感到很满意，你自己也很高兴					
37. 你需要计划和组织别人的工作					
38. 你的工作需要敏锐的思考					
39. 你的工作可以获得较多的额外收入，比如，常发实物，常购买打折的商品，常发商品的提货券，有机会购买进口货等					
40. 在工作中你是不受别人差遣的					
41. 你的工作结果应该是一种艺术品而不是一般的产品					
42. 在工作中，不必担心因工作表现未达到领导预期而受到训斥或经济惩罚					
43. 你在工作中能和领导保持融洽的关系					
44. 你可以看见自己努力工作的成果					
45. 在工作中常常要你提出许多新的想法					
46. 由于你的工作，经常有许多人来感谢你					
47. 你的工作成果常常能得到上级、同事或社会的肯定					
48. 在工作中，你可能是一个负责人，虽然可能只领导很少几个人，你信奉“宁做兵头，不做将尾”的俗语					

续表

题目	A	B	C	D	E
49. 你从事的工作，经常在报刊、电视中被提到，因而在人们的心目中很有地位					
50. 你可以通过工作赚到数量可观的夜班费、加班费、保健费或营养费					
51. 你的工作比较轻松，精神上也不紧张					
52. 你的工作需要和影视、戏剧、音乐、美术、文学等艺术打交道					

(二)评分

上面的52道题目分别代表常见的13项职业价值观。请你根据表4-4中每一项前面的题号，计算一下每一项的得分总数，并把它填在每一项的得分栏上。然后在表格下方依次列出得分最高的3项。

表4-4 **职业价值观说明**

题号	得分	职业价值观	说明
1,23,38,45		智力刺激	不断进行智力活动，勤于思考，学习并探索新事物，解决新问题
2,30,36,46		利他主义	能体会到自己的付出对团体是有帮助的，别人会因为自己的行为而受惠，工作的目的或意义在于直接为大众的幸福和利益尽一份力
3,22,39,50		经济报酬	获得优厚的报酬，有足够的财力获得自己想要的东西，生活较为富足
4,10,29,31		变异性或追求新意	希望工作内容经常变动，使工作和生活显得丰富多彩，不单调枯燥
5,15,21,40		独立性	能充分发挥自己的独立性和主动性，按自己的方式、步调或想法去做，不受他人的干扰
6,28,32,49		社会地位	所从事的工作在人们的心目中有较高的社会地位，从而使自己在社会上得到重视与尊敬
7,20,41,52		美感	能不断地追求美的东西，得到美的享受。工作的目的或意义在于为世界增添艺术上的美感
8,27,33,43		人际关系	希望一起工作的大多数同事和领导人品较好，相处在一起感到愉快、自然，认为这就是很有价值的事，是一种极大的满足
9,16,19,42		安全感	不管能力怎样，希望在工作中有一个安稳的局面，不会经常因为薪酬、岗位变动或领导态度等问题而焦虑

续表

题号	得分	职业价值观	说　明
11,18,26,34		社会交际	能和各种人交往，建立比较广泛的社会联系和关系，甚至能和知名人物结识
12,25,35,51		舒适	希望工作成为一种消遣、休息或享受，追求比较舒适、轻松、自由、优越的工作条件和环境
13,17,44,47		成就感	不断创新，不断取得成就，不断得到领导与同事的赞扬，或不断实现自己想要做的事
14,24,37,48		管理	获得对他人或某事物的管理权，能指挥和调遣一定范围内的人或资源

得分最高的3项是：__________、____________、__________。

得分最高的3项，代表你在工作中最看重的东西，在选择职业时可以重点考虑。

四、明确职业价值观

(一)职业价值观的现实挑战

通过上述三种关于职业价值观的探索方式，我们可以更好地理解和评估个人在职业选择中所重视的不同方面。这些价值观涵盖从内在满足感(如成就感和创造性)到外在因素(如薪酬和工作稳定性)的各个方面。然而，我们必须认识到，很少有工作能够完全满足一个人所有的重要价值观。在现实中，我们经常会遇到这样的情况：一个重视创造性(创新)的人可能会发现，为了获得更高的经济报酬(金钱回报)，他需要在一个结构化和规范化的环境中工作，这可能会限制他的创造性表达。这种内在价值观与外在条件之间的冲突是职业发展中常见的挑战。

(二)学会妥协与取舍

面对职业选择中的价值观冲突，学会妥协与取舍是每位职业人士必须掌握的技能。妥协并不意味着放弃自己的价值观，而是为了实现长远的职业目标而进行的策略性调整。这要求我们识别出哪些价值观是可以暂时让步的，哪些是必须坚持的核心价值观。例如，一个重视工作与生活平衡的个体可能会选择在职业生涯早期接受一份工作强度较大的职位，以便快速积累经验和资本，为将来实现更理想的工作状态打下基础。通过明智的妥协，我们可以在现实限制和个人目标之间找到平衡，为未来的职业发展铺平道路。

(三)进行澄清和排序

进行澄清和排序是职业规划过程中至关重要的一步。澄清是指通过自我反思、职业咨询或心理测试等手段，明确自己的职业价值观。这一过程有助于我们深入了解自己的内在需求和期望，从而在众多的职业选择中做出更符合个人职业价值观的决策。排序则是将这些职业价值观按照重要性进行排列，以确定在职业选择中的优先级。例如，如果智力刺激和利他主义是个体最看重的价值观，那么其可能会优先考虑那些能够运用专业技能来解决社会问题的工作。通过澄清和排序，我们可以更有针对性地规划自己的职业生涯，提高工作满意度，实现个人与职业的和谐发展。

第三节　树立正确的职业价值观

一、树立职业价值观过程中易出现的问题

在当今社会，大学生作为未来的栋梁，其职业价值观的形成至关重要。然而，在实际过程中，部分大学生在树立职业价值观时容易陷入一些误区，出现一些问题，这些问题不仅影响他们的个人发展，也可能对国家及社会的和谐与进步造成不利影响。

（一）功利主义倾向严重

在市场经济的大潮中，部分大学生深受竞争环境的影响，逐渐形成了功利主义的职业价值观。他们往往将高薪、高地位作为职业选择的唯一标准，而忽视了内心的理想信念和社会责任。这种倾向导致他们在选择职业时，更倾向于大城市、热门行业，而对基层或公益领域视而不见。功利主义不仅会削弱大学生的理想信念，还会使他们过分关注短期利益，忽视长期的发展潜力。调查数据显示，收入高低已成为当代大学生职业选择的首要标准，愿意去乡镇工作的大学生比例较低。这种短视化的职业选择可能导致他们在未来面临更多的挑战和困境。

（二）自我认知不足

部分大学生在职业选择过程中缺乏对自身能力的清晰认知和职业目标的明确规划。他们缺乏系统的职业认识和实践机会，对自我的探索和职业的探索都不足，导致在职业方向和社会角色上缺乏明确规划。由于对自己的价值观缺乏清晰认知，他们在职业选择时容易盲目跟风或随意性较强。这种盲目性可能导致职业选择与个人特质不匹配，进而影响职业适应性和职业满意度。长此以往，他们可能会在职业道路上迷失方向，难以实现自我价值。

（三）社会责任感薄弱

受个人主义文化的影响，部分大学生在选择职业时过于注重个人利益，而忽视了职业所承载的社会责任和集体价值。他们中存在“目光短浅”“不愿下基层”等现象，反映出其自我认知与社会需求之间的错位。这种错位可能导致其职业选择偏离社会需求，进

而影响社会的和谐与可持续发展。作为未来社会的建设者，大学生应该具备强烈的社会责任感，将个人发展与社会进步紧密结合起来。

(四)职业价值观不稳定

大学阶段是价值观形成的关键时期，大学生的职业价值观容易受到社会舆论、家庭期望、同伴压力等多种因素的影响。部分大学生的职业价值观因此变得不稳定，缺乏持久性。他们可能因为外界环境的微小变化而频繁变动职业选择，这严重影响了职业发展的连续性和稳定性。这种不稳定性不仅阻碍了他们的个人发展，还可能给用人单位带来不便和损失。

(五)对职业期望的理想化与现实差距

由于对职业世界缺乏深入了解，部分大学生容易将职业理想化。他们对职业抱有过高的期望，却忽视了职业现实的复杂性和挑战性。在择业过程中，他们既追求个人成长又受物质驱动，导致理想与现实之间的矛盾日益凸显。部分学生存在“好高骛远”与“技能不足”并存的现象，或表现出急功近利、缺乏诚信等问题。这些问题的存在，可能导致他们在职业适应过程中面临困难，甚至产生职业倦怠和挫败感。

(六)忽视职业价值观的动态性

职业价值观并非一成不变，而是随着个人成长和社会环境的变化不断调整。然而，部分大学生对职业价值观的动态性和阶段性缺乏认识，导致他们在职业选择上过于僵化，难以适应个人发展和社会变迁的需求。这种僵化思维可能使他们在面对职业变动时无所适从，错失发展良机。

(七)过度依赖外部评价

受传统思想和家庭观念的影响，部分大学生在职业选择中缺乏独立思考和决策能力。他们过度依赖家庭、社会或他人的评价，而忽视了自身需求和兴趣。这种依赖性可能导致其职业选择与个人价值观不符，进而影响职业满意度和幸福感。长此以往，他们可能会在职业道路上失去自我，难以实现真正的成长和成功。

大学生应该正视这些问题，积极调整自己的职业价值观，树立正确的职业观念，为未来的职业发展奠定坚实基础。同时，学校、家庭和社会也应该共同努力，为大学生提供更多的指导和帮助，引导他们形成健康、稳定的职业价值观。

二、树立正确的职业价值观的意义

在漫长的职业生涯中，职业价值观如同指引方向的灯塔，为个人、社会、国家乃至企业的发展照亮前行的道路。树立正确的职业价值观，不仅是个体职业成功的基石，更是社会和谐、国家进步和企业繁荣的重要保障。

(一)对个人的深远影响

1. 明确职业目标，激发内在动力

正确的职业价值观如同心中的罗盘，帮助个体明确职业目标和发展方向，避免盲目选择、随波逐流，为职业发展提供源源不断的内在动力。当我们深知自己的追求和使命时，便会更加坚定地为实现职业目标而努力奋斗。

2. 提升职业适应性与满意度

当职业选择与个人价值观高度契合时，个体更容易融入职业环境，享受工作带来的乐趣。这种契合不仅提升了职业满意度，还带来了深层次的幸福感。正确的职业价值观能让我们在职业中找到归属感，实现自我价值。

3. 促进个人成长与自我实现

正确的职业价值观强调不断学习、提升个人能力以及发挥创造力。它激励我们在职业道路上不断前行，实现个人成长和自我超越。通过不断挑战自我，我们最终能够实现自己的职业理想和人生价值。

4. 增强心理韧性与抗压能力

面对职业挑战和压力，正确的职业价值观是我们坚实的心理支撑。它帮助我们保持积极的心态，增强心理韧性和抗压能力。无论遇到多大的困难和挫折，我们都能勇往直前，迎接职业生涯中的每一个挑战。

(二)对社会的积极贡献

1. 促进社会公平正义

正确的职业价值观强调社会责任和集体利益，引导个体选择对社会有益的职业。这种选择有助于推动社会资源的合理分配，进而实现社会公平正义。当每个人都能为社会贡献自己的力量时，社会将变得更加和谐美好。

2. 推动社会和谐与进步

当个体的职业价值观与社会需求相一致时，便能更好地满足社会发展的需要。例如，选择投身教育、医疗、公益等领域的个体，直接为社会贡献力量，推动社会和谐与进步。他们的辛勤付出和无私奉献，让社会变得更加温暖、更加进步。

3. 提升社会整体职业素养

正确的职业价值观强调职业伦理和职业道德，有助于提升社会整体的职业素养。它促进职业行为的规范化，优化职业环境，为社会营造一个更加健康、积极的职业氛围。

(三)对国家的重大意义

1. 支持国家发展战略

正确的职业价值观能够引导个体选择与国家发展战略相契合的职业。例如，投身科技创新、乡村振兴等关键领域，直接为国家战略的实施提供人才支撑。这种选择不仅推动国家经济、科技、文化等领域的发展，也为个人成长创造了更广阔的舞台。

2. 增强国家竞争力

当个体的职业价值观与国家需求相一致时，便能更好地发挥人才的作用，提升国家的综合竞争力。正确的职业价值观能激发个体的创造力和奉献精神，为国家发展注入源源不断的活力。

3. 促进文化传承与创新

正确的职业价值观强调社会责任和文化传承，引导个体选择与文化传承和创新相关的职业。这种选择有助于推动国家文化的繁荣与发展，让传统文化在现代社会中焕发出新的生机和活力。

(四)对企业的独特价值

1. 提升员工工作积极性和忠诚度

当员工的职业价值观与企业的价值观相契合时，员工的工作积极性和忠诚度会得到显著增强。这种价值观的契合有助于提升企业的凝聚力和竞争力，使企业在激烈的市场竞争中始终立于不败之地。

2. 优化企业文化和氛围

正确的职业价值观注重职业伦理和团队合作，这对于优化企业的文化和氛围至关重要。一种健康、积极的企业文化能够吸引更多优秀人才，促进企业的可持续发展。

3. 提高企业社会形象和声誉

当企业员工的职业价值观强调社会责任和集体利益时，企业的社会形象和声誉会得到显著提升。这种提升不仅增强了企业的社会影响力，还为企业赢得了更广泛的社会认可和支持。

树立正确的职业价值观对个人、社会、国家和企业都具有重要的意义。它不仅能够帮助个体实现职业成功和个人成长，还能够推动社会和谐与进步，支持国家发展战略，提升企业竞争力。因此，大学生应通过学习和实践，树立正确的职业价值观，为实现个人价值与社会价值的统一而努力。

三、如何树立正确的职业价值观

作为国家建设的生力军，当代大学生肩负着建设国家、实现中华民族伟大复兴的中国梦历史使命。在这一伟大征程中，如何树立正确的职业价值观，成为每位大学生必须面对的重要课题。

(一)金钱与职业价值观的平衡

金钱作为成就的回报，在确定职业价值观时是一个不可忽视的因素。对于大多数求职者而言，经济报酬往往是他们考虑就业机会的首要条件。特别是对于那些经济条件较为紧张的大学毕业生，赚钱可能成为他们求职的主要动机。然而，我们必须认识到，对于刚刚步入社会的大学毕业生来说，其知识、能力和经验可能还不足以立即获得丰厚的经济回报。因此，抱有一夜暴富的心态是不切实际的，甚至可能带来风险，使人误入歧途。在当前严峻的就业形势下，理性地调整对金钱的期望值，将个人成长和实现自我价值作为求职的首要目标，显得尤为重要。

(二)职业价值观与个人兴趣及特长的协调

职业价值观、个人兴趣和特长是影响人们职业选择的三个关键因素。在确定职业价值观时，必须充分考虑它们是否与个人的兴趣和特长相匹配。研究表明，如果一个人从事他不感兴趣的工作，那么他在这个职业上取得成功的可能性将大大降低；相反，选择自己热爱的工作可以激发个人的潜能，为职业发展提供源源不断的动力。此外，选择自己擅长的工作领域，往往能够达到事半功倍的效果。

(三)职业价值观的排序与选择

由于人们的职业价值观通常具有多元性，我们常常面临在不同价值观之间进行排序和选择的难题。在现实生活中，我们往往难以同时满足所有期望。因此，理性地对自己的职业价值观进行排序，明确哪些是最重要的，哪些是次要的，就显得尤为关键。这一过程有助于我们明确自己的职业目标，避免在职业选择中陷入迷茫。

(四)个人与社会在职业价值观中的统一

个人与社会是相互依存的，个人的职业价值往往通过其对社会的贡献得以体现。在职业选择中，我们不应忽视个人因素，仅考虑社会责任，这样的做法对个人和社会都是不利的。例如，如果让一个具有科学创造力但不擅长教学的人去从事教师工作，不仅可能导致国家失去一项重要的发明创造，也可能使教育领域失去一名潜在的优秀教师。

(五)淡泊名利与追求名利的平衡

名利是人们普遍追求的一部分，但追求名利应当有度。在没有名利的情况下空谈淡泊名利是不现实的。合理、合法地追求名利，可以在一定程度上促进个人和社会的发展。然而，我们在追求名利的同时，必须保持一定的节制，明确何时该满足，何时该继续努力。如此一来，我们既能实现个人价值，又能为社会作出贡献。

当代大学生在确立和实现职业目标的过程中，应加强自我认知、学习理论知识、积累实践经验、强化思想政治引领，同时寻求指导与支持，不断反思与调整自己的职业规划，树立长远的职业发展目标。通过这些努力，大学生可以更好地实现个人价值与社会价值的有机统一，为国家建设和民族复兴贡献自己的力量。

探索活动

“职业价值观拍卖”活动方案

假设你正在参加一次职业价值观的拍卖活动。请浏览拍卖品清单(见表4-5)，然后决定如何参与竞拍。

拍卖规则：

(1)你手里有1000个生命单位，代表你可以自由投注于职业世界的时间、金钱和精力。

(2)所有拍卖品的底价都是300个生命单位，每次加价幅度必须是100或100的倍数，但单次加价不得超过1000个生命单位。

(3)在正式开始拍卖前，你有5分钟的时间来思考想要购买的拍卖品顺序以及愿意出的最高价格。

(4)活动中的每种拍卖品都由出价最先、最高者购得。

表4-5　**拍卖品清单**

清单内容	预算金额	购得价格	选择(或放弃)原因
有充足的休息时间			
拥有健康			
可以休长假			
工作具有吸引力、受人欢迎			
收入稳定			
有时间照顾家庭			
工作中没有歧视和不公平现象			
符合自己所学专业			
工作中可以做自己喜欢的事情			
具有挑战性			
能获得比较高的社会地位			
工作内容有意义			
有学习的条件，能够督促自己进步			

活动结束后，结合拍卖结果反思：

(1)拍得的项目是否与你原先预定的自认为最重要的项目一致？

(2)若未能购得希望的项目，你有何感想？

(3)你所看中的项目在什么样的职业中能够得到充分体验？

实践环节

有关价值观的填空

1. 完成下面的句子，在空白处填上出现在你脑海中的第一反应。填完后分析一下，所填的这些句子暗示了什么样的价值观？

(1) 如果我有100万元，我将________________。

(2) 我所听到或看到的最好的主意是________________。

(3) 在这个世界上我唯一能改变的事是________________。

(4) 在生活中我最想得到的是________________。

(5) 当________________时，我表现得最棒。

(6) 我最关心的是________________。

(7) 我最想得到的是________________。

(8) 我认为我的父母希望我________________。

(9) 我生命中最大的喜悦是________________。

(10) 我是________________。

(11) 最了解我的人认为我________________。

(12) 我相信________________。

(13) 如果我只剩下24小时的生命，那我将________________。

(14) 我最喜欢的音乐类型是________________。

(15) 我在工作中相处最好的人是________________。

(16) 我的工作必须能给我________________。

(17) 我给我的孩子的忠告是________________。

(18) 我认为最好的电视节目是________________。

(19) 我悄悄地希望________________。

(20) 在学校里，我在________________的时候表现得最为出色。

(21) 如果在一场大火中我只能救出一件东西，那么它将是________________。

(22) 如果我能改变自身的一件事情，那么它将是________________。

2. 完成职业价值观测评，并与上述填空内容相对照，思考职业价值观测评结果与自己所填内容的趋同性，总结出自己最在意的3项职业价值观。

第五章
职业能力概述与培养

知识导航

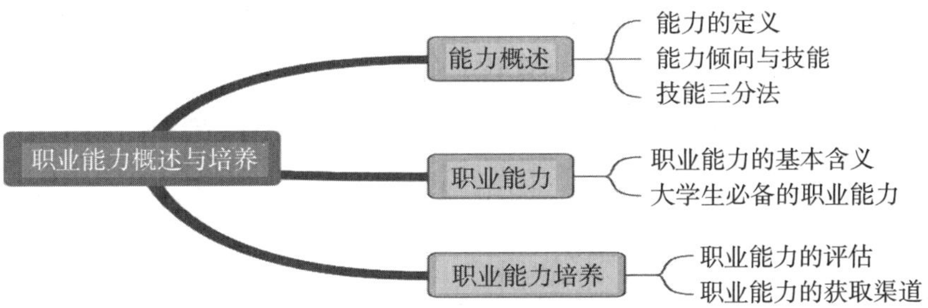

学习目标

知识目标

1. 了解能力的相关概念
2. 掌握技能三分法的构成及分类
3. 熟悉职业能力培养的相关内容

能力目标

1. 能够理解能力与职业选择是紧密联系的
2. 能够结合所学内容和自身能力对未来就业进行综合考量

素质目标

1. 能充分发挥自己的能力优势
2. 能树立正确的理想信念，在大学期间脚踏实地地培养各种职业能力

【案例导入】

莉莎学姐登《非你莫属》舞台觅得合适工作

“语者立身才过人，沙鹰吟啸啸声平。”2024年3月，在天津卫视求职真人秀《非你莫属》的栏目里，一位落落大方的求职者推开通往舞台的大门，边登场边说了这样一句话，并为自己做了一个加油的手势。这个在台上自信地做着自我介绍的求职者，就是某普通高校2024届学前教育专业的毕业生——莉莎学姐。面对8位企业老板的犀利提问，她用积极、乐观、谦逊的表现赢得了嘉宾们的赏识，最终觅得了合适的工作。

“因为对舞台有向往，所以会关注这方面的信息，有机会我就想试一试。”莉莎学姐说。正如所有的高光时刻都是厚积薄发的结果，莉莎学姐在登上《非你莫属》舞台之前，就已在聚光灯下积攒了多年的经验。在学校，她是广播台的台长，是图书馆的“常客”，是国家励志奖学金获得者，是校园活动的组织策划者；在校园外，她是电视台节目主持人、是配音演员、是机构老师，是幼儿园园长助理。她做过模特，参加过综艺节目，还入围了2023年环旅小姐全国赛十强。她是平台上的“小网红”，也是同学眼里的学霸。她拥有幼儿园教师资格证、小学语文教师资格证、计算机一级证书、化妆师资格证，她把能接触到的证书都拿到了。同学们都惊叹于她的精力充沛，而她却更愿意别人叫她“六边形战士”。她总是说，自己不服输，不甘心平凡，在成为更好的自己之前，必须让自己尽可能地强大起来。

这次登上《非你莫属》的舞台，对莉莎学姐来说纯粹是一个偶然。长期的对外接触，让莉莎学姐对舞台有一种特殊的敏感。“最开始只是演艺圈的一则消息，我就投了简历，没想到真的接到节目导演的面试电话，经过层层筛选，最后才上了节目。”莉莎学姐在讲述这些经历的时候，语气平淡，但是没人知道，为了短短18分钟的录制视频，她前前后后准备了足足一个月的时间。无论是配音表演，还是模拟主持，她都一遍一遍地反复打磨。准备期间，莉莎学姐一直怀揣忐忑不安的心情，毕竟这是一档面向全国的卫视节目，万一表现不好，那就“糗大了”，说不定还会影响现在的工作。

最终，莉莎学姐凭借机敏的临场应变能力和自信大方的展示，赢得了在座导师的一致称赞，最终8位导师中有5位向她发出了入职邀请。专家们纷纷祝福莉莎学姐，希望她将来可以继续发扬专业优势，走出更加广阔的一片天地。①

【案例分析】

莉莎学姐的故事生动地展示了职业能力的多维发展和综合应用。她在学前教育专业

① 求职成功！湖北商贸学子登上天津卫视求职节目《非你莫属》[EB/OL].[2024-03-28]. https://k.sina.cn/article_2815164992_a7cc024000101tj1p.html.

上不仅具备扎实的理论基础，还通过丰富的实践经验显著提升了沟通、组织和表演能力。例如，她在学校担任广播台台长，组织策划校园活动，这些经历锻炼了她的领导力和团队协作能力；作为电视台节目主持人和配音演员，她进一步提升了语言表达和舞台表现力。她的多证书背景，包括教师资格证、化妆师资格证等，不仅体现了她对自我提升的持续追求，也展示了她广泛的知识储备和技能多样性。

在《非你莫属》节目中，莉莎学姐的自信、应变能力和专业展示能力得到了企业老板的高度认可。这不仅是对她个人能力的肯定，也反映了职场对综合型人才的青睐。她的成功案例强调了在职业发展中，持续学习、实践积累和综合能力的重要性，为其他求职者提供了宝贵的参考。

第一节　能力概述

“你有什么样的能力?”这是我们在各种面试中经常面临的问题。在完成简历时，我们也深刻感受到，简历中大部分内容是在凸显我们的能力。与兴趣和性格相比，能力是用人单位最关心的问题，也是我们立足社会的根本，是大学生证明自己能否胜任职位的关键。如何发现、培养和展现自己的能力，是在人才市场中脱颖而出的关键因素。

一、能力的定义

能力是一个人能否进入职业领域的先决条件，也是其能否胜任工作岗位的主观条件。在心理学中，能力是个性心理结构特征中的效能系统，关系到心理活动和行为的效率。能力是指直接影响人的活动效率并使活动任务得以顺利完成的、最必需的个性心理特征。能力是先天和后天共同作用的结果，例如，语言能力等是与生俱来的，而演讲、写作、沟通等能力则是通过后天学习获得的。但所有能力都可以通过刻苦学习和实践活动而不断提高。能力是人们成功地完成某种活动的潜能，它不仅指个人现已达到的水平，还包含一个人所具有的潜力。

能力总是和某种活动联系在一起，人的能力是在活动中形成、发展和表现出来的。我国古代思想家王充在《论衡·实知篇》中指出：“施用累能”“科用累能”，即能力是在使用中积累的，从事不同职业活动的人积累不同的能力。苏联著名戏剧家斯坦尼斯拉夫斯基也说：“没有顽强的、细心的劳动，即使是有才华的人也会变成绣花枕头似的无用的玩物。”这都突出了实践活动在能力形成和发展中的重要作用。职业能力和职业实践互为因果，从事一定的职业活动需要具备一定的能力作前提，但在实践过程中不断出现的新问题、新要求则会促使相应能力水平持续提高。因此，每个人只有在活动中努力发现和积极培养自己的能力，才能为今后从事的职业活动做好充分准备。

能力是个性心理特征的综合表现。绝大多数的活动需要多种能力相互配合，仅具备单一的能力往往无法完成任务。例如，学生在学习时，需要记忆力、理解力和概括能力等多种能力共同作用；外交官从事外交工作时，需要灵活而敏捷的思维、较好的语言表达能力和较强的记忆能力；飞行员参与飞行训练时，需要良好的直觉辨别能力、注意力分配能力，同时还需要动作反应灵活协调、情绪稳定、意志坚强等心理品质。这些心理品质都属于能力的不同方面。每一种职业活动都需要特定的能力组合，能力倾向会影响个体的职业发展。

能力存在个体差异，这表现在质和量两个方面。在实质上，每个人都有自己的特殊能力。例如，有的人擅长绘画和音乐，有的人擅长运算和分析，有的人有过目不忘的能力，有的人想象力超群。另外，就同种能力而言，个体间也存在差异。例如，言语能力方面，不同的人在形象性、生动性或逻辑性等方面各有所长，这都适合于不同职业活动的要求。在量上，职业能力的个体差异主要表现在能力的发展水平和发展速度的差异。从发展水平上来看，人的能力会有大小高低之分，这种差别集中表现在人的工作效率和成就水平上。例如，20 世纪 40 年代，美国福特公司由于老福特缺乏管理方面的才能，每况愈下，1945 年竟每月亏损 900 多万美元，整个组织濒临破产。同年，老福特退休后，他让受过高等教育且颇有管理才能的孙子亨利·福特(小福特)接班，结果当年就扭亏为盈，赚了 2000 万美元。经过几年努力，福特公司又重振雄风，资本总额竟高达 116 亿美元，使福特家族成为美国最富有的家族之一。盈亏之别，在于老、小福特管理能力高低的不同。表 5-1 显示了七种类型的职业能力及其对应的职业类型。

表 5-1 **职业能力及对应的职业类型**

职业能力类型	特　　点	对应的职业类型
操作型职业能力	以操作能力为主，能够运用专业知识或经验，掌握特定技术或工艺，并形成相应的职业技能与技巧	打字、驾驶汽车、种植、操作机床
艺术型职业能力	以想象能力为核心，能够运用艺术手段再现社会生活，并塑造某种艺术形象	写作、绘画、演艺、美工
教育型职业能力	运用各种教育手段传授知识与思想，或组织受教育者进行知识与态度学习	教育、宣传、思想政治工作
科研型职业能力	以人的创造性思维为核心，通过实验研究、社会调查和资料检索等方法，进行新的综合、发明与发现	研究、技术革新与发明、理论研究
服务型职业能力	以敏锐的社会知觉能力和人际关系协调能力为核心，借助人际交往或直接沟通，使顾客获得心理满足	商业、旅游业、服务业等
经营型或管理型职业能力	具备卓越的决策能力，能广泛收集信息，并独立进行应变、决策与谋略制定	厂长、主任等管理领域及各行各业负责人岗位
社交型职业能力	擅长人际关系协调，深谙人情世故，精通人际吸引规律，善于周旋、协调，能有效促成合作	联络、洽谈、调解、采购

从能力的发展速度来看，个体差异主要表现在职业适应性的强弱、职业技能转换的快慢以及成就出现的早晚三个方面。例如，有人能迅速适应不同职业角色，干啥像啥；有人则稳定性较强，不适应变动；有人少年得志，有人则大器晚成。这种差异不仅存在

于不同个体之间，不同类型的能力在发展速度、衰退周期上也存在显著区别。研究显示，不同职业的创造力高峰存在明显差异：化学家为26~36岁，数学家为30~39岁，心理学家为30~39岁，声乐工作者为30~34岁，诗歌创作者为25~29岁，绘画者为32~36岁，医学工作者为30~39岁。

在职业生涯规划中，能力和兴趣是两个相互独立又密切关联的关键要素。兴趣反映个体对事物的好恶倾向，体现主观偏好；能力则表征个体完成某项任务的实际本领。举例而言，我们可能非常欣赏李白的诗或苏轼的词，但这并不意味着我们可以像他们一样妙笔生花。能力与兴趣的互动关系体现在：个体可能拥有多项能力，但对其中的某些能力特别感兴趣，而对另一些则兴趣索然。对于感兴趣的能力，个体会更主动地运用和提升；反之，那些不被重视的能力则可能因缺乏练习而逐渐弱化。例如，某人同时具备游泳和网页设计的能力，但对前者毫无兴趣甚至产生厌倦，尤其是在经历多次游泳比赛后，自然会将更多精力投入到网页设计技能的提升中。

自我效能感是与能力密切相关的另一个重要概念，它指个体对自身能否成功完成特定任务的信心程度。研究表明，在现实生活中，影响个体行为表现的关键因素往往不是实际能力水平，而是自我效能感的高低。以性别薪酬差异为例，研究发现女性在数学相关领域的薪酬劣势，部分源于她们对自身数学能力的信心不足，这种信心缺失导致她们在该领域的投入减少，而非先天的能力缺陷。日常生活中，我们也常见到一些实际能力出色却因自我效能感低下而畏首畏尾，无法充分发挥潜能的案例。作为预测个体行为表现的首要指标，自我效能感直接影响个体的行为选择：具有较高自我效能感的个体往往更积极主动，这种“我能行”的信念体现了对环境的掌控感。从外在表现来看，自我效能感与自信心高度相关，共同构成影响个体发展的重要心理因素。

二、能力倾向与技能

人的能力是多种多样的，研究者从不同角度对其进行了分类，按照能力的获取方式（先天具有与后天培养），能力可分为能力倾向和技能。

（一）能力倾向

能力倾向，亦称智力，指每个人与生俱来的特殊才能，如音乐、绘画、运动能力等。它是上天赋予个体的特殊天赋，既可能得到充分施展，也可能因未被开发而荒废，因此属于一种潜能。例如，有人说“你具有运动方面的天赋”，在此语境下，能力倾向意味着学习某项技能的能力，即“当前可能尚未具备或尚未熟练掌握该项能力，但相比他人，你拥有更容易掌握它的潜力”。所以，能力倾向反映的是个体的潜在能力，常用于描述个体在某一知识或行为领域先天具备的异于他人的能力或倾向。能力倾向表明个体当前的能力或许有限，但可挖掘的潜力却是无限的。这种潜能经过训练后，有助于个体获得某种知识或行为能力。由于能力倾向是与生俱来的，在职业生涯规划中，它并非探索重点，但绝不能忽视对其的开发与培养，以免重蹈“伤仲永”的覆辙。实际上，人与人之间不存在谁更聪明的问题，只是不同个体在不同方面表现出不同的聪明程度以及聪明方式。每个人都是独特且出色的，俗话说“天生我材必有用”，我们要做的就是充分利用上天赋予的才能，避免浪费。

拓展阅读

多元智力论

对于人的天赋，传统的智力理论认为人类的认知是一元的、个体的，智力是单一的、可量化的，并且通常以语言能力和数理逻辑能力为整体评判的标准，也就是人们所说的IQ。1983年，美国哈佛大学教授、发展心理学家加德纳反驳了传统智力理论的观念。他把智力定义为“在某种社会和文化环境的价值标准下，个体用以解决自己遇到的真正难题或生产及创造出某种产品所需要的能力”。他认为，一方面，智力不是一种能力而是一组能力；另一方面，智力不是以整合的方式存在，而是以相互独立的方式存在。在此基础上，他阐述了自己关于智力的种类及其基本性质的多元智能理论。加德纳认为，智力是由同样重要的多种能力而不是一两种核心能力构成，并且各种能力不是以整合的形式存在，而是以相对独立的形式表现出来的。这一理论被称为多元智力理论。加德纳的研究表明，人类有八大智能(见图5-1)。

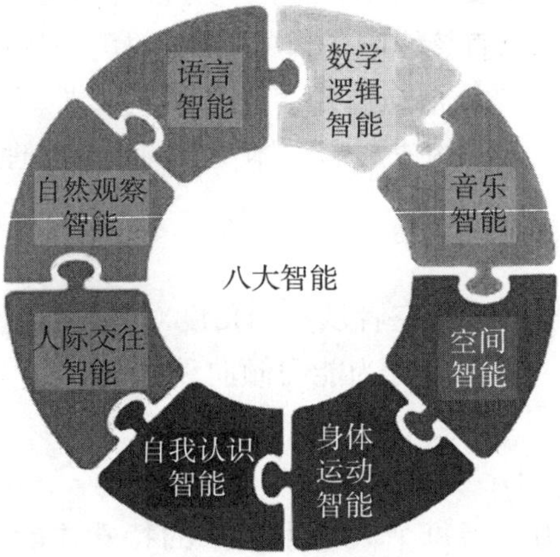

图5-1 八大智能

(1)语言智能。

语言智能是指有效运用口头语言及文字的能力，表现为听说读写的能力，以及运用语言描述事件、表达思想和与人交流的综合能力。

该智能在作家、演说家、记者、编辑、节目主持人、播音员、律师、脱口秀演员等职业中表现突出。典型代表包括从记者转型为政治家的丘吉尔，以及央视著名主持人白岩松。

(2)数学逻辑智能。

数学逻辑智能是指运算和推理的能力，表现为对事物间各种关系(如类比、因果和逻辑关系)的敏感性，以及通过数理运算和逻辑分析进行思维的能力。

该智能在科学家、工程师、数学家、会计等职业中表现突出。典型代表包括爱因斯坦、马克·扎克伯格和巴菲特。

(3)音乐智能。

音乐智能是指感受、辨别、记忆和表达音乐的能力，表现为对节奏、音调、音色等音乐要素的敏感性，以及通过创作、演奏等方式表现音乐的能力。

该智能在作曲家、指挥家、演奏家等音乐相关职业中表现突出。典型代表包括莫扎特、贝多芬等音乐大师，以及我国著名钢琴家郎朗。

(4)空间智能。

空间智能是指感知、理解和操作物体空间关系的能力，表现为对形状、结构、色彩等视觉要素的敏感性，以及通过图形、造型进行空间表达的能力。

该智能在建筑师、设计师、外科医生等职业中表现突出。典型代表包括画家毕加索、达·芬奇，以及上海世博会中国馆设计师何镜堂。

(5)身体运动智能。

身体运动智能是指运用身体动作表达思想和操作物体的能力。具有这种智能的人通常喜欢动手实践，善于运用肢体语言。

该智能在运动员、舞蹈家、外科医生等职业中表现突出。典型代表包括刘翔、姚明和迈克尔·乔丹。

(6)自我认识智能。

自我认识智能是指认识和理解自我的能力，表现为对自身情绪、动机的觉察，以及在此基础上形成自律、自制的能力。

该智能在哲学家、心理学家、教育家等职业中表现突出。典型代表包括我国古代思想家孔子。

(7)人际交往智能。

人际交往智能是指个体理解他人情绪、意图并建立良好人际关系的能力，表现为准确感知他人情感状态、恰当回应他人需求以及有效开展人际互动的综合能力。

该智能在教师、律师、销售人员、公关人员、管理者等需要频繁人际互动的职业中表现突出。典型代表包括以出色沟通能力著称的央视主持人撒贝宁。

(8)自然观察智能。

自然观察智能包含社会探索和自然探索两个维度。社会探索维度表现为对社会变迁、历史发展和文化现象的敏锐观察力；自然探索维度则表现为对动植物及其他自然要素(如地质、气象等)的认知能力。

该智能突出者在人类学、历史学、生物学、农业等领域往往有卓越表现。

(二)技能

《心理学大词典》把技能定义为“个体运用已有的知识经验，通过练习而形成的智力活动方式和肢体动作方式的复杂系统”。它是一种有效解决问题的能力，是经过后天学习和连续训练形成的、能够完成特定任务的动作系统，如阅读、人际交往、语言表达等。技能可以是很简单的，如修理水龙头这样的生活技能，也可以是研发高精尖设备这样的复杂技能。在个人成长的过程中，我们从什么都不会做的婴儿成长为能够独立生活、倾听、观察、表达、行走、写字、阅读的成年人，其实已经掌握了许多技能，只是往往未能意识到这一点。因此，我们常常会说：“我上了四年大学，却好像什么技能都没有学会。”

技能与知识不同，知识可以通过语言文字等形式直接传授，而技能必须通过亲身实践并坚持练习才能掌握。一旦停止练习，技能很容易变得生疏，所谓“熟能生巧”，说的就是技能的发展过程。正如卖油翁所言：“无它，惟手熟尔。”技能根据熟练程度可分为水平较低的初级技能和水平较高的技巧性技能。初级技能是指能够完成某项任务但尚未达到熟练水平；而技巧性技能则是通过有目的、有组织的反复练习，使动作趋于自动化、完善化的高水平技能。

在现实生活中，个人的能力水平往往是能力倾向与技能共同作用的结果。许多成功人士的经历表明，先天禀赋与后天努力共同构成了成功的基石。然而，我们也要注意两者的区别。生活中，我们常听到有人说“我这方面能力不行”，此时需要分辨：究竟是缺乏天赋，还是因缺乏条件和机会而未得到系统训练？这需要具体问题具体分析。事实上，演讲能力、组织能力、人际交往能力等都可以通过后天练习培养和提升。正如俗话所说，“勤能补拙”“笨鸟先飞”，先天的不足可以通过加倍努力弥补。例如，邓亚萍作为乒乓球运动员的先天条件并不突出，但她凭借刻苦训练，最终取得了卓越成就。

事实上，每个人都具有无限的学习和成长潜力，但许多人在成年后便停滞不前。如果我们能像孩子一样勇于学习、勤于练习，并不惧失败与挫折，许多技能都可以通过刻意练习掌握。在信息化时代，大学生完全可以通过多种途径提升自己，如线上课程、讲座、阅读、向成功人士请教等，学习能力提升的技巧，并抓住一切机会进行职业技能训练。深入了解自身已具备和欠缺的技能，正是本章节的重点。

三、技能三分法

对个人技能的认识，需建立在对技能分类的清晰了解之上。美国学者辛迪・梵和理查德・鲍尔斯将技能划分为三种类型：一是专业知识技能；二是可迁移技能(亦称通用技能)；三是自我管理技能。提到技能，人们通常较容易想到自身所具备的专业知识技能，但实际上，后两种技能更为关键。它们使我们能够突破所学专业的局限，在更广泛的职业领域中进行选择，在竞争中脱颖而出，并在工作中实现长久发展。用人单位对可迁移技能、自我管理技能的重视程度，往往超过对专业知识技能的重视。

(一)专业知识技能

专业知识技能是指那些需通过专门教育或培训才能获得的、具有一定专业性和系统性的知识或能力。以招聘启事为例，其中“本科以上学历，体育相关专业”等要求考查的便是应聘者的专业知识技能。这些技能通常与专业学习或工作内容直接相关，体现为个人所掌握的专业知识，如英语语法、营销理论或医学知识等，一般用名词表示。

专业知识技能具有不可迁移性，它们是特定的术语、程序和学科内容，需经过有针对性的专门培训才能掌握。例如，掌握英语语法并不意味着知晓德语语法；掌握管理学知识也不等同于掌握医学知识。由于专业知识技能与所学专业紧密相连，许多对本专业缺乏兴趣的大学生往往陷入两难境地：一方面，他们认为求职应“专业对口”，但又不愿从事相关工作；另一方面，若“专业不对口”，又担心自己与专业出身的竞争者相比处于劣势，难以跨越专业鸿沟。此时，考研改专业似乎成为唯一出路。

然而，专业知识技能并非只能通过正式学历教育获得。除学校课程外，课外培训、专业会议、讲座、研讨会、自学、资格认证考试等方式，均可助力个人获取知识技能。此外，业余爱好、娱乐休闲、社团活动、岗前培训、在职教育等亦有助于提升个人的知识技能。例如，某知名会计师事务所在新员工入职第一年，会针对非专业学生补充财会基础知识。由此可见，即便是一些专业要求较高的职业，其所需技能也可在入职后通过培训掌握。实际上，大型企业往往更看重个人的综合素质（自我管理技能与可迁移技能），而非现有专业知识。不少外企在校园招聘时，已不再区分学生的专业背景。

（二）可迁移技能

可迁移技能指的是个人在某一种环境中获得，并可以有效地移用到其他不同环境中去的技能，是个人能够持续运用和最能够依靠的技能。例如，一个学生平时能言善道、善于沟通，担任班委后能有效与同学沟通、组织开展课余活动、协助老师进行班级管理，其所具备的沟通、组织、管理等技能也可迁移至未来的工作及生活中。可迁移技能主要是个人在日常生活和活动中获得的，可以在多个不同领域得到进一步完善和增强。因此，我们可通过多种途径发展可迁移技能，如专业训练、实习培训、参与社会实践、归纳总结、平时观察学习和模仿体会、社团活动等。

随着信息时代的快速发展，新技术层出不穷，知识更新周期不断缩短，这使得持续学习新知识技能成为时代必然要求。以移动通信技术为例，20 世纪 90 年代前人们对手机、电脑还十分陌生，如今这些设备已成为生活必需品，相关行业知识更是近 20 年才兴起并持续演变的领域。这种背景下，“终身学习”理念日益凸显，“学习能力”作为关键的可迁移技能，其重要性已超越特定专业的硕士学位等知识技能的获取。

与需要持续更新的专业知识技能不同，可迁移技能具有持久的适用性，能够适应个人发展需求和工作环境的变化。以沟通表达能力为例，这项在公开演讲中培养的技能，同样适用于企业宣传、教学培训等多种场景。值得注意的是，可迁移技能会随着工作经验和生活阅历的积累而不断提升。由于其在多领域的通用性，其战略价值不容低估。事实上，专业知识技能的有效运用往往依赖于可迁移技能的支撑。以英语专业为例，专业知识本身并不能决定职业方向——是选择翻译、教学、文学创作还是外交工作？翻译工作需要信息整合能力，教学和外交需要出色的表达能力，文学创作则依赖深入的调查研究能力。这些职业选择本质上都是通过不同的可迁移技能来实现英语知识的应用。

这种特性为职业发展提供了新的可能性。在求职过程中，即便个体缺乏特定岗位的直接经验，只要具备该岗位所需的核心技能组合，就足以证明其具有任职资格。这意味着非科班出身者完全可以跨领域发展，特别是在那些更看重可迁移技能而非特定知识技能的岗位上。例如，一位非营销专业但具备卓越人际交往能力的求职者，若有校园代理经历并在区域销售竞赛中表现优异，从可迁移技能的角度看，这完全能够支撑其胜任销售岗位的申请。

用冰山理论来比喻，专业知识技能只是水面之上可见的部分，而决定知识运用效果的，则是潜藏在水面之下的由可迁移技能和自我管理能力组成的“冰山基座”。

在职业规划过程中，应当优先系统梳理个人的可迁移技能体系。一个成熟的职场人士通常掌握着丰富的可迁移技能：从基础的协作、组织、计算能力，到专业的操作、设计、分析能力，再到关键的沟通技能如倾听、说服、谈判等。这些能力构成了职业竞争力的核心要素，具有跨行业、跨岗位的通用价值。在制定职业发展策略时，应当重点培育这些技能。建议参考可迁移技能词汇表(见表5-2)，系统识别并发展自身最具优势的可迁移技能组合。

表5-2　**可迁移技能词汇表**

培养	鼓励	声称	编辑	决定	忍耐	学习
喂养	分享	生产	撰写	最大化	阅读	最小化
统治	交谈	总结	趋向	举例	描绘	识别
达到	建设	执行	运送	协调	证明	领导
促进	诊断	表达	提问	操纵	演讲	减少
监督	航行	研磨	观察	研究	安装	摄影
传授	指导	洞察	适应	开玩笑	攀登	保存
计算	探索	发明	阐述	测量	驾驶	推理
示范	仲裁	修理	支持	操作	改造	增加
绘画	证实	分类	分析	绘制	驾驶	管理
做广告	烹调	训练	申请	计数	比较	展示
纠正	推荐	评价	劝告	打扫	预测	联络
评估	定义	构成	计算	集中	设计	证明
权衡	探测	调和	倾听	编程	提升审核	建立
估计	发展	美化	填充	校对	解释	讨价还价
评估	评述	预算	演出	运送	简化	激励
装配	融资	调整	制造	管理	收集	建议
募捐	维修	装载	定位	宣扬	推/拉	会见

续表

培养	鼓励	声称	编辑	决定	忍耐	学习
测量	调停	证明	保护	提供	预见	调解
记忆	追随	交际	唱歌	绘图	分类	精简
研究	记录	给予	系统化	修改	教导	恢复
回忆	移动	想象	指导	现代化	讲述	处理
收获	列表	呈递	适时	治愈	遵守	指示
商讨	帮助	记起	设想	种植	招聘	审视
合成	引导	激发	前进	喂养	获得	测验
解决问题	贸易	影响	包装	改写	教导	拍摄
解决	即兴表演	修复	战胜	修改	参加	发起
倡导	组织	培训	翻译	旅行	治疗	冒险
感觉	升级	回顾	创造	节省	理解	通知
检查	航行	解释	播种	种植	统一	鼓舞
打磨	面试	坚持	放置	报告	安排	记录
纺织	革新	更新	招待	保存	发明	互动
精确化	印刷	改进	计划	调查	缝纫	找回
挑选	玩耍	描述	做志愿者	准备	工作	编织
说服	销售	建立	加工	介绍	打字	发明
雕塑	理解	洗涤	判断	展示	塑造	写作
使用	安顿					

(三)自我管理技能

自我管理技能是指个体在不同环境中有效管理自己的能力，包括是否创新精神、工作态度、抗压能力、职业热情和自信心等方面。这些能力可以通过持续训练得到提升，帮助个人更好地适应环境变化。

良好的自我管理技能是个人获得成功所需具备的重要品质，也是个人最宝贵的财富。自我管理技能的习得通常需要经历认同、模仿和内化三个阶段，并通过反复练习来巩固。对于大学生来说，在校期间有意识地培养这些能力尤为重要。值得注意的是，自我管理技能具有明显的可迁移性，能够从日常生活自然延伸到工作领域。这类技能主要依靠日常实践来培养，而不是通过专门的课程学习。

在职场中，个人如何运用专业知识、以什么态度工作，往往比工作内容本身更重要。良好的自我管理技能能够帮助个人在竞争中脱颖而出，获得工作机会，快速适应新环境，最终取得职业成就。目前企业普遍高度重视员工的自我管理技能。调查现实，在实际工作中，很多人离职或被解雇，往往不是因为专业能力不足，而是缺乏良好的自我管理能力。因此，建议大学生参考自我管理技能词汇表（见表5-3），有针对性地培养自我管理技能。

表5-3　　**自我管理技能词汇表**

学术性强的——勤学的，博学的	精确的——准确的，正确的
活跃的——活泼的，精力充沛的	野心勃勃的——有抱负的，有决心的
好分析的——逻辑的，批判的	适合的——灵活的，适应的
感谢的——感激的，感恩的	精通的——娴熟的，内行的，熟练的
着重的——强调的，有力的，有把握的	平静的——沉着的，不动摇的，镇定的
有条理的——有效率的，勤勉的	心胸开阔的——宽容的，开明的
平衡的——公平的，公正的，无私的	吸引人的——漂亮的，英俊的
健壮的——强壮的，肌肉发达的	有能力的——熟练的，高效的
有远见的——明智的，有预见的	聪明的——伶俐的，敏锐的，敏捷的
喜悦的——高兴的，快乐的，欢快的	正直的——直率的，坦率的，真诚的
热情的——热切的，热烈的，兴奋的	博学的——消息灵通的，有文化修养的
机敏的——警戒的，警惕的，警觉的	能说会道的——善于表达的，擅长辞令的
艺术的——美学的，优美的	胆大的——勇敢的，冒险的
随和的——放松的，随意的	有效的——多产的，有说服力的
有效率的——省力的，省时的	雄辩的——鼓舞人心的，精神饱满的
精力充沛的——活泼的，活跃的	有感情的——感动的，多愁善感的
同情的——理解的，关心的	留心（细节）的——观察敏锐的
坚持己见的——坚定的，坚持的	坚定的——不屈不挠的
有力的——强大的，强壮的	有信心的——自信的，有把握的
竞争的——好斗的，努力奋争的	流行的——时髦的，走俏的，现行的
公平的——无私的，无偏见的	清楚的——明白的，明确的，确切的
富于表现力的——生动的，有力的	讲道德的——体面的，有德行的，有道德的
慷慨的——乐善好施的，仁慈的	有能力的——有竞争力的，内行的，技艺精湛的
前后一致的——稳定的，有规律的，恒定不变的	志趣相投的——愉快的，融洽的
灵活的——适应性强的，易调教的	考虑周到的——体贴的，亲切的
合作的——同意的，一致的	朴素的——节俭的，节省的，节约的

续表

常规的——传统的，认可的	合礼仪的——适当的，有礼貌的，得体的
仔细的——谨慎的，小心的	大方的——慷慨的，无私的，乐善好施的
亲切的——真诚的，友好的，和蔼的	有勇气的——勇敢的，无畏的，英勇的
温和的——好心的，温柔的，有同情心的	周到的——有礼貌的，彬彬有礼的，体贴的
吃苦耐劳的——坚强的，坚忍不拔的	乐群的——爱交际的，友好的
健康的——精力充沛的，强壮的，健壮的	有秩序的——整洁的，训练有素的，整齐的
好交际的——随和的，亲切的	有帮助的——建设性的，有用的
诚实的——真诚的，坦率的	有希望的——乐观的，鼓舞人心的
民主的——平等的，公平的，平衡的	幽默的——诙谐的，滑稽的，可笑的
坚决的——坚定的，果敢的	勤奋的——努力的，忙碌的
有知识的——有学者风范的	灵巧的——灵活的，敏捷的，机敏的
智慧的——聪明的，见识广的，敏锐的	特意的——有目的的，故意的
独特的——唯一的，个性化的	有文化的——博学的，好学的
通晓的——了然的，客气的	负责的——充分考虑的，成熟的，可靠的
反应灵敏的——活泼的，反应迅速的	自发的——首创的，足智多谋的
敏感的——易受影响的，敏锐的	严肃的——冷静的，认真的，坚决的
稳定的——坚固的，稳固的，可靠的	开放的——接纳的，客观的
高大结实的——强有力的，强健的，肌肉发达的	独创的——创造性的，罕有的
随和的——友好的，好交际的，温暖的	充满热情的——狂喜的，强烈的，热心的

第二节　职业能力

职业能力是在实践的基础上得以发展和提高的。一个人长期从事某一专业劳动，能促使人的能力向高度专业化方向发展。例如，一名企业的行政人员，随着工作的熟练和经验的积累，不仅在日常事务处理上变得更加得心应手，而且随着对企业了解的深入，在职业能力上也实现了显著的提升。个体的职业能力只有在实际工作中才能不断得到发展、提高和强化。

一、职业能力的基本含义

职业能力是人们从事某种职业所需具备的多种能力的综合。例如，一位教师不仅需要具有语言表达能力，还必须具有对教学的组织和管理能力、对教材的理解和使用能力，以及对教学问题和教学效果的分析、判断能力等。

如果说职业兴趣或许能决定一个人的择业方向，以及在该方面所乐于付出努力的程度，那么职业能力则能说明一个人在既定的职业方面是否能够胜任，也能说明一个人在该职业中取得成功的可能性。

(一)职业能力的构成

职业能力是多种能力的有机综合体，根据其适用范围和功能特征，可将其划分为一般职业能力、专业能力、职业综合能力三大类。

1. 一般职业能力

一般职业能力是指从事各类职业活动所需的基础性能力，主要包括：

(1)基本认知能力：学习能力、语言文字运用能力、数字运算能力、空间判断能力、形体知觉能力等。

(2)身体协调能力：手部灵巧度、手眼协调能力、颜色辨别能力等。

(3)社会适应能力：人际交往能力、团队协作能力、环境适应能力以及心理承受能力等。

这些能力是从事任何职业都需要具备的基础素质。

2. 专业能力

专业能力特指从事某一特定职业所需的专门知识和技能。在人才选拔过程中，用人单位非常重视求职者是否具备岗位所需的专业能力。例如：从事教师岗位，需要具备教学设计与实施能力；从事会计岗位，需要具备财务处理能力；从事程序员岗位，需要具备编码能力。专业能力直接决定个体能否胜任具体工作岗位。

3. 职业综合能力

职业综合能力是现代职场特别重视的核心竞争力，也是个人所需具备的关键能力，主要包括跨职业专业能力、方法能力、社会能力、职业道德四个方面。

(1)跨职业专业能力，涉及数学建模与测量分析能力、计算机操作与应用能力、外语应用与跨文化沟通能力等。

(2)方法能力，涉及信息获取与处理能力、计划制订与执行能力、自我评估与反思能力等。

(3)社会能力，涉及团队协作与领导能力人际沟通与冲突解决能力、公正判断与自我管理能力等。

(4)职业道德：涉及职业责任感与诚信意识、敬业精神与专业操守、精益求精的工作态度等。

随着市场经济的发展和法律体系的完善，职业道德在人才评价体系中的重要性日益凸显。具备良好职业道德的专业人才将获得更多发展机会和社会认可。

(二)职业能力对职业的影响

职业能力对个人职业的发展具有决定性影响，主要体现在以下三个方面：

1. 职业能力决定职业选择空间

职业能力是胜任特定岗位的必要条件。现代企业的招聘要求明确显示，每个岗位都有相应的能力标准。以 IT 行业为例，开发岗位要求编程能力，设计岗位需要视觉表达能力。个人职业能力的构成直接决定了其可能从事的职业范围。职业指导实践表明，通过专业评估(包括学历分析、资格认证、心理测试等)准确认知自身能力优势，能显著提高职业选择的适配性。

2. 职业能力影响职业发展质量

职业能力水平与工作绩效呈正相关关系。较强的综合职业能力不仅能保障基本工作任务的完成，更能促进创新性成果的产生。数据显示，在同等条件下，职业能力综合评分较高的从业者，其职业晋升速度平均快 1.5—2 年。特别是在方法能力和社会能力方面表现突出者，更容易获得团队领导和项目管理的机会。

3. 职业能力制约职业成就高度

职业能力的发展程度直接关系到个人职业成就的上限。持续的实践锻炼和系统培训是提升职业能力的关键路径。以同声传译人员为例，其专业能力需要通过数千小时的实践训练才能达到行业标准，而顶尖译员往往还需要额外的专项培训。职业能力与职业成就是相互促进的关系：能力提升带来更高成就，而职业成就的获得又会激发进一步的能力发展需求。

二、大学生必备的职业能力

现代社会是一个重能力的社会，任何一个机构在选人用人的时候，都不会忽视能力的价值，因为能力是完成一切工作、创造效益的基础。当今社会究竟需要大学毕业生具备什么样的职业能力?

“企业要求的人才不是应试人才，而是做事人才。”本书第一章案例人物——红宝石国际物流公司、红宝石钢铁公司、红宝石国际贸易公司创始人罗学姐这样说。用人单位对人才的要求各有不同，但很多要求是相同的，主要有以下几种。

(一) 理论知识和学习能力

扎实的理论知识是大学生胜任未来工作的根基，既包括对本专业核心概念、原理与方法的系统掌握，也涵盖跨学科的通识积累；与此同时，还必须具备将这些静态知识转化为动态学习的能力——面对技术迭代与岗位变化，能够持续更新、迁移并整合新旧知识，最终形成可扩展的个人知识体系，为科研、教学或生产实践提供持久支撑。

(二) 适应环境能力

适应环境能力是指大学生在离开校园后，面对求职、入职、搬迁、角色转换等一系列新情境时，能够快速调整自我、融入团队并持续成长的心理与行为素质。它既反映个人的思想品德、知识储备和创造潜能，也体现为对新规则、新文化、新技术的高度敏感与学习能力。唯有具备良好的适应力，才能在不断变化的社会环境中迅速站稳脚跟，进而为个人发展和组织贡献打开空间。

（三）社会交际能力

社会交际能力是指大学生在求职、入职及后续职业生涯中，主动建立并维护人际关系的本领。它无法从课本直接获得，只能在一次次真实互动中习得：大胆开口、准确倾听、及时反馈，进而与他人形成心理上的“相通感”。具备这一能力，才能拓宽信息渠道、赢得合作信任，为找工作、做项目、促发展奠定坚实的人脉基础。

（四）语言表达能力

语言表达能力是把思考转化为影响力、把方案转化为成果的关键。它贯穿于学习、工作与社会交往的全过程：敢于开口是起点，广泛阅读与深入思考保证“有话可说”，而因人、因时、因境调整措辞则决定表达的成效。唯有兼具勇气、内容与技巧，大学生才能在信息密集、竞争激烈的环境中脱颖而出。

（五）动手能力

动手能力是把“纸面知识”变成“实际成果”的“最后一公里”。无论将来从事科研、教学还是一线技术管理，大学生都必须能在实验台、生产线或项目现场亲自操作、验证与优化方案。只有手脑并用、知行合一，才能让理论真正落地，进而决定个人发展空间的高度。

（六）竞争能力

竞争能力是大学生在资源有限、机会稀缺的环境中脱颖而出的综合能力。它首先服务于个人成长与社会进步，既是自我突破的引擎，也是推动行业创新的动力；其次，它是实力的公开较量——技能储备越丰富、机会嗅觉越敏锐、展示勇气越充分，越能在关键时刻抢占先机；最后，它更是对人格的试炼——唯有在激烈的比拼中保持健康、积极的心态，守住诚信与合作的底线，才能让竞争成为成就自我而非消耗自我的源泉。

（七）专业能力

专业能力是大学生在特定领域“立得住”的硬功夫。它既要求选对与自身兴趣和市场需求相匹配的主攻方向，更要求在短时间内深耕核心课程、熟练运用至少一门关键技能，形成可验证的专业成果。只有专业知识与岗位需求精准对接，才能在最短时间内完成从“大学生”到“职场人”的身份转换，为后续职业发展奠定坚实基础。

综上所述，这七项能力是当代大学生必备的职业能力。只有具备了这些能力，才真正意味着大学生综合能力的提升，也才能在激烈竞争中游刃有余。

第三节　职业能力培养

能力并非与生俱来，而是可以通过刻意练习和不断锻炼来获得或提升。那么，能力究竟是如何锻炼出来的呢？或许人们尚未充分意识到，能力正是在克服重重困难、历经种种磨难、跨越无数挫折的过程中逐步练就的。以帝王蛾为例，其破茧而出的能力以及展翅高飞的能力，都是在破茧的艰难过程中锤炼而成，正所谓“吃得苦中苦，方为人上人”。因此，在职业能力的评估与探索过程中，我们不仅要了解自身的能力状况，还需做到知己知彼，如此才能更好地规划职业发展路径。

一、职业能力的评估

准确认识自我并非易事，人们往往更倾向于关注外部世界，而忽视了对自身的内省与反思。然而，深入了解自己的职业能力和技能，对于我们在工作中扬长避短、充分发挥优势至关重要。在职业技能的探索与评估过程中，我们可以尝试以下几种方法：

(一)利用可衡量的业绩

通过分析个人所取得的业绩或成就，可以有效衡量其职业技能是否契合企业需求。例如，学习成绩在全年级排名前三、连续三年荣获国家奖学金、作为学生会干部辅助老师完成职业技能鉴定培训工作、兼职化妆品销售员时使该地区销售额提升5%等，这些具体且可量化的成果能够直观地反映个人在特定领域的能力水平。

(二)利用他人的认可

成绩单、获奖证明、实践报告单、实习证明、工作经历表等材料，能够证明个人在特定时间和地点所经历的事项，进而判断其是否具备用人单位所需的专业知识技能、可迁移技能以及自我管理技能。此外，领导或同事的口头表扬、工作岗位的晋升等，也是他人认可的重要体现，为职业能力的评估提供了有力依据。

(三)利用技能词汇表

借助专业知识技能词汇表(见表5-2)、可迁移技能词汇表(见表5-3)以及自我管理技能词汇表，个人可以系统地梳理自身所具备的技能，并进行归纳总结。这种方法有助于明确个人优势所在，为职业规划提供有力支持。

(四)利用测评表

运用职业技能测评工具，可以对个人现有技能水平进行测验，而非仅关注潜在能力。例如，明尼苏达工程类推测验、DAT语言使用测验、SRA听写技巧测验等，能够评估个人在特定领域的技能掌握程度。此外，职业能力倾向测验可判断个人能力在某一职业中得以发挥的可能性；盖洛普优势测评则有助于个人发现并发挥自身优势。这些测评方法为职业能力的评估提供了科学依据。

(五)编写与分析成就故事

回顾个人所取得的成就，即那些自己认为成功且感觉良好的事情，这些成就不仅限于学习或工作领域，还可包括业余生活、社团活动、家庭生活等方面。成就事件不必惊天动地，如克服一个坏习惯、为朋友出谋划策、帮助一位陌生老奶奶等，只要是自己喜欢且做完后感到自豪的事情，均可视为“成就”。在撰写成就故事时，可采用 STAR 方法，即涵盖以下方面：当时的情景(Situation)、面临的任务/目标(Task/Target)、采取的行动/态度(Action/Attitude)以及取得的结果(Results)。通过分析这些成就故事，能够揭示个人所具备的技能与优势。

编者曾经在指导周同学就业过程中，记录了其带领 30 人团队参加某个比赛的经历。根据 STAR 方法，具体描述如下：

情景：周同学担任第七届全国高等院校建筑软件技能认证大赛——BIM 算量大赛团队负责人。由于学校首次参赛，很多同学对比赛不了解，报名积极性不高，组队难度大。

任务/目标：作为团队负责人，周同学希望能成功组队并取得好成绩。

行动/态度：周同学首先从本班同学开始，鼓励大家积极参赛，指出这可以为今后积累更多的求职资本，且在此次比赛中可以免费学习 BIM 相关技能并获得证书。比赛过程中，不断有同学因难以坚持而想退出，周同学耐心劝说，最终确保团队顺利完成为期 2 个多月的比赛。

结果：周同学个人两次竞赛考试成绩均在 90 分以上，团队最终荣获二等奖；30 位参赛同学全部获得证书，周同学个人获“优秀组织者”称号。

该成就事件在周同学求职过程中发挥了重要作用，为他顺利就业提供了极大的支持。

二、职业能力的获取渠道

在第一章中，我们了解到大学四年每个阶段都有对应的职业生涯规划主题和要求。结合各年级的侧重点，大学生在大学期间可通过下列渠道获得相应的职业能力。

(一)勤工俭学

在校大学生可利用课余时间及双休日走出校园，参与勤工俭学活动。这一过程既能锻炼自我、积累工作经验，又能增加收入、增强独立自主能力。通常，高校会为广大学生提供勤工俭学的机会，特别是为家境贫困的学生提供合适的岗位。勤工俭学的形式多样，例如，做家教可锻炼耐心与表达能力；担任超市收银员可培养细心及人际交往能力；从事网络维护可运用计算机技能，积累实战经验。此外，部分学校设有“助管”岗位，协助学校或系领导进行办公室管理，如文件管理等工作。尽管这些工作可能与学生所学专业关联不大，但有助于学生掌握基本工作能力，在积累工作经验的同时体会自食其力的愉悦。对于与专业知识紧密相关的工作，如计算机专业学生制作网页、进行系统维护，则能在实践中进一步强化所学知识，实现“学以致用”。

勤工俭学既可在校内进行，也可在校外寻找机会。校内勤工俭学方便且安全，能很好地配合学习时间，且岗位具有可靠性，能保障学生权益。相比之下，校外勤工俭学机会则利弊并存。校外兼职往往更具专业性和挑战性，如电话销售、财务助理、程序开发、市场调查等职位，均需一定的专业知识背景，并对个人能力提出更高要求。学生可根据专业与特长选择合适的兼职类型。然而，校外兼职需付出更多精力与成本，如上下班的时间成本、工作压力及竞争压力等。尽管如此，兼职带来的回报，无论是金钱报酬还是能力与阅历的积累，均会有所增加。但需注意，学生在勤工俭学过程中不可本末倒置，忽视专业知识积累，否则将违背“理论联系实际”的初衷。同时，需警惕受骗上当，保护好自身利益。

(二)社团活动

社团是由校园内具有共同兴趣或目的的学生自发组织的业余团体，如体育类社团(篮球协会、轮滑协会等)和文艺类社团(书法协会、舞蹈团、记者团等)。这些社团会定期组织活动，学生可根据喜好与特长选择参加。

社团活动不仅能丰富课余生活、培养兴趣特长，还能加深和拓宽对专业知识的掌握。若学生对某社团兴趣浓厚且表现出色，可成为社团骨干，参与并策划组织活动，从而进一步锻炼人际交往与组织管理能力。值得注意的是，用人单位在选拔毕业生时，往往对社团骨干分子较为青睐。

(三)社会实践

社会实践是指学生利用寒暑假或双休日走出校园，参与社会生活，树立理想、拓宽视野、增长才干、服务社会。高校会为学生提供社会实践机会，并在组织、宣传、资金等方面给予指导与帮助。

当前，大学生社会实践受到社会关注，部分地区与单位专门组织并设定社会实践岗位与课程，如共青团中央发起的大学生社会实践项目“返家乡”活动及中宣部等十部委联合发起的“三下乡”活动等。学生应切实把握这些机会，锻炼各方面的能力。

社会实践与专业知识的联系更为密切，它要求学生将所学知识与社会问题、现象相结合，提出并解决问题。申报社会实践的学生需精心准备与策划，构思实践方案，并通过学校评审与公开答辩以获得资助资格。项目实施过程中需接受学校监督，并上报与展示实践成果。社会实践过程需花费时间与精力，且需专业知识支持。因此，暑期通常是社会实践开展的高峰期。

一个好的社会实践将使人受益无穷，甚至影响个人生涯的发展。前期准备时须具备扎实的专业知识功底，参阅大量资料以构建理论框架；与赞助单位和实践单位联系时，需懂得人情世故与人际交往技巧；带领团队时，须具备组织、协调与自理能力；结项整理时，需具备表达能力、文字功底与研究能力。

(四)参加各类竞赛

大学校园为青年才俊提供了展示自我的舞台，各类学科竞赛成为培养个人能力的绝佳契机。例如，中国国际“互联网+”大学生创新创业大赛、“挑战杯”全国大学生创业计划大赛等赛事，受到了高校学生的广泛关注与参与。这些赛事激励大学生将专业知识与社会实践相结合，组建优势互补的创业团队，提出具有市场前景的技术、产品或服务，并完成创业计划书，描述创业机会与创业过程。通过参与这些赛事，激发了学生的创业意识与创业能力。

此外，增强大学生职业生涯规划意识，指导其提早做好就业准备，促进高校毕业生高质量充分就业，教育部自 2023 年起举办职业规划大赛，旨在帮助大学生更好地规划职业发展、增强职业规划意识，提前做好就业准备，以适应经济社会发展需求。同时，一些企业为吸引优秀人才、提前做好人才储备工作，会在校园中举办各类竞赛，如“欧莱雅”商业策划大赛、CIMC“西门子杯”中国智能制造挑战赛等。这些比赛让参赛者体验真实的企业环境，提前进入工作角色，发掘各方面潜能。相较于社会实践而言，这些比赛更具竞争性，且以职业为导向，许多比赛中的佼佼者往往有机会进入这些企业工作，成为企业的后备人才。

(五)实习

实习是学生在跨出校门、走向社会前必须经历的阶段，是了解社会与工作的窗口。大多数高校会在本科阶段三年级时安排实习，并将其作为课程与学分的一部分，要求学生必须完成。实习的价值与意义不仅在于获得实习报告与学分成绩，更在于接触社会、了解行业与职业。对于有事业追求的学生而言，实习是一个极为宝贵的学习与积累机会。

职业生涯规划不同的学生，实习对他们的意义也不同。对于毕业后打算工作的学生而言，实习有助于认清自身能力与特点，了解行业与职位的具体情况，从而为今后的职业选择提供有力参考；有时，一份优质的实习还可能直接带来工作机会。对于计划继续深造、致力于研究的学生而言，实习有助于认清现实与书本知识的差异，对研究产生启发，发现真正感兴趣和想学习的领域，甚至可能改变人生道路。总之，实习能够综合提高学生的人际交往能力、专业知识积累、组织协调能力与表达能力等。

寻找实习的途径多样，如通过教育部 24365 就业服务平台、学校就业指导中心发布的信息、实习僧 App、各大求职网站上的信息，以及师长、学长、亲友推荐，同学互荐，或者自己主动与公司联系等。在实习过程中，学生需调整心态，不畏困难与挫折，虚心向他人求教，同时注意保护自身的合法权益。通过实习积累经验、增加阅历、提升能力，为今后的生涯发展助力。

(六)担任学生干部

大学生活中，锻炼机会无处不在，关键在于学生是否愿意成为“有心人”。学生可通过毛遂自荐的方式担任学生干部，从学生会干部到团学联干事，从班长到寝室长，这些职位均能为学生提供发挥自身才干、为同学服务的机会。担任学生干部并非浪费时间，而是“一分耕耘、一分收获”的过程。

首先，担任学生干部能锻炼学生的组织管理能力与决策能力。无论是召开班会、传达通知，还是统计信息，都需要协调各方、组织人员参与，并做出决断与选择。这些能力在今后的工作中具有重要影响，且往往成为企业选拔人才的标准之一。其次，担任学生干部需与众多同学、老师打交道，这有助于培养学生待人接物的技巧，打下良好的人际关系基础，扩大社交圈子，获得众多朋友。这实际上是一笔宝贵的资源和财富。再次，担任学生干部能培养学生的良好品德，如为人民服务的奉献精神、为他人着想的合作态度、勤恳踏实的工作作风以及迎难而上的顽强斗志等。这些品德均能在学生工作中得到培养和锻炼。需指出的是，担任学生干部不应仅仅看重干部头衔的光环，而应更加注重对自我的锻炼。即使没有机会担任干部，只要有一颗为同学服务的爱心、善于观察并取他人之长补自己之短，仍然可以使这些能力得到提高。

探索活动

巅峰时刻

两人一组，展开互动分享和倾听。

分享者先分享一个令自己印象深刻的巅峰时刻。这个时刻应是分享者对自己特别满意的瞬间，可能呈现出春风得意、意气风发之态；也可能是在绝境中奋起反击，最终扬眉吐气；或许是分享者全身心投入，物我两忘；抑或是分享者火力全开，尽享酣畅淋漓。无论处于何种情形，现在回想起来，分享者都应能为自己喝彩，被自己感动。请分享者详细描述这个时刻或其背后的经历。

讲述内容可围绕(但不限于)以下要点：

(1)事件概述：分享者描述这件事情的具体内容，当时所处的情境，以及是否遇到了挑战。

(2)成就感来源：分享者阐述为什么现在回想起来仍觉得非常有成就感。

(3)他人反馈：分享者分享了解这件事情的人给予的反馈。

(4)自我欣赏：分享者指出在这个故事里，自己最欣赏自己的是哪一点。

倾听者在倾听时，需关注以下问题：

(1)优势主题识别：倾听者在分享者的故事中，识别出哪些优势主题？

(2)优势证据：哪句话(或哪个情景)最能证明这一优势主题？

(3)闪光点欣赏：分享者身上有哪些优势和闪光点是倾听者特别欣赏和羡慕的？

(4)启示收获：分享者的分享给倾听者带来了哪些启示？

倾听者请将听到的分享者的优势和闪光点，以及自己的感受，及时反馈给对方。

实践环节

职业能力评估与提升

第一步：职业能力评估

认真想一想，问问自己：我是更倾向于使用与人交往的技能，还是与物打交道的技能，还是处理信息的技能？可以做一个调查，看看你的父母、亲属、同学、朋友是如何评价你的能力的。

我擅长做的事：________________________________

亲人对我的评价：______________________________

老师对我的评价：______________________________

同学对我的评价：______________________________

朋友对我的评价：______________________________

第二步：我未来的职业库

根据你目前所获得的关于工作能力的知识，多渠道了解自己适合的职业范围，并结合自己的专业和特长所对应的职业(或岗位)，列出一个备选职业清单。

我的备选职业清单：____________________________

第三步：我的能力提升计划

根据职业对人才能力的要求，结合自己的实际情况，制订能力提升计划。

计划：____

____

____

第六章
职业世界探索

知识导航

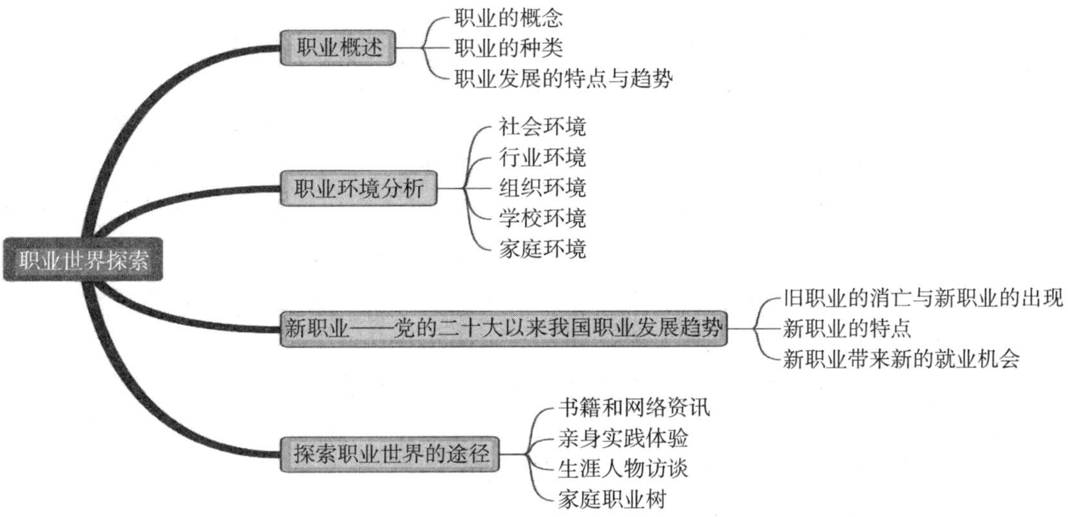

学习目标

知识目标

1. 了解职业的概念、种类
2. 理解职业发展的特点与趋势
3. 领悟党的二十大以来出现的新职业对就业市场的影响

能力目标

1. 掌握职业世界的探索途径，确定心仪的职业范围
2. 完成对自己心仪的具体职业岗位的系统分析

素质目标

1. 认识到个人职业发展与国家需求的紧密联系，树立家国情怀，将个人职业理想与国家发展需求相结合，增强社会责任感和历史使命感

2. 树立正确的就业观和职业观，培养精益求精的工匠精神，提升跨学科知识应用水平，以应对快速变化的职业环境

【案例导入】

小范的“转身”：从工程造价专业到销售管培生的蜕变

小范就读于某普通高校的工程造价专业。当初填报高考志愿时，家人对工程造价专业赞不绝口，认为该专业未来就业前景好、收入可观。于是，小范便在家人的安排下选择了这个专业。然而，入学后的小范发现自己对工程造价专业兴趣寥寥。那些复杂的图纸、烦琐的计算公式，在他眼中仿佛是一团乱麻。课堂上，他总是提不起精神，学习积极性日渐低迷，成绩也平平无奇。

尽管在专业学习上有些“心不在焉”，但小范在其他方面却闪耀着光芒。他性格开朗，总是能和同学们打成一片。在宿舍里、班级中，他都是那个能带动气氛的“开心果”。而且他篮球打得特别好，高中时就崭露头角，进入大学后更是凭借出色的球技入选校篮球队，还参加了 CUBA 湖北赛区的比赛，和队友们一起拼搏，取得了不错的成绩，为学校争得了荣誉。小范的大学生活并不单调，他利用假期时间做兼职，当过篮球教练，教孩子们打球，看着孩子们在球场上挥洒汗水、进步成长，他满心成就感；他还做过某快消品的销售，穿梭在各大超市、便利店，和形形色色的人打交道，推销产品，积累了不少销售经验，也锻炼了自己的沟通能力。

大学时光飞逝，转眼间毕业求职季来临。小范站在人生的十字路口，内心无比迷茫。他深知自己对工程造价专业并无热情，不想毕业后从事相关工作，但又不知道自己能做什么。此时，国内房地产行业已经开始下行，工程造价专业的就业形势并不乐观，很多同学在为找工作发愁。小范也一度十分焦虑，但他很快调整好心态，决定从自己的优势和经历出发，寻找新的方向。

他回想起自己做快消品销售兼职时的经历，发现自己还挺喜欢那种和客户沟通、促成交易的过程，而且自己性格开朗、人际关系好，这些特质也很适合销售岗位。于是，他开始关注各类销售岗位的招聘信息。他留意到一家自己曾经实习的公司，便主动去咨询该公司是否有校招计划。凭借着实习期间留下的良好印象和自己出色的沟通能力，小范最终获得了该公司广东区域销售管培生的工作机会。

入职后，小范迅速投入销售管培生的工作中。他带着在大学期间积累的销售经验和良好的人际关系能力，很快适应了工作节奏。他积极参加公司组织的各项培训，学习销售技巧、产品知识，不断提升自己。在和客户沟通时，他总是能以热情、真诚的态度打动对方，凭借着出色的沟通能力和团队协作精神，他很快在销售

团队中崭露头角，业绩也逐渐提升。

【案例分析】

通过小范的故事，我们可以得知选择职业和确定职业发展的重要性。

首先，不同的职业意味着不同的发展机会。随着时代的变迁，每个阶段都有不同的热门行业和职业，也有逐渐衰退和消失的职业，正如小范在填报高考志愿的时候，建筑行业还是我国的热门行业，但到了毕业的时候，该行业也陷入了下行的困境。这也是我们都希望进入一个热门行业的原因。

其次，不同的职业也意味着不同的职业要求和发展空间，小范所学专业虽然是工程造价，但他通过兼职积累了篮球教练和快消品销售的丰富经验，这些经历锻炼了他的沟通能力、人际协调能力和销售能力。这些能力在求职过程中发挥了重要作用，帮助他成功转型为销售管培生。

最后，职业发展需要随时根据环境变化进行动态调整。通过积极参与实习和兼职，不断积累实践经验，学生可以更准确地判断自己适合的职业方向，并在必要时灵活调整职业规划。只有这样，才能在复杂多变的职业环境中找到适合自己的发展道路，实现个人的职业目标。

第一节 职业概述

一、职业的概念

职业的出现是人类社会分工不断细化的结果。随着社会的持续发展，社会分工日益精细，并依据不同的社会需求形成了多样化的职业类别，职业的类别划分、内部构成及外部关系也越来越丰富。关于职业概念的界定，国内外学者观点各异。

从词义学角度分析，“职业”一词由“职”与“业”二字组成。“职”蕴含着社会职责、天职、权利与义务等含义；“业”则涵盖业务、事业、事务以及具有独特性的工作等意思。有学者用“职是责任、业是业务”来阐释“职业”一词的内涵。

洪向阳老师在《10天谋定好前途：职业规划实操手册》一书中指出，职业是一类性质相近的工作集合，通常指个人服务社会并作为主要生活来源的工作。一个职业应从职能和行业两个维度进行界定，如此才能全面呈现某种职业的综合状态。

《辞海》对“职业”词条的解释为：职业是一种相对稳定的劳动和工作形式，是个体获得经济收入的主要来源，具有一定的差异性和层次性。

美国学者舒尔茨认为，职业是个人为了持续获取个人收入，尤其是维持生计而从事的、具有市场价值的连续性特殊活动，是为同时实现社会联系和自我价值而持续开展的活动方式。

有学者提出，职业是指从业人员为获取主要生活来源而从事的社会工作类别，是劳动者参与社会经济活动的直接体现。也有学者认为，职业是参与社会分工，利用专门知识和技能，为社会创造物质财富和精神财富，获取合理报酬以作为物质生活来源，并满足精神需求的工作，是对特征相同或相似的一类工作的统称。

在现代社会，人们对职业的认识更为深刻，认为职业有别于工作，它更倾向于被视作一份事业，包含以下四个方面的含义：

(1)与社会需求和职业结构相关，强调社会分工的作用。

(2)与职业的内在属性相关，突出利用专业知识和技能开展工作。

(3)与社会伦理相关，注重创造物质财富和精神财富。

(4)与个人生活相关，强调职业能够作为物质生活来源，并满足精神需求。

综上所述，职业是人类社会发展到一定阶段，因社会分工而产生的产物。它综合反映了人们的生活方式、经济状况、文化水平、行为模式和思想情操等内容，也是个人权利、义务及职责的体现，是具体个体社会地位的一般性表征。在社会需求的推动下，新的职业不断涌现，而社会不再需要的职业则逐渐消亡。在现代科学技术和知识经济条件下，职业分工越来越精细，一些科技含量高的现代职业将迅速发展，与此同时，对从业者的任职要求也日益提高。因此，当代大学生应善于把握知识经济时代的就业机会，择业时不仅要考虑个人职业发展机会，更要关注社会需求趋势的变化。

二、职业的种类

《中华人民共和国职业分类大典》是我国第一部具有国家标准性质的职业分类大全。其参照国际标准职业分类体系，结合我国实际情况，按照工作性质统一的基本原则，对我国社会职业进行了科学划分和归类，全面、客观地反映了现阶段我国的职业结构状况，填补了我国职业分类领域的空白。

《中华人民共和国职业分类大典》以《中华人民共和国劳动法》中关于“国家确定职业分类，对规定的职业技能标准，实行职业资格证书制度”的相关规定为依据，由劳动和社会保障部与国家市场监督管理总局、国家统计局联合组织编制。中共中央、国务院的50多个部门及有关研究机构、大专院校和部分企业的近千名专家学者参与了编制工作。

《中华人民共和国职业分类大典》编制工作于1995年初启动，历经4年，于1999年初通过审定，1999年5月正式颁布。2010年，逐步启动了各个行业的修订工作。2015年，修订后的《中华人民共和国职业分类大典》(2015年版)正式发布。近年来，随着我国经济高质量发展、数字经济和绿色经济的崛起，以及新技术、新产业、新业态的不断涌现，《中华人民共和国职业分类大典》(2015年版)已难以全面反映当前职业领域的变化。2021年4月，人力资源和社会保障部会同国家市场监督管理总局、国家统计局启动了第二次修订工作。2022年9月28日，修订后的《中华人民共和国职业分类大典》(2022年版)正式发布。

《中华人民共和国职业分类大典》(2022年版)的职业分类结构涵盖大类8个、中类79个、小类449个、细类(职业)1639个。8个大类具体如下：

- 第一大类：国家机关、党群组织、企业、事业单位负责人；
- 第二大类：专业技术人员；

- 第三大类：办事人员和有关人员；
- 第四大类：商业、服务业人员；
- 第五大类：农、林、牧、渔、水利业生产人员；
- 第六大类：生产、运输设备操作人员及有关人员；
- 第七大类：军人；
- 第八大类：不便分类的其他从业人员。

与2015年版相比，2022年版新增了158个职业，总职业数达到1639个。新增职业覆盖多个领域，如数字技术工程技术人员、碳汇计量评估师等。

数字职业标注：首次标注了97个数字职业(标注为S)，占职业总数的6%。这些职业主要围绕数字产业化和产业数字化展开，涉及数字语言表达、数字信息传输和数字内容生产等方面。

绿色职业标注：延续2015年版的做法，标注了134个绿色职业(标注为L)，占职业总数的8%。其中，既是绿色职业又是数字职业的有23个(标注为L/S)。

三、职业发展的特点与趋势

(一)职业发展的特点

1. 多元化发展路径

职业发展不再局限于单一的晋升通道，而是呈现出多元化特征。个人可根据自身兴趣、能力和市场需求，选择不同的发展路径。

2. 技能迭代与持续学习

随着技术的快速发展，职业所需技能不断更新。个人需要持续学习，提升自身技能水平，以适应职业发展的需求。

3. 工作与生活的融合

现代职业发展注重工作与生活的平衡，灵活的工作模式(如远程工作)逐渐普及，为个人提供了更多自主安排工作和生活的时间与空间。

4. 跨界合作与共创价值

不同领域之间的跨界合作日益频繁，个人需要具备跨学科的知识和技能，能够在不同领域之间开展协作与创新。

5. 职业活动自由化

职业活动的场所、时间和方式更加自由。例如，自由职业者、远程办公人员等数量不断增加，他们可以根据自身节奏和方式完成工作任务。

6. 职业专业化程度提高

许多职业对专业能力的要求日益严格，从业者需要具备一定的专业知识和技能，并通过相应的资格认证。

7. 第三产业职业数量大幅增加

随着科技水平的提高和经济结构的调整，第三产业的职业数量和就业人数持续增加。第三产业具有就业容量大、流动性大及弹性高的特点，吸引了更多人从事相关职业。

(二)职业发展的趋势

1. 职业的动态变化

职业种类不断拓展，与此同时，部分传统职业正逐渐退出历史舞台。例如，随着数字技术的蓬勃发展，电报员、电报投递员等传统职业已难觅踪迹，但新职业却如雨后春笋般不断涌现，如生成式人工智能系统应用员、智能网联汽车测试员、智能制造系统运维员、文创产品策划运营师等。这些新职业不仅为从业者开辟了更为广阔的就业空间，也充分反映了社会需求的多元化与新变化。

2. 技术驱动的职业变革

在当今时代，技术的迅猛发展正深刻重塑着职业发展的格局。随着人工智能、自动化、云计算、物联网等新兴技术的广泛应用，职业发展呈现出显著的变革特征。

一方面，许多传统职业正面临被取代的严峻挑战。例如，数据录入员、收银员、基础客服等重复性、低技能的工作岗位，正逐步被自动化工具和智能算法所替代。另一方面，新兴技术也为职业发展带来了前所未有的机遇。人工智能伦理学家、AI 训练师、数据科学家、机器学习工程师等新兴职业应运而生。这些职业不仅要求从业者具备扎实的技术背景，还须具备解决复杂问题的能力和创新思维。

此外，技术进步还推动了职业的多元化发展。例如，AI 辅助决策分析师、AI 创意设计师等职业，借助人工智能这一工具，与人类紧密协作，有效提高了工作效率和创造力。这种人机协作模式将成为未来职业发展的重要趋势。

3. 新兴行业的崛起

随着新兴行业的蓬勃兴起，职业发展的趋势呈现出多元化和创新性的特点。近年来，我国各类经济新业态强势崛起，一批工作内容新颖、工作模式多样的新职业相继涌现。例如，生成式人工智能系统应用员、智能网联汽车测试员、智能制造系统运维员等职业的出现，正是技术进步和市场需求新趋势的生动体现。这些新职业不仅为人们带来了新的职业机遇和就业选择，也有力推动了相关产业的快速发展。

在新兴行业的发展进程中，数字经济和智能化成为重要的驱动力。例如，网络主播、用户增长运营师等岗位的出现，是数字经济发展的必然产物。同时，随着人工智能技术的不断成熟，AI 伦理学家、AI 训练师、AI 创意设计师等新兴职业也应运而生。这些职业不仅要求从业者具备深厚的技术功底，还须具备解决复杂问题的能力和创新思维。

此外，新兴行业的发展也引发了对绿色科技和可持续发展的广泛关注。例如，可再生能源工程师、ESG 专家等绿色职业的需求正快速增长。这些职业的出现，充分反映了全球对可持续发展的高度重视，也为从业者提供了广阔的发展空间。

新兴行业的崛起还体现在元宇宙、数字健康等领域。例如，元宇宙概念的兴起带动了虚拟现实(VR)、增强现实(AR)以及数字内容创作的需求。这些领域的快速发展，为创意设计、技术开发等多领域的人才提供了新的就业契机。

4. 能力要求多元化

随着经济社会的快速发展，职业能力要求的多元化已成为职业发展的显著趋势。在新兴行业的崛起和技术创新的推动下，职业发展的方向正从单一技能向跨领域、复合型技能转变。

首先，新兴行业的快速发展对从业者提出了更高要求。例如，人工智能、大数据、云计算等高新技术产业的兴起，催生了大量如人工智能训练师、数据分析师、云架构师等新兴职业。这些职业不仅要求从业者具备深厚的专业知识，还需掌握跨领域的技能，如数据分析能力、编程技能以及行业应用知识。以人工智能伦理学家为例，他们不仅需要深入了解人工智能技术，还须具备伦理学、法律等多学科背景。

其次，职业能力要求的多元化也体现在传统行业的转型中。例如，在制造业中，工业机器人系统操作员和运维员的出现，要求从业者既精通机械制造，又掌握自动化控制和编程技术。在农业领域，农业经理人需要具备农业生产技术、管理知识以及市场营销能力。

最后，随着数字经济和绿色经济的发展，职业能力要求的多元化趋势越来越显著。例如，数字健康领域需要既懂医疗又懂信息技术的复合型人才；而绿色职业如碳排放管理员、碳汇计量评估师等，则要求从业者具备环境科学、能源管理等多学科知识。

第二节　职业环境分析

职业环境，就是某职业在社会大环境中的发展状况、技术含量、社会地位、未来发展趋势等。关注当前热点职业有哪些、发展前景怎样，社会发展趋势对所选职业有什么影响、要求如何。总的来说，职业环境包括两大方面的内容：社会环境和组织（企业）环境。进行职业环境分析的要求是，通过职业环境分析弄清职业环境对职业发展的要求、影响及作用，对各种影响因素加以衡量、评估并做出反应。

职业环境分析，一般是从社会环境、行业环境、组织环境、学校环境、家庭环境五个维度展开。

一、社会环境

社会环境是职业发展的宏观背景，涵盖经济、科技、社会文化、政策、人口结构与社会需求等多个方面。这些方面相互作用，共同影响职业发展的前景。

（一）经济环境对职业发展的影响

随着经济全球化的加速，国际贸易和合作日益紧密，为许多行业带来了广阔的市场空间，国际贸易、跨境电商等领域蓬勃发展。然而，这也加剧了市场竞争的激烈程度，企业对人才的要求更为严苛，从业者需要具备国际视野和跨文化交流能力。

经济的波动和不确定性对职业发展有着显著影响。在经济形势良好的时期，许多行业会提供更多的就业机会和更高的薪资水平；而在经济衰退时期，职业选择和薪资待遇可能受到限制。例如，智联招聘发布的《2024 大学生就业力报告》中提到，随着制造业转型升级，以及国家对高端制造业的重视，越来越多的大学生期望进入制造业，对高端制造等新质生产力领域更是关注。而受房地产、互联网等行业发展放缓的影响，同期理工科学生获得企业录用通知的比率降低了 5.5%。

新兴产业的崛起为实业发展带来了新的机遇。例如，互联网金融、共享经济等新兴领域不断涌现，创造了大量新的职业岗位。同时，传统产业也在不断转型升级，对具备创新能力和跨学科知识的人才需求旺盛。

(二) 科技环境对职业发展的影响

科技的飞速发展，尤其是人工智能、大数据、云计算、生物技术等前沿技术的突破，正在重塑各个行业的形态。这些新兴技术不仅创造了诸如数据科学家、算法工程师等新职业，也促使传统职业进行数字化转型。

科技的进步改变了人们的工作方式和生活模式，远程办公、在线教育等新兴模式逐渐普及。这要求从业者不断提升自己的数字技能，以适应新的工作环境。

新兴技术的应用使得职业能力要求更加多元化。例如，在金融科技领域，从业者不仅需要精通金融业务，还要熟悉信息技术。这种跨学科的知识和技能要求，成为未来职业发展的关键。

(三) 社会文化环境对职业发展的影响

随着社会的发展，人们的价值观念更加多元，对个性化、品质化的追求日益明显。消费市场呈现出细分和升级的趋势，这为文化创意产业、高端服务业等带来了广阔的发展空间。

在现代社会中，人们对工作与生活平衡的重视程度不断提高，这影响着职业的选择和发展模式。越来越多的人倾向于选择能够提供灵活工作时间和良好工作环境的职业。

社会对公平、包容、可持续发展的关注度不断提高，相关领域的职业也受到更多重视。例如，环保行业迎来了新的发展机遇，对可再生能源开发、环境污染治理等领域的人才需求持续增长。

(四) 政策环境对职业发展的影响

为促进大学生就业，国家出台了一系列鼓励创新创业、促进就业和人才发展的政策。例如，提供创业扶持资金、税收优惠、职业培训补贴等。2024 年 9 月，《中共中央 国务院关于实施就业优先战略促进高质量充分就业的意见》发布，部署了强化宏观调控就业优先导向、增强现代化产业体系就业协同性、支持各类经营主体稳岗扩岗、提升区域协调发展就业承载力、培育就业扩容提质新动能、提高教育供给与人才需求的匹配度、健全终身职业技能培训制度、拓宽技能人才发展通道、拓展高校毕业生等青年就业成才渠道等 24 条举措，为大学生的求职和职业发展创造了有利的政策环境。另外，政府对某些战略性新兴产业的扶持政策，会带动相关领域的快速发展，吸引大量人才涌入。同时，一些行业的规范和调整政策，也可能导致职业发展路径的改变。

(五)人口结构与社会需求对职业发展的影响

我国人口老龄化程度不断加深，劳动力人口比例逐渐下降。这一趋势导致劳动力市场供需结构发生变化，对养老服务、医疗保健、老年产品研发等领域的人才需求增加。

与此同时，城市化的快速推进，使得城市基础设施建设、房地产、城市规划、公共服务等领域对人才的需求持续增长。此外，城市居民消费观念和生活方式的转变，也推动了服务业的发展，为相关从业者创造了更多的就业机会。

二、行业环境

行业环境涵盖各行业的市场需求与竞争态势、政策导向与支持、技术变革与创新和社会需求与消费趋势等多个方面。大学生进行职业规划时，充分分析行业环境，有助于更好地把握职业发展的方向和节奏。

(一)市场需求与竞争态势

各行业的发展速度和市场需求直接影响职业机会的多少。例如，近年来，随着数字经济和绿色经济的崛起，人工智能、新能源等领域的市场需求旺盛，为从业者提供了丰富的就业机会。同时，行业内的竞争态势也会影响职业发展。在竞争激烈的行业中，企业对人才的要求更高，从业者需要不断提升自己的专业技能和综合素质。

(二)政策导向与支持

政府的政策导向对行业发展具有重要影响。例如，教育部在2025届高校毕业生就业创业工作中强调，要开发更多有利于发挥所学所长的就业岗位，深入开展“访企拓岗”行动，支持中小企业吸纳就业。这些政策不仅为特定行业的发展提供了支持，也为大学生就业创造了有利条件。

(三)技术变革与创新

技术的快速变革推动了行业的转型升级，也为职业发展带来了新的机遇和挑战。例如，房地产行业经历前期调整后，随着技术应用和市场复苏，招聘需求有所回升；教培行业在“双减”政策后，艺术培训、职业教育等细分领域逐渐复苏，推动行业的多元化发展。

(四)社会需求与消费趋势

社会需求和消费趋势的变化直接影响行业的兴衰。例如，随着人们对健康和生活质量的关注度的提高，健康/美容、运动健身等服务类岗位的招聘需求快速增长。同时，影视传媒等文化产业现已强势复苏，招聘需求也显著增加。

三、组织环境

(一)组织类别

当前社会主要存在五类提供职业发展机会的组织形式。

1. 企业单位

企业是从事生产、流通、服务等经济活动，以营利为目的的经济组织。其主要特征包括：通过提供产品或服务获取收益；实行自主经营、独立核算；以实现投资人、客户、员工等利益相关方价值最大化为目标。

企业单位按所有制性质可分为外资、国有、民营、集体、个体等类型。企业是市场经济中最主要的职业活动场所，其核心目标是通过经营活动实现盈利。

2. 事业单位

事业单位主要包括教育、科技、文化、卫生、社会福利、体育等领域的公共服务机构，如公立学校、医院、图书馆、博物馆等。其核心特征是由国家机关或其他组织利用国有资产举办，以提供社会公益服务为目的。

根据经费来源，事业单位可分为全额拨款、参公管理、财政补贴和自收自支四类。与企业相比，事业单位具有较高稳定性，但职业发展空间相对有限。

3. 政府机构

政府机构包括中央人民政府(国务院及其组成部门)和地方各级人民政府。其中，国务院是全国人民代表大会这一最高国家权力机关的执行机关，是最高国家行政机关，由总理、副总理、国务委员、各部部长、各委员会主任、审计长、秘书长组成。地方各级人民政府是地方各级人民代表大会的执行机关，是地方各级国家行政机关。地方各级人民政府实行省长、市长、县长、区长、乡长、镇长负责制。各级政府中行使国家行政权力、执行国家公务的人员即为公务员。公务员分为综合管理类、专业技术类和行政执法类等类别。

在许多人看来，公务员职业就是“铁饭碗”。其职业稳定、福利待遇优厚等显著优势让许多人趋之若鹜。近年来，公众对职业稳定性的需求不断上升，使得公务员岗位持续升温。然而，事实上，部分人在成为公务员之前，对其具体职责和职业特性并不真正了解，更难以判断这份工作是否真正适合自己。

4. 社会团体

社会团体是指中国公民自愿组成，为实现会员共同按照其章程开展活动的非营利性社会组织。其包括各种学术性、行业性、公益性、联谊性的社会团体，如各类学会、协会、研究会、基金会等，主要是由民政部门核准登记。社会团体是当代中国政治生活的重要组成部分。

在中国，有成千上万个社会团体，它们均依据宪法和法律独立自主地开展活动。这些社团的分支机构遍布城乡，联合和团结全国的职工、青年、妇女以及各界人士，参与国家和地方的政治生活，协调社会公共事务，维护群众合法权益，发挥着巨大的作用。

5. 其他组织

其他组织包括民办非企业单位、宗教团体、外国常驻机构等。

(二) 组织环境中的要素

在职业发展过程中，无论是选择加入组织前还是已成为组织成员后，深入分析组织环境都至关重要。我们需要全面考察目标组织的五个关键要素：组织实力体现其市场竞争力与发展基础；组织领导人决定战略方向与管理风格；组织架构反映权责分配与运作效率；组织文化影响工作氛围与价值理念；发展前景则预示着未来机遇与成长空间。通过多渠道深入了解这些要素，才能准确评估组织与个人发展的匹配度，从而把握最适合自己的职业机会。

1. 组织实力

组织的实力是其在市场竞争中立足的核心要素。首先，财务实力是组织稳定发展的基础。充足的流动资金、稳健的财务结构和良好的盈利能力，能够使组织在面对市场波动和不确定性时保持稳定。例如，一家大型制造企业通过优化成本结构和提高生产效率，实现了较高的利润率，为其技术研发和市场拓展提供了坚实的资金支持。

其次，技术实力是组织竞争力的关键。先进的技术设备、创新的研发能力和高素质的技术团队，使组织能够在产品和服务上脱颖而出。例如，某科技公司凭借其在人工智能领域的核心技术，开发出一系列具有市场竞争力的产品，迅速占领了市场份额。

最后，组织的品牌影响力也不容忽视。一个具有广泛知名度和良好声誉的品牌，能够提升产品的附加值，增强客户忠诚度。例如，一些国际知名品牌通过多年的品牌建设和市场推广，赢得了消费者的广泛认可，成为市场上的标杆企业。

2. 组织领导人

组织领导人是组织发展的核心引领者，他们的战略眼光和决策能力直接影响组织的未来走向。一位优秀的企业领导人能够敏锐地洞察市场变化，制定出符合组织长远发展的战略规划。例如，在互联网行业快速发展的时期，某企业领导人果断决定加大在大数据和人工智能领域的投入，使企业成功转型为一家具有强大技术竞争力的科技公司。

同时，领导人的领导风格和管理能力也至关重要。他们需要具备良好的沟通能力，能够有效地激励员工，凝聚团队力量。例如，一位善于倾听员工意见、尊重员工价值的领导人，能够营造出积极向上的企业文化氛围，激发员工的工作积极性和创造力。

此外，领导人的价值观和道德品质也会影响组织的声誉和社会形象。一个具有社会责任感的领导人，会注重组织的可持续发展，关注环境保护、员工福利和社会公益事业，从而赢得社会的广泛认可和尊重。

3. 组织架构

合理的组织架构是组织高效运营的基础，它明确了各部门和岗位的职责与权限，确保组织内部的各项工作能够有条不紊地开展。在传统的层级式组织架构中，组织按照职能划分部门，如生产部门、销售部门、财务部门等，每个部门又细分为不同的岗位，职责明确，便于管理和协调。这种架构适合规模较大、业务流程相对稳定的企业，能够保证企业的日常运营高效有序。

然而，在当今快速变化的市场环境下，一些组织开始采用更加灵活的矩阵式组织架构。这种架构打破了传统的部门界限，将不同部门的人员组成项目团队，共同完成特定的任务。例如，在大型建筑工程企业中，一个项目可能涉及设计、施工、采购等多个部门的人员，通过矩阵式架构，他们能够更好地协作，提高项目的执行效率。

此外，随着信息技术的发展，一些组织还采用了虚拟组织架构。这种架构利用网络技术，将分散在不同地点的人员和资源进行整合，形成一个虚拟的工作团队。例如，一些软件开发企业通过虚拟组织架构，能够快速调配全球范围内的开发人员，共同完成复杂的软件项目。

4. 组织文化

组织文化是组织的灵魂，它体现了组织的价值观、经营理念和行为准则。积极向上的组织文化能够激发员工的归属感和认同感，增强组织的凝聚力。例如，一家企业倡导“客户至上”的文化理念，要求全体员工始终以客户需求为导向，提供优质的产品和服务。这种文化理念贯穿于该企业的各个业务环节，从产品研发到售后服务，都以满足客户需求为目标，从而赢得了客户的高度赞誉和忠诚度。

同时，组织文化还体现在团队合作精神上。一个注重团队合作的组织，鼓励员工之间相互支持、协作共进。例如，在一些创意型企业中，员工们经常召开头脑风暴会议，分享彼此的想法和创意，通过团队合作产生更多的创新成果。

此外，组织文化也会影响创新氛围。鼓励创新的组织文化能够激发员工的创造力，推动组织不断进行技术创新和管理创新。例如，一些科技组织为员工提供宽松的创新环境，设立专项创新基金，鼓励员工提出新的想法和解决方案，从而保持组织在行业内的领先地位。

5. 发展前景

组织的发展前景是其未来发展的潜力和趋势。首先，市场需求的变化是影响组织发展前景的重要因素。随着社会经济的发展和消费者需求的不断变化，组织需要及时调整产品结构和服务模式，以适应市场的需求。例如，随着人们健康意识的提高，对健康食品的需求不断增加，一些食品组织及时调整产品线，推出一系列健康食品，从而获得了新的市场增长点。

其次，技术创新为组织的发展提供了动力。不断涌现的新技术为组织带来了新的发展机遇。组织需要加大对技术研发的投入，积极引进和应用新技术，提高产品的竞争力。例如，人工智能技术的发展为众多行业带来了变革，一些组织通过引入人工智能技术，实现了生产过程的智能化、自动化，提高了生产效率和产品质量。

最后，组织的战略布局影响着其发展前景。组织需要根据自身的资源和能力，制定合理的战略规划，拓展市场领域，优化产业结构。例如，一些组织通过并购、重组等方式，实现资源整合，扩大组织规模，提升组织的综合实力。同时，组织还需要关注政策环境和社会发展趋势，积极履行社会责任，树立良好的组织形象，为组织的可持续发展创造良好的外部环境。

四、学校环境

（一）学校师资力量

学校师资力量是衡量其教育质量的核心要素。优秀的教师队伍不仅能够传授专业知识，还能激发学生的学习兴趣和创新能力。在一所高质量的大学中，教师通常具有深厚的学术背景和丰富的教学经验。例如，许多教师拥有博士学位，并在各自的研究领域取得了一定的成果。他们在课堂上能够将理论知识与实际案例相结合，使学生更容易理解和掌握。同时，这些教师还积极参与国际学术交流，将前沿的学术思想引入教学中，拓宽学生的视野。此外，学校还会定期邀请行业专家和企业高管来校举办讲座，为学生提供与实际工作接轨的机会。例如，财经类学院会邀请知名企业家分享企业管理经验，理工类学院会邀请工程师讲解最新的技术应用。这些丰富的师资资源为学生提供了良好的学习环境，帮助他们在未来的职业发展中打下坚实的基础。

（二）学校学科建设

学校学科建设是大学的核心竞争力之一。优秀的大学通常注重学科的多元化和特色化发展。在学科设置方面，学校会根据市场需求和社会发展趋势，开设前沿和热门专业。例如，随着人工智能和大数据技术的兴起，许多大学设立了相关专业，培养适应未来科技发展的专业人才。同时，学校会在传统优势学科上不断深化和拓展，形成学科特色。具体措施包括：第一，加大实验室建设投入，构建高水平实验教学体系。高校通过提高实践教学经费投入，增强实验教学的系统化和规范化管理。第二，促进产教融合，提升学生实践能力。通过产业基地建设和数智技术与实验教学的融合，培养学生的实践能力和创新精神。第三，设立专项科研基金，支持教师开展高水平科研项目。第四，加强学术交流合作。定期举办学术活动，邀请行业专家进行主题报告，并举办高水平学术论坛，打造有影响力的学术平台。

（三）学校校园文化

校园文化是大学的重要组成部分，它对学生的成长成才有着深远的影响。良好的校园文化能够营造积极向上的学习氛围，培养学生的综合素质和团队合作能力。具体而言，学校会举办各种学术讲座、文艺演出、体育比赛和社会实践等活动来丰富校园文化生活。例如，在每年的校园文化节期间，学生们会积极参与各种文艺表演，展示自己的才艺；学术讲座则邀请知名学者和专家，分享前沿的学术知识和思想。这些活动不仅丰富了学生的课余生活，还锻炼了他们的组织能力、沟通能力和团队协作能力。此外，学校还特别注重培养学生的社会责任感和创新精神。具体措施包括组织学生参加志愿者活动，让他们在服务社会的过程中增强社会责任感；鼓励学生参与创新创业项目，培养创新思维和创业能力。良好的校园文化能够让学生在大学期间既学到专业知识，又提升个人素质，为未来的职业生涯奠定坚实的基础。

（四）学校就业支持

学校就业支持是学生职业发展的重要保障。为此，学校通常会建立完善的就业指导体系，主要从以下三个方面为学生提供就业服务。首先，开设职业规划课程，帮助学生在大学期间明确自己的职业目标和发展路径。这些课程通常涵盖职业兴趣测试、职业能力评估、行业分析等内容，使学生能够根据自身特点选择合适的职业方向。其次，设立就业指导中心，为学生提供简历制作、面试技巧、职业礼仪等方面的培训。例如，就业指导中心会定期举办简历制作工作坊，邀请企业人力资源专家进行一对一的指导；开展模拟面试活动，让学生在真实的面试场景中锻炼自己的面试能力。最后，积极与企业建立合作关系，为学生提供实习和就业机会。例如，学校会定期举办校园招聘会，邀请知名企业来校招聘毕业生；与企业合作开展实习项目，让学生在实习期间积累实际工作经验，提高就业竞争力。通过这些就业支持措施，学校能够帮助学生顺利实现从校园到职场的过渡。

（五）学校社会声誉

社会声誉体现学校的社会影响力和认可度。社会声誉良好的大学通常在学术研究、人才培养和社会服务等方面成就显著，其学术研究成果在国际上具有一定的影响力，毕业生在各行各业中表现出色。社会声誉良好的大学在招生、就业、科研合作等方面都具有优势。在招生方面，学校能够吸引更多的优秀学生报考，提高生源质量；在就业方面，更容易获得企业青睐，学生更容易获得优质的工作机会；在科研合作方面，能够与更多的企业和科研机构建立合作关系，开展高水平的科研项目。此外，良好的社会声誉还能够吸引更多的社会资源投入学校，如校友捐赠、企业赞助等，为学校的发展提供更多的支持。学校通常通过各种方式提升自身的社会声誉，例如，加强宣传推广、积极参与社会公益活动、举办高水平的学术会议等。良好的社会声誉不仅有助于优化学生的学习和成长环境，也有助于增强学校的竞争力。

五、家庭环境

家庭环境是一个人职业发展的背景要素，不仅影响大学生的职业选择和发展方向，还对学生的职业态度和职业适应能力产生深远的影响。就笔者所在院校的情况而言，有将近30%的同学在当前的专业选择和未来的职业选择上，受到家庭因素的显著影响。

（一）家庭经济状况

家庭经济状况是家庭环境的重要组成部分，它直接影响个人的职业选择和发展机会。经济条件较好的家庭通常能够为子女提供更多的教育资源和职业发展机会。例如，家庭有足够经济实力支持子女接受高等教育，甚至出国深造，这为子女进入高收入、高技术含量的职业领域奠定了基础。相反，经济条件较差的家庭可能更注重职业的经济回报，子女可能会优先选择那些能够快速获得经济收入的职业，如蓝领技术工种或服务行业。这种经济压力也可能促使子女更早地进入职场，积累工作经验，但可能会限制他们在高等教育和职业培训方面的投入。

(二)家庭价值观

家庭价值观在职业环境分析中起着至关重要的作用。家庭所倡导的价值观，如对工作的态度、对成功的定义以及对社会责任的认知，会深刻影响个人的职业选择和职业态度。例如，一个重视教育和知识的家庭，通常会鼓励子女追求高学历和专业技能，从而选择学术研究、教育或专业技术等职业领域。相反，一个注重实践和创业精神的家庭，可能会培养子女的商业意识和创新能力，使其更倾向于选择创业或进入商业领域。此外，家庭价值观还会影响个人对职业稳定性和风险的偏好。例如，一个强调稳定和安全的家庭，可能会促使子女选择公务员、教师等相对稳定的职业；而一个鼓励冒险和创新的家庭，可能会支持子女选择更具挑战性和不确定性的职业，如创业、金融投资等。

(三)家庭教育资源

家庭教育资源的丰富程度对个人的职业能力发展具有重要影响。家庭教育资源不仅包括物质资源，如书籍、学习设备等，还包括父母的教育水平和教育方式。父母受教育程度较高的家庭，通常能够为子女提供更优质的教育资源和更科学的教育方法。例如，父母可以为子女提供学习指导、培养学习兴趣和自主学习能力，帮助子女在学业上取得优异成绩，从而为进入高等教育机构和获得专业技能打下坚实基础。此外，家庭教育资源还包括家庭成员的职业背景和经验。例如，父母在某一专业领域有丰富的工作经验，可能会通过言传身教的方式，向子女传授相关的职业知识和技能，使子女在职业选择时更倾向于该领域，并且能够更快地适应和胜任相关工作。

(四)家庭社会关系

家庭的社会关系网络在职业环境中也发挥着重要作用。家庭成员的社会关系，如亲戚、朋友、同事等，可能会为个人提供职业信息、实习机会或职业推荐。例如，一个家庭成员在某知名企业担任高管，可能会为子女提供进入该企业的实习或工作机会，帮助子女积累宝贵的工作经验，拓展职业人脉。此外，家庭的社会关系网络还可能影响个人的职业视野和职业选择范围。通过与不同职业背景的人交流，个人能够了解不同职业的特点和发展前景，从而做出更明智的职业选择。然而，过度依赖家庭社会关系可能导致个人在职业发展中的自主性和独立性不足，因此，在利用家庭社会关系时，需要保持理性和独立思考。

(五)家庭支持系统

家庭的支持系统对个人的职业适应能力具有重要影响。一个充满爱和支持的家庭环境能够为个人提供情感上的慰藉和心理上的安全感，帮助个人在面对职业压力和挑战时保持积极的心态。例如，当个人在工作中遇到困难或挫折时，家庭的支持系统能够帮助他们重新振作，调整心态，积极应对问题。此外，家庭的支持系统还能够为个人提供实际的帮助，如经济支持、生活照顾等，使个人能够全身心地投入工作中，提高职业适应能力和工作效率。相反，一个缺乏支持的家庭环境可能会使个人在职业发展中感到孤独和无助，从而影响其职业适应能力和职业发展动力。

第三节 新职业——党的二十大以来我国职业发展趋势

党的二十大以来，在《中华人民共和国国民经济和社会发展第十四个五年规划纲要和2035年远景目标纲要》的指引下，我国政府明确提出要推动高质量发展，加快建设现代化经济体系，其中新质生产力的发展成为关键。新质生产力强调创新驱动、数字化转型和绿色发展，这将对职业发展产生深远影响。从2019年到2022年，人力资源社会保障部已陆续发布了5批共74个新职业。

新职业是指经济社会发展中已经存在一定规模的从业人员，具有相对独立成熟的职业技能，《中华人民共和国职业分类大典》(2022年版)中未收录的职业。新职业具有五个主要特性：一是目的性，即有人专职从事此业赖以谋生；二是社会性，即为他人提供产品或服务；三是规范性，即合乎法律规范的；四是群体性，一般要求有不少于5000人的从业人员；五是有稳定性和独特技术性。

党的二十大报告强调，要坚持以推动高质量发展为主题，把实施扩大内需战略同深化供给侧结构性改革有机结合起来，增强国内大循环内生动力和可靠性，提升国际循环质量和水平，加快建设现代化经济体系，着力提高全要素生产率，着力提升产业链供应链韧性和安全水平，着力推进城乡融合和区域协调发展，推动经济实现质的有效提升和量的合理增长。这为大学生职业规划提供了重要指引。在扩大内需战略下，消费升级催生智能家居、健康养生等新兴行业，为相关专业大学生带来广阔的职业机遇，同学们应通过实习实践提前布局，提升能力以适应市场需求。同时，供给侧结构性改革推动产业升级，促使企业对创新型人才的需求增加，大学生需注重培养创新思维和跨学科能力，以适应传统产业向高端化、智能化、绿色化转型的趋势。此外，建设现代化经济体系要求提升产业链供应链的韧性和安全水平，这离不开既懂技术又懂管理的复合型人才，同学们可以关注产业链中的关键岗位，通过学习跨学科知识提升自身竞争力。城乡融合和区域协调发展为大学生提供了广阔的就业空间，乡村振兴战略和中西部地区发展带来大量机会，同学们可以将职业规划与服务乡村振兴或区域发展相结合，实现个人价值与社会价值的统一。要言之，推动经济高质量发展需要劳动者具备良好的职业素养和敬业精神，大学生在学习专业知识的同时，应注重培养职业道德和社会责任感，以高度责任心在工作中创造价值，为国家经济建设贡献自己的力量。

一、旧职业的消亡与新职业的出现

由于新职业是适应社会经济的发展和市场需求而产生的，因此它们基本上是目前职场上的热门职业、走俏职业，且往往能够获得高薪。以下是一些新职业的典型案例：

服务机器人应用技术员：在上海闵行区一家酒店内，一台名叫“方糖”的机器人大显身手，它熟知酒店路线，能控制电梯、自主充电，既能为房客送洗漱用品，也能为老人和孩子带路，还能参与反诈宣传等工作，深受房客们喜爱。“机器人之所以这么聪明，背后也有我们的付出。”刘仁杰是九号公司的服务机器人应用技术员，他负责为机器人建图识图、安装梯控设备、排除故障等工作。他表示，虽然不和住客直接见面，但通过部署机器人，能提升服务质量，为人们带来高效便捷、智慧亲和的新体验。

老年人能力评估师：为应对老龄化社会，老年人能力评估师必不可少。他们围绕自理能力、基础运动能力、感知觉与社会参与等方面，对老年人进行细致评估。江苏无锡市社会福利中心老年人能力评估师王珊珊上门为社区居民李奶奶做能力评估，评估结果将与老人的照护方案紧密挂钩。“我们要读懂老年人的身体和精神状况，从而明确照护等级和养老服务补贴，为老年人提供个性化服务。”王珊珊说。老年人能力评估是提供基本养老服务的重要依据，相关服务需求日益增长。目前，江苏省已将老年人能力评估师纳入补贴性职业技能培训职业（工种）目录和高技能人才培训补贴紧缺职业（工种）目录，引导培训机构开设相应项目，增加人才供给。

用户增长运营师：从开线下门店到开线上“社区小店”，来自广东佛山市的用户增长运营师黄凤娟感慨，学习新技能帮她拓展了新市场，赢得更多新客户：“紧跟私域社群消费的兴起，我在企业微信上持续学习数字工具使用、客户服务管理、产品推介技巧等知识，为消费者提供更高效专业、个性定制的销售服务，短短几年带动线上客户从30多人增长到超过10万人。”

民宿管家：在北京市通州区沙古堆村颇具特色的一间北方民居里，民宿管家曹女士一边带游客参观，一边用手机接单。曹女士说，与酒店服务员不同，民宿管家要为客人提供更个性化、更贴心的服务。“除了清洁等基础服务标准不输酒店外，还要在景区订票、客人接送、餐饮、特色活动等方面下功夫，让客人在这里享受更好的服务”。“北京环球旅游度假区、大运河文化带建设等在通州带火了不少民宿。我们加大民宿管家等从业人员的职业技能培训力度，对符合条件的给予职业技能培训补贴，有效提升了从业人员的能力素质。”通州区人社局有关负责人表示，将持续加强民宿管家培训和人才评价工作，提供更优质的服务。

新职业的涌现是经济发展的结果，也为社会提供了巨大的就业市场。根据人力资源社会保障部2024年公布的新一批19个新职业，包括生物工程技术人员、口腔卫生技师、网络安全等级保护测评师、云网智能运维员、生成式人工智能系统应用员、工业互联网运维员、智能网联汽车测试员、有色金属现货交易员、用户增长运营师、布展搭建师、文创产品策划运营师、储能电站运维管理员、电能质量管理员、版权经纪人、网络主播、滑雪巡救援、氢基直接还原炼铁工、智能制造系统运维员、智能网联汽车装调运维员等，这些新职业不仅为从业者提供了广阔的就业机会，也推动了相关产业的发展。

二、新职业的特点

人社部中国就业培训技术指导中心与阿里钉钉联合发布的《新职业在线学习平台发

展报告》显示，我国新职业人才需求规模庞大，预计到2025年，人才需求将超过3000万。其中，人工智能人才需求近500万，数字化管理师人才缺口近千万。新职业的大量涌现，呈现出以下五个明显的特点。

（一）数字化与智能化的发展趋势

随着人工智能、大数据、物联网等技术的快速发展，新职业正加速向数字化和智能化转型。在2024年人社部发布的19个新职业中，近一半被标注为数字职业。例如网络安全等级保护测评师、生成式人工智能系统应用员、云网智能运维员等。这些职业的涌现与数字经济的迅猛发展密切相关。例如，智能网联汽车测试员负责对智能网联汽车及其零部件进行功能验证和测试，而工业互联网运维员则专注于工业互联网系统的网络互联、数据采集、标识解析和平台优化等工作。这些职业的出现，反映了我国产业数字化的不断深化。根据《数字中国发展报告（2023年）》，2023年我国数字经济核心产业增加值占国内生产总值（GDP）比重达到10%，累计建成62家“灯塔工厂”，占全球总数的40%。在当前的经济环境下，数智化转型已成为各行业生存与发展的必由之路，未来新职业将更加注重数字化与智能化技能的应用。

（二）服务经济与知识经济的转型

新职业的发展体现了经济结构从传统工业经济向服务经济和知识经济的转型升级。我国产业结构正在持续优化，第三产业比重稳步提升。2023年，第三产业增加值占GDP的比重达到56.3%，较2018年提高了2个百分点以上。随着数字经济的快速发展，产业结构逐渐向第三产业转移，特别是在信息技术、金融服务和生活服务等领域，大量新兴职业不断涌现。这种产业结构的调整促使劳动力在不同产业之间流动，第三产业的就业比重不断提高，就业的服务化趋势愈发明显。

新职业从业者不仅需要提供服务，还须具备扎实的知识储备，以便为客户提供专业的咨询和建议。例如，“健康照护师”需要掌握医学护理知识，“食品安全管理师”需要具备食品安全法规和检测技术等专业知识。这种深度融合体现了知识经济与服务经济的协同发展，推动了服务业向更高附加值领域迈进。

新职业的发展为劳动者提供了更多高质量就业机会，特别是在服务业领域。2023年，第三产业从业人员达到2.65亿人，比2018年增加了5401万人，增长25.6%。这些新兴职业不仅收入可观，还具有良好的职业发展前景，成为吸纳就业的重要领域。

（三）灵活和多元的就业模式

半数数字经济类和生活服务类新职业支持灵活就业。如“短视频运营”“宠物托管师”等岗位，满足了年轻求职者对自由工作形式的偏好。传统的“雇主+雇员”工作模式正逐渐向“平台+个人”的新型工作模式转变，这种转变使个人的工作时间和空间更加灵活，工作方式也更具弹性。越来越多的人选择自由职业、兼职工作等灵活就业形式。在数字平台的支持下，新就业形态的从业者能够实现按需工作，工作时间、地点和内容都具有较大的自主性。这种模式不仅提升了劳动市场的灵活性，也为个人职业发展提供了更多选择。例如，网络主播等职业从业者可以在自己的时间框架内完成工作任务，享受更高的自主性，更好地平衡工作与生活。

(四)“绿色职业”的涌现

在2024年人社部发布的19个新职业中，“氢基直接还原炼铁工”“储能电站运维管理员”“电能质量管理员”等被标识为绿色职业。目前，《中华人民共和国职业分类大典》(2022年版)中标注的绿色职业有134个，占职业总数的8%。这些绿色职业的出现，是实现“双碳”目标、推动经济发展绿色变革的重要支撑。这些职业的出现体现了“双碳”目标的深入落实和新职业向绿色发展的趋势。

为实现“双碳”目标，我国加快了产业结构和能源结构的调整，积极发展可再生能源，推动绿色低碳技术的创新，并建立了碳排放权交易市场。这些产业转型带来了对新型人才的持续需求。中国石油和化学工业联合会曾预测，“十四五”时期我国对“双碳”相关人才的需求预计在55万至100万之间。

绿色职业从业者需掌握新能源技术、节能减排技术等专业知识，同时具备对绿色发展理念的理解和应用能力。未来，预计将有更多“绿色”新职业与“双碳”目标共同发展，成为推动产业转型的绿色引擎，为经济高质量发展注入新活力。

(五)新职业与产业发展的紧密结合

新职业的出现与产业发展紧密相连，成为推动经济高质量发展和就业扩容提质的重要力量。一方面，新职业为新产业、新业态、新模式的发展提供了坚实的人才支撑。例如，“智能制造系统运维员”“智能网联汽车测试员”等职业的涌现，为制造业的智能化升级和新能源汽车产业的发展提供了有力保障。这些职业不仅满足了新兴产业对专业技能的需求，还推动了相关技术的创新和应用，促进了产业的深度转型。

另一方面，新职业的发展创造了大量高质量就业岗位，有效缓解了结构性就业矛盾。以“网络安全等级保护测评师”为例，该职业不仅收入可观，还具有良好的职业发展前景。随着数字经济、绿色经济、银发经济等新兴产业的蓬勃发展，相关新职业的就业潜力巨大。据测算，2024年与新质生产力相关产业的招聘需求在总量中的占比已达21.8%，成为吸纳劳动力的重要领域。此外，新职业的规范化发展也为从业者提供了更明确的职业发展路径，增强了职业认同感，进一步推动了相关产业的健康发展。

三、新职业带来新的就业机会

新职业的出现不仅为人们提供了新的职业机遇和就业选择，也推动了相关产业的快速发展，反映了技术进步和市场需求的新趋势。随着就业技能结构的重塑和技能教育体系的变革，数字平台成为重要的就业载体，催生了新业态的蓬勃发展。同时，低技能就业岗位的回升和传统职业的焕新，也为不同技能水平的劳动者提供了更多元的就业机会。这些变化为大学生拓宽了就业视野，丰富了职业选择，并为未来的职业发展提供了新的成长空间。

(一)就业技能结构重塑，推动技能教育体系变革

新职业是数字经济和新技术发展的直接体现，其鲜明的技能导向特征正在深刻重塑就业技能结构，并推动技能教育体系的系统性变革。

随着人工智能、大数据、物联网和区块链等前沿技术的快速发展，市场对高技能人才的需求持续增长。在最新公布的19个新职业中，以生物技术工程人员为代表的岗位，超过半数与新兴高端产业密切相关。这些岗位不仅需要专业的技术人才，如工程师、数据科学家和机器学习专家，更青睐具备跨学科背景的复合型人才。

为适应新职业发展需求，教育部公布的2024年高等职业教育专科专业设置调整结果显示：2024年拟招生专业点总数达66870个，较2023年新增6068个，同时撤销5052个专业点，调整幅度创历史新高。值得注意的是，北京市42所院校新增备案的57个高等职业教育专业中，多数以“智能”为特色。这一调整趋势充分体现了技能教育体系对新职业需求的积极响应。

(二)数字平台成为就业新引擎，助推新业态发展

数字平台作为新职业的重要载体，正日益成为就业市场的“稳定器”和创新引擎。这种基于人工智能、算法和大数据技术的新型生产组织模式，通过高效连接供需两端，显著提升了市场运行效率，拓展了资源配置空间，降低了交易成本，加速了经济循环。

在数字经济蓬勃发展的当下，各类数字平台如电商平台、出行平台、直播平台等快速崛起，创造了大量就业机会。以网络主播为例，直播平台的技术支持使个人创作者能够直接触及海量用户，实现内容创作与商业价值的有机结合。这一新职业的兴起，生动展现了数字平台在推动新业态发展中的关键作用。

(三)就业市场呈现多元化发展趋势

当前就业市场呈现出明显的多元化特征：一方面，平台经济的发展带动了低技能岗位的回暖；另一方面，传统职业通过与新业态融合焕发新的活力。

共享经济和零工经济的兴起，创造了大量灵活就业机会。这些岗位入职门槛相对较低，工作时间灵活，吸引了众多技能水平有限的劳动者。以网络主播为例，虽然该职业对专业技术要求不高，但需要具备一定的表达能力和产品知识，已成为吸纳就业的重要渠道。

与此同时，部分传统职业正通过与新业态融合实现转型升级。如果农通过直播电商拓展销售渠道，网络主播深入果园进行现场直播，不仅提升了产品曝光度，也增加了农民收入。这种新旧职业的融合发展，既提升了传统从业者的收入水平，也创造了更多就业机会，实现了多方共赢。

此外，值得重视的是，在新时代背景下，习近平总书记提出的新质生产力理念为我国经济高质量发展指明了方向，也为大学生职业发展带来了新的机遇。作为未来

社会的中坚力量，大学生应当做到：深刻认识个人发展与国家需求的紧密联系，将职业理想融入国家发展大局；主动适应数字化、智能化、绿色化等发展趋势，培养创新精神和跨学科应用能力；树立正确的就业观，发扬工匠精神，通过实践锻炼提升就业竞争力。

面对快速变化的就业市场，大学生只有保持开放心态，持续学习新知识、新技能，才能在新时代的职业发展中把握先机。

第四节　探索职业世界的途径

在从不同维度认知职业核心内容后，大学生还需掌握一定的途径与方法，深入探索职业世界，以便更好地融入职场社会。

探索职业世界的途径通常包括书籍和网络资讯、亲身体验实践、生涯人物访谈、家庭职业树。

一、书籍和网络资讯

在探索职业世界的过程中，书籍和网络资讯是大学生获取信息的主要途径。书籍能够提供系统性的知识，例如，《深度工作》这类书籍可帮助大学生了解在信息爆炸时代如何提升专注力；《原则》则能让大学生从桥水基金创始人瑞·达利欧的职业生涯中获得启发。此外，行业杂志如《第一财经周刊》、报纸如《经济观察报》等，也能为大学生提供最新的行业动态和深度分析，助力他们紧跟时代步伐。

网络资讯则是更为快速、便捷的探索途径。大学生可通过招聘网站(如 BOSS 直聘、猎聘网)了解不同职位的具体要求和发展前景；在专业网站(如 36 氪、虎嗅网)上，能获取互联网、科技等行业的前沿资讯和深度解读。同时，像《令人心动的 offer》这样职场真人秀节目，能让大学生直观感受职场环境和工作氛围。随着 AI 技术的普及，像 ChatGPT 这样的智能工具可以为大学生提供个性化的职业建议，甚至模拟面试场景，帮助他们更好地为未来做准备。通过这些多元化的途径，大学生能够更全面地了解职业世界，为职业规划奠定坚实基础。

二、亲身实践体验

对于大学生来说，实践是了解职场社会的最佳方法和途径。通过亲身经历感受职场，大学生能体会“人在职场”所需具备的能力和面临的挑战。他们可以通过各种形式的实践深入探求职场社会，训练职业素养，锻炼职业能力，从而提升就业综合素质。

(一)积极参加课外活动，培养综合素质，适应职场需求

大学生可借助大学校园丰富多彩的课外活动、形式多样的社团活动、学科竞赛以及各级各类学生社会工作实践，获取职场社会所需的多种能力。

(二)积极参加社会实践，增加社会阅历，提高工作能力

大学生拥有较充裕的时间，如双休日、节假日、寒暑假等。在学习之余，他们可以利用节假日参加一些社会实践活动，了解职场，增加阅历，积累经验，增长才干。例如，很多企业尤其是大型企业，针对在校学生设立了许多实习职位，这些职位分布于企业的各个部门，能够锻炼学生多方面的能力，丰富学生的职场知识与信息，使企业成为学生职业素质培养的第二课堂。

通过亲身实践体验，大学生能够更深刻地了解一个职业的具体工作内容、基本素质要求以及未来的晋升通道，从而在大学期间有针对性地提升自己的技能、学历、资历、经验等。

三、生涯人物访谈

生涯人物访谈指的是通过与一定数量的职场人士(通常是自己感兴趣的)会谈而获取关于一个行业、职业和单位“内部”消息的一种职业探索活动。它可以帮助大学生更加清晰地定位职业角色，发现未来职业发展的切入点，制订更合理的大学学习、生活和实习计划，并作出明智的职业生涯决策。大学生还可以通过访谈，与一些行业人士建立长期联系，扩展人脉资源。

开展生涯人物访谈的主要渠道包括：通过家长、朋友推荐或教师介绍，走访行业成功人士，了解其成长历程、行业特点和发展趋势；采访已毕业校友，他们具有相似的文化背景，能提供更贴近现实的职场认知。

一次完整的生涯人物访谈应遵循以下流程：

(一)确定目标职业

结合自身兴趣、性格、技能和工作价值观，综合教育背景和已有职业认知，列出3~5个潜在职业方向。

(二)选择访谈对象

每个职业领域至少选择2位在职人士，应兼顾资深的中高层从业者和初入职场的基层工作者。寻找途径包括院系推荐、亲友介绍、职业交流群、专业论坛等。

(三)准备访谈内容

认真制定结构化访谈提纲，建议控制实际访谈时间，不要超越约定时间。访谈内容围绕以下维度展开：

(1)基本信息：工作单位、岗位、职务等。

(2)工作状态：日常工作内容、岗位职责等。

(3)任职要求：核心知识技能、所需证书培训、在校准备建议。

(4)发展前景：薪酬水平、晋升路径、行业趋势等。

拓展阅读

生涯人物访谈问题清单(仅供参考)

1. 当初您为什么选择这份工作(行业和单位)？您是如何找到这份工作的？通过何种途径？

2. 就您的工作而言，您最喜欢什么？最不喜欢什么？

3. 您的职位是什么？您的主要职责是什么？

4. 从事此行业的人通常做哪些具体工作？

5. 工作地点一般在哪里？

6. 在行业内，先从什么样的工作岗位做起，能学到最多的知识，最有益于发展？

7. 您的工作环境有哪些特点？

8. 您每天的工作内容是什么？

9. 您在做这份工作时，日常面临的问题是什么，最有挑战性的是什么？

10. 您的主要成就是什么？最成功的是什么？

11. 在这个职位上，如果想获得成功必须具备什么样的能力？

12. 目前必须改进的地方是什么？怎么改善它们？

13. 在您的组织中，区分同一岗位表现优秀和一般的标准是什么？

14. 您认为做好这份工作应该具备哪些知识、技能和经验？

15. 目前，行业内要求从事这份工作的人具备什么样的教育背景？

16. 您认为哪些个人品质、性格和能力对做好这份工作来讲是重要的？

17. 这项工作对个人品质、性格和能力的要求与其他工作有什么不同？

18. 学校里的哪些课程对这个行业最有帮助？

19. 单位对刚进入该领域工作的员工一般会提供哪些培训？

20. 在您的工作领域里，初级职位和中级职位的薪水水平是什么样的？

21. 这个行业的从业者对工作有什么满意与不满意之处？

22. 从事这份工作是否实现了您的人生价值？家人对您现在的工作满意吗？

23. 这个行业的人才供需状况如何？职业前景怎样？

24. 最近您所从事的行业是否因为科技进步、经济全球化而发生变化？

25. 您如何看待所在单位的组织文化和工作方式的未来发展趋势？

26. 这个行业是否存在季节性波动或地域限制？

27. 这个行业面临的困难是什么，前景如何？

28. 据您所知，有什么职业杂志、行业网站或其他渠道能帮助个体深入了解这个领域？

29. 对于大学生活，您有什么样的建议？

注意事项：

1. 以上问题仅供参考，所提问题要根据具体情况进行设计。一般选择不超过15个题目。通过生涯人物访谈，应从生涯人物那里获得对自己有用的信息。

2. 注意提问的方式，要学会引导对方回答问题，从而获取想要的信息。

3. 问题设计要尽量口语化、易懂。

四、家庭职业树

家庭职业树是通过梳理家庭成员及其亲属的职业背景来探索职业世界的有效方法。这种方法不仅有助于大学生了解不同职业的特点和发展路径，还能为其提供宝贵的职业资源和人际网络支持。通过绘制家庭职业树，大学生可以直观地看到家族中不同成员的职业分布，从而为自己的职业规划提供参考和启发。

了解家庭职业树的过程本身就是一个深入了解职业世界的机会。我们可以从父母、祖父母、兄弟姐妹等直系亲属开始，逐步扩展到叔叔、阿姨、堂兄弟姐妹等旁系亲属。记录下每个人的职业名称、工作内容、所需技能以及职业发展历程。通过这种方式，我们不仅能够了解不同职业的具体情况，还能发现一些可能从未考虑过的职业方向。

家庭职业树能为我们提供宝贵的职业资源和人际网络支持。在职业探索的过程中，人际网络的重要性不言而喻。通过家庭职业树，你可以发现家族中可能存在的职业导师或行业专家，他们可以为你提供职业建议、实习机会甚至工作推荐。此外，家庭职业树还能帮助你发现家族中可能存在的创业资源或合作伙伴，为你的创业梦想提供支持。

家庭职业树还能帮助我们更好地理解职业与个人兴趣、能力之间的关系。通过对比家族成员的职业选择和他们的个人兴趣、能力，可以更清楚地看到职业选择的内在逻辑。这种方式能够帮助你更好地结合自己的兴趣和能力，做出更明智的职业选择。

探索活动

职业博览会

1. 4~5人组成一个“职业资料专家小组”，每组选定一人为组长，一人负责记录，其他人为参谋，每组选定一个与所学专业比较接近的具体职业或行业，并搜集相关资料。

2. 每组选一人进行5分钟左右的“职业资料发布”演示，内容包括职业的工作内容、对应聘者的要求等。

3. 演示完毕，全体组员接受其他同学的咨询，时间为5分钟左右。

4. 其他各组同学就准备的职业资料情况、演示现场以及问题回答表现进行打分。

5. 讨论：

(1) 如何才能收集到正确、完整的职业资料？有哪些搜集职业信息的渠道？

(2)在各组介绍的职业中，哪个或者哪些吸引你？理由是什么？

实践环节

生涯人物访谈

1. 访谈准备

(1)遴选偏好的职业。

(2)寻找生涯人物，即被访者。

(3)制订访谈提纲。访谈提纲要尽可能多地掌握被访者的信息，并紧密结合目标职业拟定。

2. 访谈过程

(1)预约。采访前，打电话给被访者。进行自我介绍，确认访谈方式、日期、地点和时长。访谈方式首选面谈，其次是电话、微信、QQ、电子邮件等方式。

(2)就录音或书面记录访谈内容，征求被访者的意见。

(3)访谈要守时，提问要清晰、简洁。

(4)在一次访谈中问的问题不要太多，一般不超过15个。

(5)尊重被访者，乐于倾听被访者提供的访谈提纲之外的信息。

(6)访谈结束时，除了致谢，也可以恳请被访者再给自己推荐其他相关的访谈对象，以便自己能够以滚雪球的方式拓展自己的职业认知。

3. 访后工作

(1)对访谈内容、资料进行整理。

(2)根据访谈内容，完善以下信息。

访谈时间：________________

访谈对象：________________

访谈对象任职单位和职务：________________

访谈内容：________________

____

____

访谈体会：________________

____

____

访谈总结：________________

____

____

第七章
职业生涯决策

知识导航

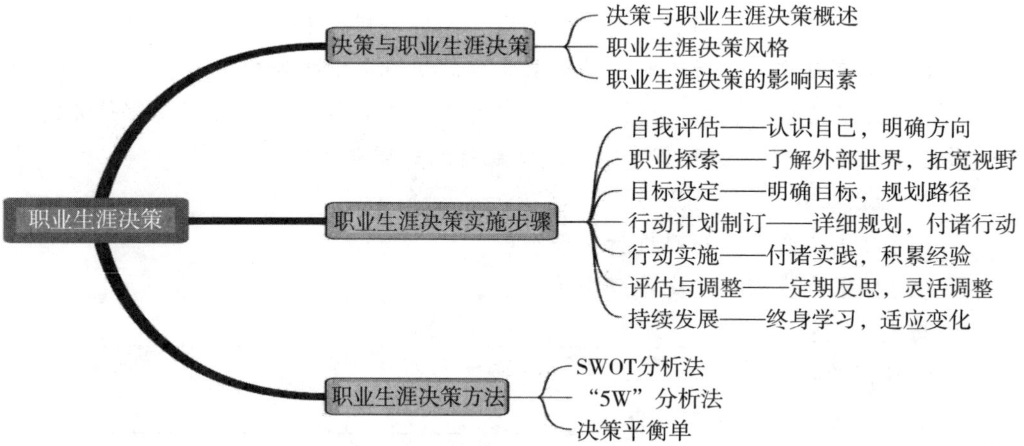

学习目标

知识目标

1. 理解职业生涯决策的基本概念、类型
2. 掌握职业生涯决策实施步骤
3. 掌握职业生涯决策方法

能力目标

1. 能够掌握不同的职业生涯决策风格并在不同环境下选择合适的决策风格。
2. 能够灵活运用 SWOT 分析法、“5W”分析法、决策平衡单等决策方法做出决策

素质目标

1. 了解适合自己的决策风格，结合自身实际情况及社会环境分析，利用决策方法

做出最适合的职业生涯决策。

2. 强化信息筛选与整合能力，树立积极应对不确定性的心态，强化抗压能力，培养动态调整意识，适应职业环境变化。

【案例导入】

刘沈厅：从硕士到“新农人”的创业征程

2015 年，电子科技大学硕士毕业的刘沈厅面前摆着两条“康庄大道”：公派赴加拿大读博，或留校成为辅导员，兑现他“扎根大城市”的青春誓言。然而，母亲突如其来的病逝击碎了他的规划，也让他重新思考人生的方向。处理完后事，他选择留在眉山市彭山区，投身当时正蓬勃兴起的农村改革浪潮。

2016 年春，刘沈厅回到李山村，一口气流转 130 亩土地，准备用猕猴桃和柑橘打开局面。他原本想“当地人管技术、我抓管理”，却因有机肥品质不过关，80 亩猕猴桃颗粒无收。惨痛的“第一课”让他明白：农业没有捷径。2017 年 7 月，在政府协调的 30 万元贷款支持下，他改种耙耙柑。他把家搬进果园：白天跑培训、夜里啃书本，拜柑橘专家陈克玲教授为师，不到一年就拿下“中级农技师”证书。通过分析气象数据、升级滴灌系统，他成功实现柑橘提前一年挂果，亩产冲至 8000 斤，销售额突破 300 万元。

初战告捷，刘沈厅又把目光投向“阳光玫瑰”葡萄。彭山日照偏少，他便独创“V”形架与反光膜组合，硬是补足光照，种出糖度、颜值双在线的精品果。依托经销商网络，葡萄与耙耙柑同步销往全国，2019 年果园营收攀至 150 余万元。

刘沈厅的成功吸引了众多周边果农登门求教，他毫无保留地倾囊相授。2019 年 10 月，刘沈厅当选彭山区果业商会副会长兼秘书长。2020 年疫情期间，他首创“零接触”柑橘销售模式：线上接单、线下中转，半个月卖出 750 万斤。受此启发，他牵头打造“彭山数字农业服务平台”，整合新媒体、物流、金融，为客商和消费者提供“一键直达”服务；并计划联合高校、科研院所共建智慧果园，用物联网、大数据把彭山农业推向智能化。

一路走来，刘沈厅先后获得“四川省返乡下乡创业明星”“全国农村创业创新优秀带头人”等荣誉，并入围“全国乡村振兴青年先锋”公示名单。从实验室到田间地头，他用知识与汗水把论文写在大地上，也把乡村振兴的愿景照进了现实。

【案例分析】

毕业后留在大城市工作，本是父母对刘沈厅的期待，也是他自己的目标。但是，他敏锐地发现了家乡的发展机会，放弃了原本的职业规划，选择成为一名“新型职业农民”。这样的职业生涯决策看似冒险，但刘沈厅凭借自己深厚的专业知识、敏锐的市场意识、持续学习的精神、不惧困难的韧性、乐于助人的品质，带领当地农民种植水果，最终创业成功。这个案例说明，机会其实就在身边，关键在于开拓思维，做好职业决策。

2016 年 12 月 7 日习近平总书记在全国高校思想政治工作会议上强调："好青年志在四方，要鼓励高校学生把视线投向国家发展的航程，把汗水洒在艰苦创业的舞台，到基层去、到西部去、到祖国最需要的地方去，做成一番事业、做好一番事业。"①

职业生涯决策不仅是个人的选择，更是对国家和社会的责任。我们应将个人的职业理想与国家发展需求紧密结合，把"小我"融入"大我"，到祖国最需要的地方去，用青春和汗水书写属于自己的精彩篇章。这样的职业选择，不仅能成就一番事业，更能成就一种高尚的人生境界。

第一节　决策与职业生涯决策

一、决策与职业生涯决策概述

决策作为一种行为选择，是指个体在面对多个选择时，通过收集、分析相关数据和信息，对各种因素进行评估和权衡，最终从多个备选方案中选定一个行动方案的过程。决策是人类活动中的重要环节，旨在实现特定的目标。同时，决策是一个动态过程，需要根据环境的变化和实施过程中的反馈及时调整。无论是个人日常生活中的选择，还是组织和企业的战略规划，都离不开决策。

职业生涯决策，是指个人在职业发展过程中面对多种职业选择时，通过自我评估、职业环境分析、目标设定和方案评估等步骤，在多项可选方案之间权衡利弊，最终选择适合自己的职业方向或行动方案的过程。职业决策是职业规划的核心环节，需要综合考虑个人的兴趣、能力、价值观、职业环境、市场需求等多种因素，整合有关自我和职业环境的信息，评估各种职业前景，最终做出职业选择。在整个职业发展历程中，高考时的专业选择，在考研、考公务员、出国等众多出路中的抉择，以及同时获得多个工作邀请时确定最佳工作机会等，都是典型的职业生涯决策问题。

二、职业生涯决策风格

（一）职业生涯决策风格的含义

职业生涯决策风格是指个人在进行职业或生活决策时所表现出的相对稳定的行为模式。其形成受到个人性格特质、过往经验、知识储备、价值观念以及所处环境等多重因素的综合影响。深入了解自身的决策风格特点，能够帮助个人在职业发展过程中做出更科学合理的规划与选择。

---

① 习近平著作选读(第一卷)[M]. 北京：人民出版社，2023：543.

（二）职业生涯决策风格的类型

在职业生涯决策过程中，不同个体基于其个性特征和决策偏好，往往会呈现出差异化的风格类型。根据美国著名职业生涯专家斯科特和布鲁斯的经典分类体系，职业生涯决策风格主要划分为以下五种典型类型：

1. 理智型

理智型决策风格以系统化的信息收集和逻辑化的评估分析为主要特征。具备此类风格的决策者通常表现出深思熟虑、善于分析和理性判断的特质。他们注重考量决策的长期效益，坚持基于客观事实做出选择。虽然这种强调全面信息收集、理性思考和冷静分析的决策方式值得推崇，是其他决策者应当培养的良好思维习惯，但也存在过度分析导致决策迟缓，以及在权衡自我需求与他人建议时产生困扰等局限性。

2. 直觉型

直觉型决策风格则主要表现为依赖直觉判断和内心感受的特征。这类决策者倾向于以自我判断为导向，在信息有限的情况下能够快速做出决断，并具备较强的调整适应能力。然而，由于其决策基础主要建立在个人直觉而非理性分析之上，因此存在较高的决策风险，容易产生结果的不确定性，进而影响他人对其决策能力的信任度。

3. 依赖型

依赖型决策风格的核心特点是倾向于寻求外部指导和建议。这类决策者往往难以独立承担决策责任，习惯通过让他人参与决策过程来获得支持，从而缓解决策压力。但这种方式可能导致决策自主性缺失，形成对他人意见的过度依赖，甚至出现简单模仿他人行为的消极倾向。他们需要特别关注家人、恋人、朋友、同事等不同群体对其决策产生的差异化影响。

4. 回避型

回避型决策风格表现为明显的决策拖延倾向。面对选择时，这类决策者常因担心决策失误而产生焦虑情绪，采取回避态度。这种反应不仅无助于问题解决，反而会使问题复杂化。他们通常缺乏明确的职业目标，既不做充分准备，也不主动寻求帮助，因而容易被各类支持系统所忽视。只有当他们真正认识到这种风格的潜在危害，主动增强规划意识，才能获得实质性的帮助。

5. 自发型

自发型决策风格以追求快速决断为显著特征。这类决策者对决策过程中的不确定性容忍度较低，渴望立即完成选择。他们往往基于一时冲动做出决定，虽然表现出较强的行动力，但也容易因考虑不周而导致决策失误，给人留下过于鲁莽的印象。

除上述五种主要类型外，美国学者丁克里奇等人还提出了更为细致的八维度分类体系，包括冲动型、宿命型、顺从型、拖延型、犹豫型、计划型、直觉型和瘫痪型，这些分类从不同角度揭示了人们在决策过程中的心理特征和行为倾向。

了解自身的职业生涯决策风格具有重要的实践价值。虽然理智型决策通常被视为较理想的方式，但每种风格都有其独特的适用场景和相对优势。关键在于认识自己的决策特点，保持必要的灵活性，根据具体情境选择最适合的决策方式，从而有效应对职业发展过程中的各种挑战。

三、职业生涯决策的影响因素

美国斯坦福大学教育与心理学教授克朗伯兹提出了关于职业生涯决策的社会学习理论。该理论指出，影响个体职业生涯决策的因素主要有四类：基因遗传与特殊能力、环境条件与事件、学习经验以及任务技能。

（一）基因遗传与特殊能力

基因遗传与特殊能力是指个体与生俱来的、非个人能控制的部分，具体包括性别、外貌、生理特征、智力、特殊才能（如音乐、美术天赋）、种族，以及操作能力等。这些先天因素在一定程度上限制了个体选择职业的自由。例如，一个身材矮小的学生通常不会把打篮球作为自己未来的职业发展方向，因为先天的身高特性明显不符合从事这份职业的条件。此外，个人的特殊能力会影响其在环境中的学习经验，进而塑造相关的兴趣与技能，最终影响未来的职业选择。

（二）环境条件与事件

环境条件与事件具体指个人所处的外在环境及其中发生的事件，这一因素是个体难以控制且无法改变的。例如，自然环境中的天灾人祸、资源多寡，社会环境中的政策条件、家庭条件、社会经济发展水平等。克朗伯兹认为，环境条件与事件制约着个体的职业选择和发展。举例来说，个体接受的教育培育目标、就业市场的工作机会数量、职业报酬水平、职业培训质量等，都会受到这一因素的影响。

（三）学习经验

学习经验在个体职业生涯决策过程中发挥着重要作用。克朗伯兹将学习经验划分为工具式学习经验和联结式学习经验，二者对职业生涯决策的影响机制不同。

1. 工具式学习经验

工具式学习经验有三部分主要内容，它们分别是指：

（1）前因。前因指的是我们前面提到的各种环境状况，以及个人在生活中遇到的各种事件和刺激。

（2）内隐与外显的行为。包括内在的认知和情绪反应，以及外在的行动。

（3）后果。后果指的是直接由行动所造成的影响，以及当个体体验到这些后果时的认知与情感反应。

克朗伯兹的社会学习理论认为，凡是成功有效的职业生涯规划所需的技能，均能够通过连续的工具式学习经验而获得（见图 7-1）。

图 7-1　　工具式学习经验模式

事件的前因	个体的行为	事件的后果
遗传因素 特殊能力与技能		自己或他人的口头反馈 直接的、可观察的行为结果
任务或问题	内隐或外显的行为	对行为后果的反应
社会、文化等环境 条件与事件		对他人的影响

2. 联结式学习经验(associative learning experiences)

联结式学习经验是指：某些环境的刺激会引发个人在情绪上积极或消极的反应。如果原来那些中性刺激与能够使个体产生积极或消极情绪反应的刺激同时出现，这种伴随在一起的联结关系，就会使中性刺激也具有积极或消极的情绪作用(见图 7-2)。克朗伯兹指出，我们对职业的刻板化印象，诸如"医生和律师都是有钱人""教师和公务员都是清贫的"等，都是通过这种联结式学习经验而习得的。在个体成长过程中，这些观念时常伴随着我们，对职业生涯的选择有着深远的影响。

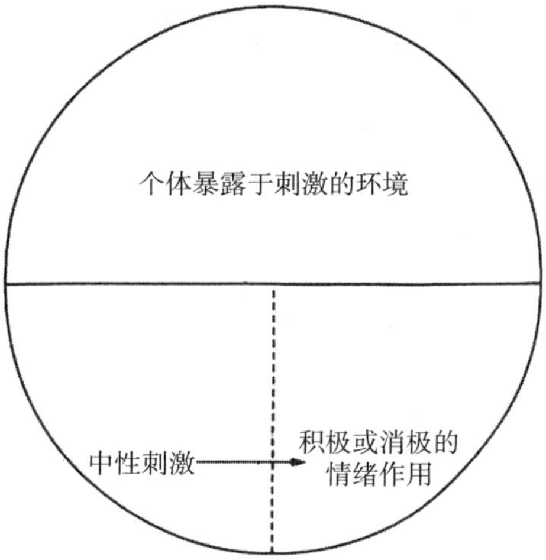

图 7-2　联结式学习经验模式

(四)任务技能

与职业相关的任务技能，包括认知技能、行为技能、问题解决能力、决策能力等，它是在基因遗传与特殊能力、环境条件与事件、学习经验共同交互作用下形成的。这些技能直接影响个体在职业决策中的表现和结果。

在面对找工作这一重要人生课题时，许多同学处于相同的起点：缺乏经验，感到迷茫和不安。然而，在这一过程中，不同的同学却展现出截然不同的应对方式。有些同学能够积极主动地迎接挑战，他们会充分利用学校提供的信息和资源(如选修职业生涯规划和就业指导课程、听就业指导讲座、参加招聘会、积极参加学校组织的各种实践活动等)，主动向身边的亲友、老师以及高年级的学长学姐请教，汲取他们的经验和建议。在这个过程中，不断探索自己的兴趣和能力、积极寻找实习机会，提前为步入职场做好准备。这样，到了大四时找工作时，这些同学已经对自身有了清晰的认识，对劳动力市场也有了较为深入的了解，积累了丰富的信息和资源，这为他们顺利找到理想的工作奠定了坚实的基础。然而，一些同学则采取了截然不同的态度。他们一味地拖延，不愿正视眼前的困难，直到大三甚至大四时才开始感到焦虑。面对就业压力，他们不是积极寻求解决办法，而是寄希望于父母和亲戚能够帮忙找到一份工作，或者抱怨学校没有为毕业生提供足够的就业支持。最终，他们只能草草选择一份工作，勉强应付了事。

这两种截然不同的应对方式，正是任务取向技能的体现。任务取向技能包括个体在面对任务时的心态、习惯和能力，这些因素在很大程度上决定了一个人在面对挑战时的行动方向和最终结果：积极主动、善于利用资源、勇于探索和尝试的同学，往往能够更好地应对挑战，实现自己的职业目标；而那些拖延、逃避、依赖他人或抱怨环境的同学，则可能在职业发展的道路上遇到更多的困难。在这个过程中，不同的人所表现出来的心态、习惯和能力反映了他们不同的任务取向技能。

第二节　职业生涯决策实施步骤

职业生涯决策是大学生职业生涯规划中的核心环节，它直接影响个人的职业发展方向和未来生活质量。职业生涯决策的实施步骤是一个系统化的过程，旨在帮助个人明确职业目标并制订实现这些目标的具体行动计划。

一、自我评估——认识自己，明确方向

自我评估是职业规划的起点，也是实现职业目标的重要基础。通过自我评估，大学生可以深入了解自己的兴趣、性格、能力和价值观，从而明确职业方向，制定符合自身特点的职业规划。

(一)兴趣探索

职业兴趣是指个体对某种职业或从事某种职业活动所表现出的特殊个性倾向。由于兴趣爱好因人而异，人们的职业兴趣也各不相同，这对职业选择和职业发展具有重要影响。在求职过程中，对某种职业的兴趣往往是人们选择职业的重要参考因素。只有对某种职业产生浓厚兴趣，个体才能调动全部积极性，集中精力学习该职业的知识，不断思考、探索，并克服学习过程中遇到的问题和困难。同时，个体也能在工作中找到快乐和满足感，获得较高的职业满意度，进而获得一份长期稳定的职业。

那么，如何发掘自己的兴趣呢？首先，个体可以进行自我反思，回顾自己在学习和生活中的兴趣点，思考哪些课程或活动能让自己感到兴奋。例如，是否对某一学科的实验操作部分特别感兴趣？是否喜欢参与社团活动中的策划工作？其次，利用专业的兴趣

测试工具，如霍兰德职业兴趣测试，了解自己在不同职业领域的兴趣倾向。测试结果有助于个体初步确定适合的职业方向。最后，尝试参与与兴趣相关的实践或活动，进一步验证自己是否真正喜欢这个领域。

(二)性格认知

性格是个体内部的行为倾向，具有整体性、结构性和持久稳定性的特点。个体的先天生理素质与所处的社会环境共同塑造了多样的性格。性格在个体职业发展中起着关键作用，二者相互促进又相互制约。在选择职业时，性格会驱使个体选择与自己性格相符的职业；同时，选择与自己性格相符的职业也能更好地发挥自身的长处，取得更大的成就，从而实现人生价值。

大学阶段是性格形成的关键时期。大学生应充分认识自己、了解自己，扬长避短，加强训练，以塑造出适应社会环境发展的性格，成为自己命运的主宰者。MBTI 是世界通用的性格测评工具，被广泛应用于自我了解和发展、职业规划、专业选择、问题解决、团队建设等领域。不同维度的偏好组合形成了不同的性格类型，对应着不同的职业领域。通过 MBTI 对自己的性格进行分析和理解，大学生可以匹配最适合的职业领域。

(三)能力评估

能力是保证活动取得成功的基本条件，而职业能力则是顺利进行某种职业活动的必备条件，直接影响到职业工作效率的个性心理特征。不同的职业对能力的要求各异，每个人都有自己的优势和劣势。不考虑能力类型而从事与能力不匹配的工作，往往难以取得良好效果。因此，在进行职业选择时，应特别注意能力与职业的匹配度。

在进行职业选择时，大学生可以通过在线能力测试或专业评估工具了解自己在不同能力维度上的表现。例如，通过逻辑思维测试评估自己的分析能力，通过演讲比赛评估自己的表达能力。同时，大学生可以向老师、同学和实习导师寻求反馈，了解自己在实际场景中的能力表现。例如，实习导师可能指出个体在项目管理中的优势和不足，帮助个体更全面地认识自己的能力。此外，大学生还可以通过技能清单列出自己目前掌握的技能，包括专业知识技能(如计算机编程、数据分析、外语能力等)和可迁移技能(如沟通能力、团队合作能力、时间管理能力等)。

(四)价值观澄清

价值观是一种内心尺度，它支配着人的信念、态度、行为、生活目标和追求方向等，并影响着人认识世界、认识自我和自我规划的过程。一个人越清楚自己的价值观，越了解自己在工作和生活中想要什么，什么对自己最重要，其生涯发展目标就越清晰。

职业价值观对大学生的就业方向和职业选择具有一定影响。大学生可以通过价值观排序和价值观与职业匹配来进行职业选择。首先，列出对自己来说重要的价值观，如工作与生活的平衡、社会贡献、职业稳定性、经济报酬等，并进行排序。例如，自己是更看重工作带来的成就感，还是更希望有更多时间陪伴家人？其次，思考不同职业如何满足自己的价值观。例如，如果个体重视社会贡献，可能会倾向于选择公益组织或社会服务相关的职业；如果更看重职业稳定性，可能会考虑公务员或事业单位等职业。

二、职业探索——了解外部世界，拓宽视野

职业探索是职业规划中至关重要的环节，它有助于大学生深入了解不同职业的特点、要求、发展前景以及与自身兴趣和能力的匹配度。通过职业探索，大学生可以拓宽视野，明确职业目标，为未来的职业发展打下坚实基础。

(一)职业信息收集

信息搜集是职业生涯规划中的重要一环，而在信息搜集过程中，选择合适的渠道与方法至关重要。大学生可充分利用互联网资源进行网络调研，如职业信息网站(如智联招聘、前程无忧)、行业论坛、职业百科等，了解不同职业的职责、技能要求、发展前景和薪资待遇。大学生还可利用图书馆资源查阅职业相关的书籍、杂志和研究报告，深入了解特定职业的具体细节。例如，阅读《中华人民共和国职业分类大典》，可帮助大学生了解职业分类和详细描述。同时，积极参加行业讲座与研讨会、校友分享会，可直接从行业专家和从业者那里获取第一手信息。例如，参加金融行业的讲座，可了解金融分析师的日常工作和职业发展路径等。

(二)职业体验与实践

职业体验和实践能够让大学生亲身感受职场的氛围与规则，从而更好地了解职业特点、工作环境、职业要求等，为明确职业兴趣和职业目标提供宝贵的机会和经验，进而拓展职业发展道路。大学生应争取在感兴趣的职业领域获得实习或兼职机会，亲身体验工作内容和工作环境。例如，如果你对市场营销感兴趣，可以申请在一家公司的市场部实习，了解市场调研、广告策划等工作流程。此外，参与职业相关的社团活动或志愿者服务也是积累相关经验的有效途径。例如，大学生可以加入学生会的宣传部，锻炼自己的文案撰写和活动策划能力；还可以参与公益组织的志愿者活动，可了解社会服务领域的工作内容。同时，大学生可以主动联系行业内的从业者，进行人物访谈，以了解他们的职业经历、工作感受和职业建议。例如，通过校友资源联系一位资深的软件工程师，询问他是如何进入这个行业的，以及行业的发展趋势。

三、目标设定——明确目标，规划路径

目标设定是职业规划的核心环节，它有助于大学生明确职业方向，集中精力，制订具体的行动计划，并最终实现职业发展。通过设定清晰、具体且可衡量的职业目标，大学生可以更好地规划职业路径，提升职业竞争力。在制定目标时，可遵循常用的“黄金准则”——SMART 原则。该原则通过确保目标具备五个关键特征，即具体性(Specific)、可衡量性(Measurable)、可实现性(Achievable)、相关性(Relevant)和时间限定性(Time-bound)，帮助人们制定清晰、具体且可实现的目标。

(一)具体性

目标必须明确具体，不能模糊不清。具体的目标能够帮助大学生清楚地知道要达成什么，从而避免目标过于宽泛而难以执行。例如，“我计划成为一名市场营销专家”这一目标就不够具体。而“我计划在3年内成为一家知名互联网公司的市场营销经理，负责公司整体市场战略”则是一个具体的目标。

(二)可衡量性

目标必须有明确的衡量标准，以便大学生跟踪进度并评估是否达成目标。衡量标准可以是数量、质量、时间等。例如，“我期望提高我的市场营销能力”这一目标是不可衡量的；而“我期望在1年内获得市场营销相关证书(如市场分析师证书)，并在实习项目中负责至少3个市场调研项目”则是可衡量的目标。

(三)可实现性

目标必须具有可行性，不能过高或过低。目标应该设定在自身的能力和资源范围内，同时是需要一定努力才能达成的。例如，“我的目标是在1年内成为全球知名的市场营销专家”这一目标一般是不可实现的，而“我的目标是在1年内成为一家互联网公司的市场营销专员，并在3年内晋升为市场营销主管”则是一个可实现的目标。

(四)相关性

目标必须与自身的职业发展和个人价值观相关。大学生只有确保目标与自身的长期职业规划和个人兴趣相一致，才能保持动力和积极性。例如，“我想在1年内学会编程，尽管我对编程并不感兴趣”这一目标与个人的职业发展和个人价值观不相关，而“我决心在1年内提升我的数据分析能力，因为这与我未来成为市场营销经理的职业目标相关”则是一个相关的目标。

(五)时间限定性

必须为目标设定明确的时间限制，以便能够按时完成。时间限制有助于大学生保持紧迫感，避免拖延。例如，“我想成为一名市场营销经理”这一目标没有时间限制，而“我立志在5年内成为一家知名互联网公司的市场营销经理”则是一个有时间限制的目标。

四、行动计划制订——详细规划，付诸行动

行动计划制订是实现职业目标的关键步骤，它有助于大学生将目标分解为具体的行动步骤，并确保每一步都有明确的时间安排和资源支持。通过详细规划并付诸行动，可以高效地推进职业目标的实现。

（一）学习计划

根据职业目标选择相关的专业课程和选修课程。例如，大学生若希望进入金融行业，除专业课程外，还可以选修经济学、财务管理等相关课程。

制订学习计划，提升与职业目标相关的关键技能。例如，大学生若希望从事数据分析工作，可以学习数据分析软件（如 Excel、SPSS、Python 等）的操作技能，并通过在线课程或培训项目进一步提升自己的能力。

此外，根据职业要求，规划考取相关的专业证书。例如，金融专业的大学生可以考取证券从业资格证、基金从业资格证等；计算机专业的大学生可以考取计算机等级证书、软件工程师证书等，以增强自己的职业竞争力。

（二）实践计划

制订实习和项目实践计划，以积累实际工作经验。例如，大学生可从大二暑假开始寻找实习机会，大三时参与学校的科研项目或社团活动中的实践项目，将所学知识应用于实际工作中。同时，大学生应积极参与学校组织的职业实践活动，如职业模拟大赛、企业参观、职业角色扮演等。例如，参加学校组织的模拟面试大赛，可提前熟悉面试流程，提升面试技巧，为未来的求职做好准备。

（三）人脉拓展计划

通过参加行业活动、社团活动、实习等方式，积极拓展人脉资源。例如，大学生在参加行业展会时，可主动与参展商交流，留下联系方式并保持联系，以获取更多的职业信息和机会。

此外，应寻找职业导师，获得他们的指导和建议。例如，大学生可通过学校的导师或校友资源，找到一位在目标职业领域有经验的导师，定期向他们请教职业发展问题，获取宝贵的职业建议。

同时，还可利用社交平台，关注行业内的专业人士和企业，与他们建立联系并保持互动。例如，大学生定期在社交平台上发布自己的学习和实践成果，吸引潜在雇主的注意，拓展职业发展的可能性。

五、行动实施——付诸实践，积累经验

行动实施是实现职业目标的关键环节，强调将计划转化为实际行动，并通过实践不断积累经验、提升能力、优化策略。

（一）学习计划实施

大学生需按照学习计划，认真完成每门课程的学习任务，确保取得优异成绩。例如，可提前预习课程内容，积极参与课堂讨论，按时完成作业和实验，以此加深对知识的理解和掌握。

同时，大学生应利用课余时间学习相关技能，参加培训课程或在线学习平台的课程。例如，可利用周末时间参加数据分析培训课程，提升自己的数据分析能力，从而为未来的职业发展打下坚实的基础。

此外，大学生要按照计划备考相关证书，确保顺利通过考试。例如，可提前购买备考资料，制订备考计划，合理安排学习时间，进而高效地备考并取得好成绩。

(二) 实践计划实施

大学生应积极寻找实习机会，主动申请感兴趣的实习岗位。在实习过程中，认真完成工作任务，积极与同事和导师沟通交流，积累实际工作经验。例如，在实习期间可主动承担更多的工作职责，向导师请教专业问题，进而提升自己的实践能力。

同时，大学生需积极参与学校的科研项目或社团活动中的实践项目，锻炼自己的团队合作能力和项目管理能力。例如，在团队中可担任组长，负责项目的整体规划和进度管理，以此提升自己的领导能力和组织协调能力。

(三) 人脉拓展计划实施

大学生应定期与人脉资源保持联系，分享自己的学习和实践成果，了解他们的职业发展动态。例如，每月可与职业导师联系一次，向他们汇报自己的学习和实践情况，寻求他们的建议和指导，从而不断调整和优化自己的职业规划。

此外，大学生还应积极参加行业社交活动，如行业研讨会、校友聚会等，拓展人脉资源。例如，在行业研讨会上主动与同行交流，交换联系方式，建立合作关系，为未来的职业发展创造更多的机会和可能。

六、评估与调整——定期评估，灵活调整

评估与调整是确保职业目标顺利达成、策略持续有效的重要环节。通过定期反思与灵活调整，大学生能够及时发现并解决实施过程中的问题，优化行动计划，确保职业发展始终朝着既定目标稳步推进。

(一) 定期评估

大学生需定期反思自身的学习与实践情况，评估是否达成预期目标。例如，每学期末应对学习成绩、技能提升及实践成果进行全面总结，深入分析自身优势与不足。同时，检查职业目标的实现进度，评估目标是否依然契合个人兴趣、能力及价值观。例如，若在实习过程中发现目标职业与个人期望存在较大差距，则需重新评估职业目标。

(二) 灵活调整

依据评估结果，大学生应适时调整职业目标。例如，若在实习过程中发现自己对某一细分领域产生浓厚兴趣，可将职业目标调整为专注于该细分领域的发展。根据目标调

整情况，重新制订或调整行动计划。例如，若职业目标调整为专注于某一细分领域，则需增加相关课程学习，积极参与相关实践项目，并调整实习方向与人脉拓展计划，以确保职业发展路径的连贯性与有效性。

七、持续发展——终身学习，适应变化

持续发展与终身学习是保持职业竞争力、实现职业目标的关键所在。鉴于技术的飞速发展、行业的持续变革以及市场需求的频繁变化，大学生必须不断学习新知识、提升新技能，以应对新的挑战与机遇。

大学生应树立终身学习的理念，始终保持对新知识、新技能的学习热情。例如，毕业后仍需持续关注行业动态，积极参加行业培训和学习课程，不断提升自身能力。同时，根据职业发展需要，考虑是否接受继续教育，如攻读研究生、参加专业进修课程等。例如，若希望在学术领域取得更大成就，可考虑攻读更高学位，以增强学术竞争力。

在学习过程中，大学生需密切关注职业环境的变化，包括行业发展趋势、技术变革、政策调整等，及时调整职业发展策略。例如，随着人工智能技术的发展，若从事数据分析工作，则需学习相关的机器学习知识，以适应行业变化。同时，关注个人兴趣、能力及价值观的变化，适时调整职业目标和行动计划。例如，随着生活经验的积累，可能会对新的职业领域产生兴趣，此时需重新规划职业发展路径，确保职业发展始终与个人兴趣和能力相匹配。

生涯决策是一个动态且持续的过程，需要在自我评估的基础上，深入了解职业世界，明确职业目标，制订并实施行动计划，定期评估与调整，并保持终身学习的态度。通过以上步骤，大学生可以更好地规划职业生涯，实现个人价值与职业目标的有机统一。

第三节 职业生涯决策方法

职业生涯决策对于大学生来说至关重要，它可以帮助大学生明确职业方向，提升职业竞争力，增强职业满意度，并更好地适应社会变化。经过对诸多要素资源整合，大学生可能已经找到了自己的职业定位，或发现有两个或两个以上的职业发展方向可供选择。那么，具体哪一个方向会更好？该如何抉择？下面我们一起来看看几个职业生涯决策的方法。

一、SWOT 分析法

SWOT 分析法，最早是哈佛商学院教授肯尼思·安德鲁(Kenneth Andrews)于 1971 年在其著作《公司战略概念》中提出的一个战略分析框架，肯尼思·安德鲁将战略定义为公司“可以做的”(环境提供的机会与威胁)与“能做的”(公司自身的强项与弱项)之间的匹配。1982 年，美国旧金山大学的管理学教授海因茨·韦里克(Heinz Weihrich)在其

论文中正式提出了 SWOT 分析法。他将优势(Strengths)、劣势(Weaknesses)与机会(Opportunities)、威胁(Threats)结合起来，形成了结构化的分析体系。这一分析法是市场管理和市场营销领域经常使用的决策方法。

SWOT 分析法是基于内外部竞争环境和竞争条件下的态势分析，即将与研究对象密切相关的各种主要内部优势、劣势和外部机会、威胁等，通过调查列举出来，并依照矩阵形式进行排列，用系统分析的思维把各种因素相互匹配起来加以分析，并从中得出一系列相应的结论。运用这种方法，可以对研究对象所处的情景进行全面、系统、准确的研究分析，从而根据分析结果制定相应的发展战略、计划以及对策等。

优势和劣势都是针对自身的分析，即“知己”；机会和威胁是针对外部环境的分析，即“知彼”。通过 SWOT 分析法知道自己的优势和劣势在哪里，并仔细地评估自己感兴趣的不同职业道路的机会和威胁，从而做出适合自己的职业生涯决策。

SWOT 分析法是职业生涯决策中的一个非常有用的工具。其中，优势和劣势是内部因素，机会和威胁是外部因素(见图 7-3)。需要注意的是，进行 SWOT 分析时，应对个人的优势与劣势有客观的认识，不要过分夸大自己的优势，也不要过于自卑，把自己看得一无是处。

优势(Strengths)	劣势(Weakness)
机会(Opportunities)	威胁(Threats)

图 7-3　SWOT 分析矩阵

(一) SWOT 分析法的四个步骤

1. 认识自己的优势

(1)审视自身长处。例如，你在学校期间学到了哪些有价值的知识和技能，获得了哪些奖励或证书，又有哪些独特特长。这些都可能是你宝贵的优势所在。

(2)洞察自身优点。例如，你是否做事细心、善于洞察细节，或者能够迅速适应新环境等。这些性格特质或行为习惯，往往能在关键时刻发挥重要作用。

(3)梳理自身资源。例如，你的亲友在某公司任职，这或许能为你深入了解该公司提供便利，甚至在求职时给予实质性帮助。

(4)挖掘自身强项。回顾自己曾经做过的最成功的事情，分析其成功的原因，如是否源于坚强的意志、创新精神等。这些深层次的特质，可以成为你职业生涯发展的强大动力和独特优势。

(5)对比竞争对手。分析自己在哪些方面优于竞争对手，这有助于明确自身独特优势，从而在职业竞争中脱颖而出。

2. 认识自己的劣势

(1)剖析自身短板。思考哪些事情是你没有把握做好的，分析原因并思考如何努力克服和提升。正视短板，是进步的开始。

(2)反思自身弱点。每个人都有与生俱来的弱点，如性格内向、不敢在公众场合演讲等。这些弱点可能会在某些场景下限制你的发展，但通过努力和训练，它们也可以被改善。

(3)总结自身不足。回顾曾经做过的最失败的事情，分析失败的原因。通过总结经验教训，避免在未来的职业生涯中重蹈覆辙。

(4)对比竞争对手。明确在哪些方面竞争对手比你更优秀，这有助于找准提升的方向，缩小差距。

3. 发现外部的机会

(1)社会层面。随着经济的快速发展，我们有了更广阔的发展空间。网络技术的不断进步，让我们能够获取更多的信息，拓宽视野。同时，出国深造的途径日益增多，择业的双向选择机制也赋予了我们更多的自主选择权。

(2)学校层面。学校不断改进和完善就业工作，积极拓展就业市场和渠道，为大学生提供了更多样化的就业选择，这为我们顺利开启职业生涯提供了有力支持。

(3)行业环境。深入了解自己想要从事的行业，挖掘其潜在优势，如行业目前急需哪些类型的人才。这有助于提前规划，提升自己与行业需求的匹配度。

(4)企业发展。关注自己有意向加入的企业，了解其发展前景是否广阔，是否有完善的培养机制和丰富的人才晋升渠道。选择一个有潜力的企业，能够为你的职业发展提供更好的平台和机遇。

4. 发现外部的威胁

机遇与挑战总是并存。虽然外部环境中的许多挑战和威胁难以完全掌控，但通过提前分析和了解，我们能够更好地制定应对策略，降低潜在风险。

(1)社会层面。近年来，大学毕业生人数逐年增加，同时受经济下行影响，就业和创业机会有所减少，岗位竞争愈发激烈。这要求大学生必须具备更强的竞争力，才能在有限的机会中脱颖而出。

(2)学校层面。同专业的大学毕业生以及名校毕业的竞争者，都是在求职过程中需要面对的潜在威胁。他们可能在专业知识、技能水平或学校资源等方面更具优势。

(3)行业层面。深入了解自己想要从事的行业，分析其专业领域的发展是否受限。如果行业前景不佳或发展缓慢，可能会对你的职业发展带来阻碍。

(4)企业层面。作为初出茅庐的大学毕业生，可能受到具有丰富技能和经验的求职者的威胁，同时在企业内部，工作晋升机会也可能受到一定限制。这需要在大学生入职前做好充分准备，不断提升自己的能力，以应对不同挑战。

在个人成长与职业发展的道路上，我们应当高度重视对自身学业、专业与职业的深入分析。学业是职业发展的坚实基石，而专业则是我们迈向职业舞台的重要起点。只有基于自身的能力与专业背景，选择适合自己的职业道路，明确职业目标，才能在复杂多变的职业环境中找准定位，实现个人价值的最大化。职业决策中的 SWOT 矩阵见表 7-2。

表 7-1　　**职业决策中的 SWOT 分析矩阵**

	优势(Strengths)	劣势(Weakness)
内部因素	指个体可控且可利用的内在积极因素，如： (1)丰富的工作经验； (2)优质的教育背景； (3)扎实的专业知识和技能； (4)特定的、可转移的技能，如沟通、团队合作、领导能力等； (5)积极的人格特质，如自我约束力、承受工作压力的能力、创造力、乐观精神等； (6)在专业组织中具有一定影响力。	指个体可控且可以改善的内在消极因素，如： (1)缺乏工作经验； (2)学习成绩差，专业不对口； (3)缺乏明确的目标，且对自我认识和对工作的认识都不足； (4)缺乏专业知识； (5)人际交往能力、沟通能力、团队合作能力、领导能力较差； (6)负面的人格特征，如职业道德缺失、缺乏自律、工作动机不足、情绪化严重等。
	机会(Opportunities)	威胁(Threats)
外部因素	指个体不可控但可利用的外部积极因素，如： (1)社会提供的就业机会增加； (2)再教育的机会丰富； (3)专业领域急需人才； (4)专业晋升的机会多； (5)专业发展带来的新机遇； (6)职业生涯中的特殊机遇； (7)地理位置优势明显； (8)广泛的人际关系网络。	指个体不可控但可使其弱化的外部消极因素，如： (1)社会提供的就业机会减少； (2)同专业大学毕业生带来的激烈竞争； (3)名牌大学毕业生带来的强大竞争压力； (4)具有丰富工作经验和熟练专业技能的竞争者众多； (5)缺少培训带来的职业发展障碍； (6)工作晋升机会有限或竞争激烈； (7)专业领域发展有限； (8)企业不再招聘与你学历、专业相同的员工。

(二)SWOT 战略选择

在完成内外因素分析并构造 SWOT 分析矩阵后，大学生可以清楚地看到自身的竞争力和发展机会，从而精准地制定契合自身实际的职业生涯目标。同时，也能清晰地认识到自己的不足及外部环境所带来的潜在威胁。基于这些全面且客观的认识，可以有针对性地制定出一系列切实有效的策略，充分发挥自身的优势，有效克服劣势因素，积极利用机会因素，巧妙化解威胁因素。运用系统分析方法，将排列的各种环境相互匹配并加以组合，就可得出一系列适合自己的对策。这些对策将为大学生在复杂多变的职业发展道路上提供明确的指引，帮助大学生更好地应对各种挑战，把握每一个发展机遇，从而在职业生涯中稳步前行。SWOT 战略选择如图 7-4 所示。

1. SO 战略(优势+机会战略)

SO 战略通过最大化利用自身优势，抓住并利用外部机会，使优势和机会都发挥到

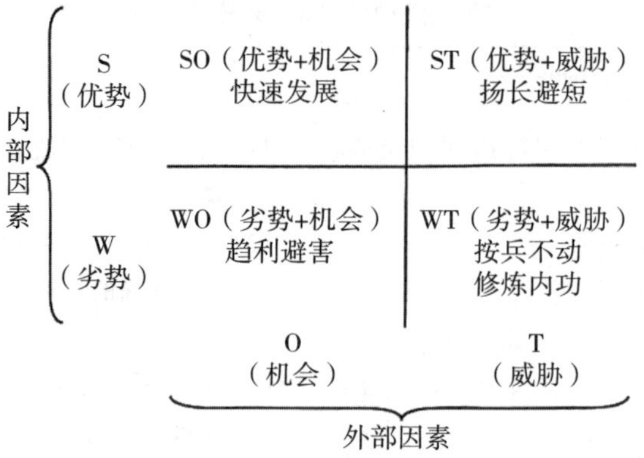

图 7-4　SWOT 战略选择

最大效能。当发现自身优势与外部机会高度匹配时，可采用 SO 战略。例如，一些大学生在大学期间掌握了扎实的专业知识，具备良好的沟通能力和团队协作能力，且学校提供了丰富的实习机会，或发现某个行业对专业技能有很高需求，此时，可积极申请相关实习岗位，利用自身优势在实习中脱颖而出，积累实践经验，为未来职业发展打下坚实基础。

2. ST 战略(优势+威胁战略)

ST 战略利用自身优势来应对和化解外部威胁，凭借自身优势进行有效应对，确保在竞争中保持优势地位，减少外部威胁对自身发展的负面影响。当面临外部竞争或其他不利因素时，可利用自身优势来应对。例如，一些大学生在某项技能上表现出色，如编程能力或外语水平，但就业市场竞争激烈，许多竞争对手也具备类似技能，此时，可通过参加专业竞赛、发表学术论文或获得相关证书，进一步提升自身竞争力，使自己在求职中脱颖而出。

3. WO 战略(劣势+机会战略)

WO 战略通过弥补自身劣势，更好地利用外部机会，增强自身能力，实现个人成长和发展。当发现外部机会，但自身存在明显劣势时，可采用 WO 战略弥补短板，提升竞争力。例如，一些大学生在公共演讲或领导能力方面较为薄弱，而学校提供了学生会干部竞选、社团活动组织等机会，此时，可通过参加演讲培训课程、担任小型活动的负责人等方式，逐步提升自己的领导能力和公共演讲能力，抓住这些机会锻炼自己。

4. WT 战略(劣势+威胁战略)

WT 战略着重考虑自身劣势和外部威胁，通过改进劣势来降低威胁的影响，提升自身抗风险能力，降低外部威胁的冲击。当自身存在劣势且外部环境存在较大威胁时，采用 WT 战略可有效规避风险，实现稳健发展。例如，一些大学生某门课程成绩不理想，也缺乏相关实践经验，而就业市场对专业成绩和实践经验有较高要求，此时，可通过补习课程、参加线上学习平台的培训课程、寻找实习机会等方式，提升自己的专业能力和实践经验，降低劣势对就业的影响。

拓展阅读

小 Z 同学的 SWOT 分析

小 Z，某大学会计专业大三学生，在校期间选修了人力资源管理等相关理论知识。他勤奋好学，吃苦耐劳，敢于直面挑战，喜欢从事有挑战性的工作。小 Z 的短期职业生涯目标是大学毕业后成为人力资源经理。因此，他对自身情况进行了 SWOT 分析（见表7-2）。

表 7-2 **小 Z 同学的 SWOT 分析**

内部 / 外部	优势（S）：对人力资源管理很感兴趣，选修了管理方面的课程，掌握了相关理论知识；担任学生干部职务，具有一定的组织管理能力；有岗位实习经历，积累了一定的实践经验	劣势（W）：专业不对口；虽然选修过基础管理课程，但总体而言管理知识不足；工作阅历相对简单，缺乏大企业的实习经历；性格急躁，容易情绪失控
机会（O）：人力资源管理日益受到企业重视；人力资源管理领域的人才需求激增；企业注重员工综合素质和实际工作能力	SO 战略： 积极参加社会实践活动，持续提升个人综合素质能力；参加人力资源管理培训班学习，努力提高职业能力；从事人力资源管理相关工作，以待时机	WO 战略： 寻找机会，参加人力资源管理培训，提升人力资源管理理论素养；将专业背景和人力资源管理结合起来，重点联系与专业相关的公司
威胁（T）：人力资源管理专业毕业生不断增多；海外留学人员、MBA 人才更受青睐；人力资源管理在我国起步较晚，依然存在诸多不完善之处；本科毕业，学历不高	ST 战略： 凸显个人较强的学习能力和适应能力，以及自身较高的综合素质；强调自己在实习企业人力资源部门实习的经历及取得的成绩；让对方相信能力比学历更重要	WT 战略： 通过练习，提高情商，善于控制个人情绪；向老师或学校领导求助，积极寻找重视员工实践能力、善于挖掘员工潜能的企业

通过以上分析，可以看出小 Z 希望从事人力资源管理工作的个人优势与机会大于劣势和威胁，其具有专业优势、个性优势、能力优势及发展条件方面的优势。建议小 Z 在今后的一年中积极寻找人力资源管理相关的实习机会以锻炼自己，扩展自己的人脉，积极为就业做好充分准备。

二、“5W”分析法

“5W”分析法是一种结构化的问题分析方法，即采用归零思考模式，通过“自己提问，自己回答”的方式，利用5个以“W”开头的英文句子来全面综合分析，帮助大学生更好地理解问题的本质，找准自己的职业定位和职业目标，最后形成适合自己的、合理的职业生涯规划。

（一）Who are you?（你是谁?）

这个问题要求大学生对自己进行全面、客观的自我分析。内容包括个人的兴趣爱好、性格倾向、教育背景、特长、过往经历和优劣等。大学生可通过自我评估问卷、职业兴趣测试或与导师、同学交流，深入了解自身的特点和潜力。把自己想到的每一个答案写下来，按照重要性进行排序。通过这个问题的回答，大学生能对自己有全面的了解。

（二）What do you want?（你想做什么?）

这个问题要求大学生进行目标展望，包括学习目标、职业目标、收入和成就感等。特别要注意的是学习目标，只有大学生坚持不懈地学习，才能不被社会的激烈竞争所淘汰，不断超越自我，登上职业高峰。回答这个问题时，大学生可将思绪回溯到孩童时代，从人生初次萌生第一个想干什么的念头开始，然后随年龄的增长，回忆自己真心向往过想干的事，并记录下来进行排序。每个人在不同阶段的兴趣和目标是不尽相同的，但是随着年龄和阅历的增长最终会逐渐固定，并确定自己的终生理想。

（三）What can you do?（你能做什么?）

这个问题要求大学生对自己的能力和潜力进行全面总结。一个人的职业定位最根本还要归结于自身的能力，职业生涯发展空间的大小取决于自身的潜力。大学生可通过参加社团活动、社会实践或课程学习，提升自己的专业技能和综合素质，如对事物的兴趣、遇事的判断力、自身知识结构的完整度和做事的韧性等。大学生可以把确实能证明的能力和潜能写出来，并进行排序。

（四）What can support you?（环境支持你做什么?）

这个问题的回答包括主观和客观两个方面。客观方面包括经济发展、国家政策、企业制度和职业空间等；主观方面包括同学关系、导师关系和家庭关系等。大学生要想一想自己具有哪些职业竞争优势，以及拥有的各种资源和社会关系。大学生可利用学校的就业指导中心、校友资源或行业讲座等，获取职业发展的信息和支持。大学生可以将这些因素综合起来考虑，认真想想自己可以获得什么支持，弄清楚后按重要性排列出来。

（五）What you can be in the end?（你最终的职业生涯目标是什么?）

行业和职位众多，哪个才是适合自己的呢？这个问题要求大学生综合前四个问题，从各个问题中找到实现职业生涯目标的有利和不利条件，列出不利条件最少、自己想做且能达成的职业生涯目标，即构建一个清楚明了的框架。

拓展阅读

H同学的"5W"分析

H同学为某高校工业工程专业学生，临近毕业时，在职业生涯决策方面仍面临诸多困惑。她观察到，当前工业工程领域的人才需求较为旺盛，找一份合适的工作并非难事。然而，鉴于自身为女性，她认为在某些职业领域，女性相较于男性可能不具备优势。同时，她对教师职业怀有浓厚兴趣，有意尝试小学教师岗位。此外，她班上的一位同学计划创业，并邀请她加入。再者，面对严峻的就业形势，她觉得出国读研深造也是一条可行之路。以下是针对H同学的情况，运用"5W"分析法后的结果：

一、Who are you？（你是谁？）

个人身份：某高校工业工程专业学生，同时担任班级班委，曾获优秀学生干部称号。

学业成就：学业成绩优异，英语通过国家六级考试，持有小学教师资格证书。此外，还辅修了心理学、管理学相关课程。

技能与经历：曾参加高校演讲比赛并取得名次，具备较好的表达能力。做过家教，在与孩子沟通方面展现出天然优势，且在担任家教期间，当学生成绩取得进步时，她能从中获得强烈的成就感。作为学生干部，她与干事相处融洽，成功组织过几次具有影响力的大型活动。实习期间，在公司参与过工业优化项目，虽未取得重大成就，但积累了一定的实践经验。

家庭情况：家庭经济状况处于中等水平，既不富裕，也不拮据。父母工作稳定，身体健康，目前无需特别照顾。H同学自身身体健康，性格既非内向，也不过于活跃，偏爱安静的环境。

二、What do you want？（你想做什么？）

教师职业：H同学一直怀揣着成为一名教师的梦想，这不仅源于儿时的憧憬，更是因为她对这一职业的热爱。

技术岗位：她也有意向成为公司的一名技术人员，发挥专业所长。

留学深造：若能获得出国攻读管理学硕士学位的机会，回国后成为一名企业管理人员也在她的考虑范围之内。

三、What can you do？（你能做什么？）

教学能力：基于家教经历，H同学在与孩子交流方面具备独特优势，能够助力大学生在学习过程中取得进步，并从中获得成就感。

组织协调能力：作为学生干部，她展现出较强的组织协调能力，能够与团队成员建立良好的合作关系，并成功组织大型活动。

专业实践能力：实习期间参与的工业优化项目，使她对工业工程领域的实践操作有了一定了解。

四、What can support you?（环境支持你做什么?）

家庭推荐：家里亲戚推荐她去一家公司担任工业工程师，这为她提供了一条可能的职业发展路径。

留学申请：作为普通本科毕业生，H 同学已申请了国外几所高校，但能否获得奖学金尚不确定，这增加了留学深造的不确定性。

教师招聘信息：去年认识的几位学姐已成功进入心仪的学校担任教师，但今年的教师招聘通知尚未发布，她需要持续关注相关动态。

创业邀请：同学创业开办了一家公司，并希望她能够加盟。然而，由于对该公司的具体业务和发展前景缺乏了解，她在做出决策时存在顾虑。

五、What can you be in the end?（你最终的职业生涯目标是什么?）

教师职业：H 同学对成为教师充满热情，这一职业既符合她的兴趣，也是她儿时的梦想。在知识和能力方面，她并不逊色于师范类专业的学生。在素质教育的大趋势下，她的工业工程专业背景还能为学生带来更多前沿知识。尽管缺乏作为教师的基本训练和教学技巧，但她有信心通过不断学习和实践，逐步提升自己的教学能力，成为一名学生心目中的理想教师。

技术岗位：到公司担任技术人员，虽然可能在收入上更具优势，但考虑到该行业的起伏较大，且技术发展日新月异，需要不断更新知识，这给她带来了较大的压力。同时，她对该职业的兴趣并不浓厚，信心也相对不足。

创业加盟：加盟同学的公司意味着放弃专业，从最底层做起，这与她求稳的性格不符，且可能面临家庭阻力。此外，公司业务的不确定性也增加了这一选择的风险。

留学深造：若能如愿获得奖学金并出国读书，回国后成为一名企业管理人员，虽然具有吸引力，但存在诸多不确定因素，且她始终处于被动状态，对未来的把握较小。

通过对以上各方面的综合分析，H 同学在对比中逐渐明确了自己的职业期望。最终，她将“成为一名教师”作为自己最终的职业生涯目标。

三、决策平衡单

决策平衡单是一种系统化的决策分析工具，被广泛应用于职业规划、生活决策等领域。它通过多个角度全面评估每个选项的利弊得失，并通过加权计分的方式，确定各个选项的优先顺序，以此帮助决策者在多个选项中做出更明智的选择。这种方法能够将复杂的情况条理化，将模糊的信息清晰化，进而辅助做出更成熟的决策。

在做出职业生涯决策时，首先要明确自身的动机、理由，重视审视自己的志向和目标，通过一系列的比较性分析后确认所得到的结果，进而考虑要取得成功的具体方法。在做出职业生涯决策的过程中，决策平衡单法无疑是最快捷有效的方法之一。首先，我们要在几个决策对象(选项)中提取出一些有价值的指标。我们从个人—他人，精神—物质两个维度来分析，涵盖个人物质方面的得失、个人精神方面的得失、他人物质方面的得失、他人精神方面的得失四个方面(见表7-3)。在实际应用中，决策者可能需考虑大部分因素，也可能只需关注其中几个指标。具体可依据决策者自身认为重要的任何问题来确定。

表7-3　**职业决策的四个方面**

个人物质方面的得失 (1)收入 (2)工作的难易程度 (3)升迁的机会 (4)工作环境的安全 (5)休闲的时间 (6)生活变化 (7)对健康的影响 (8)就业机会 (9)其他	个人精神方面的得失 (1)生活方式的改变 (2)成就感 (3)自我实现的程度 (4)兴趣的满足 (5)挑战性 (6)社会声望的提升 (7)其他
他人物质方面的得失 (1)家庭经济状况 (2)家庭地位 (3)与家人相处的时间 (4)其他	他人精神方面的得失 (1)父母的态度与感受 (2)师长的期望与评价 (3)配偶的意见与影响 (4)其他

确定指标后，决策者可以采用打分的方法，将每个选择项目的得失利弊用分数的高低来表示，以此辅助决策。

具体而言，决策者需根据自己的主观感受，针对不同的方案/选择，衡量在每个项目上的得(利，记为正分)与失(弊，记为负分)并进行计分，计分范围1~10分。鉴于每个项目对决策者的重要程度因人、因时、因地而异，因此需要考虑“加权”的因素，即依据每个项目对决策者当下的重要性和迫切性，赋予1~5分的加权分值。最后，将每个方案的得(利，正分)与失(弊，负分)的加权值相加，算出客观的分数，就可以知道哪个方案对自己最有利了。具体操作可参照表7-4。

表7-4　**职业决策平衡单**

姓名：			方案A			方案B		
日期：								
序号	项目内容	权重 (1~5)	得 (利，+)	失 (弊，-)	加权和	得 (利，+)	失 (弊，-)	加权和
1								
2								

续表

姓名： 日期：			方案 A			方案 B		
序号	项目内容	权重（1~5）	得（利，+）	失（弊，-）	加权和	得（利，+）	失（弊，-）	加权和
3								
4								
5								
6								
7								
8								
9								
10								
合计								

注：①此表主要用于协助当事人针对特定问题做出决策。②建议在职业规划师的指导下，由当事人自主做出每一项小决策。③决策内容可以是当事人自己认为重要的任何内容，比如工作报酬、晋升发展、培训机会、兴趣满足、自我实现、家人相处、成就感、挑战性、社会地位、生活方式、就业机会、工作环境、休闲时间、资源利用、家庭经济、家庭地位、配偶影响、父母影响等。④当事人需根据自己的主观感受，针对不同的职业回答每个项目的得失，计分范围为-5~5 分。⑤每个项目的重要性会因人、因时、因地而有所不同。对于当事人而言，可以根据考虑项目的重要性与迫切性，给它们赋予权数(加权范围为 1~5 倍)。

拓展阅读

小 A 的决策平衡单

小 A 是某高校大学三年级的学生，会计专业。她心里很矛盾，既希望工作稳定，又希望工作具有挑战性。她的性格外向、活泼、能力强、自主性高，目前她考虑的三大方向是考公务员、在国内读研究生、去国外读 MBA。

对于这三条路径，小 A 的考虑因素见表 7-5。

表 7-5 **小 A 考虑的因素**

考虑方向	考公务员	在国内读研究生	去国外读 MBA
优点	令人满意的工作收入 “铁饭碗” 工作稳定轻松，工作压力较小 一劳永逸	不会和国内产业发展脱节 能建立与师长、同学、朋友的人际关系网 取得较高文凭 日后工作晋升较容易	圆一个出国留学梦 增广见闻、丰富人生 提高英语能力 日后工作晋升较容易 激发潜力 没有收入

续表

考虑方向	考公务员	在国内读研究生	去国外读 MBA
缺点	容易产生职业倦怠 不易晋升 不容易转业，无法想象自己会做一辈子公务员，认为这不符合自己的个性	课业压力大 没有收入	课业压力大 语言、文化较不合适 花费较大(一年可能需要几十万元) 挑战性高 没有收入
其他	爸妈支持	男朋友支持(男朋友也是研究生并已工作)	工作两年有积蓄，但不是很足 自己一直想到国外走走

小 A 使用决策平衡单进行分析，见表 7-6、表 7-7。

表 7-6　**小 A 的决策平衡单(原始分)**

考虑项目(加权范围为 1~5 倍)	第一方案(考公务员)		第二方案(在国内读研究生)		第三方案(去国外读 MBA)	
	得(+)	失(-)	得(+)	失(-)	得(+)	失(-)
(1)符合自己的能力		-4	5		6	
(2)符合自己的兴趣		-3	4		7	
(3)符合自己的价值观	5		3		8	
(4)满足自己的自尊心		-2	3		7	
(5)较高的社会地位		-5	3		6	
(6)带给家人声望	2		1		2	
(7)符合自己理想的生活形态	3		5			-3
(8)优厚的经济报酬	7			-1		-8
(9)充足的社会资源	2		8			-1
(10)适合个人目前的处境	5		2		1	
(11)有利于择偶以及建立家庭	7		5			-5
(12)未来具有发展性		-5	5		8	
合计	31	-19	44	-1	45	-17
相差值	12		43		28	

说明：每个项目的得分或失分，可根据该方案所具备的优点(对应得分)、缺点(对应失分)来计分，分数范围设定为 1~10 分。最后，分别汇总每个方案的优点总分(记为正分)和缺点总分(记为负分)，正负相加，算出相差值。只有根据真实想法作答，方可正确评估每个方案对个人的重要性。

表 7-7 **小 A 的决策平衡单(加权后)**

考虑项目(加权范围为 1~5 倍)	第一方案(考公务员)		第二方案(在国内读研究生)		第三方案(去国外读 MBA)	
	得(+)	失(-)	得(+)	失(-)	得(+)	失(-)
(1)符合自己的能力(×5)		-20	25		30	
(2)符合自己的兴趣(×2)		-6	8		16	
(3)符合自己的价值观(×4)	20		12		28	
(4)满足自己的自尊心(×2)		-4	6		14	
(5)较高的社会地位(×3)		-15	9		18	
(6)带给家人声望(×2)	4		2		4	
(7)符合自己理想的生活形态(×5)	15		25			-15
(8)优厚的经济报酬(×3)	21			-3		-24
(9)充足的社会资源(×2)	4		16			-2
(10)适合个人目前的处境(×5)	25		10		5	
(11)有利于择偶以及建立家庭(×4)	28		20			-20
(12)未来具有发展性(×3)		-15	15		24	
合计	117	-60	148	-3	139	-61
相差值	57		145		78	

说明：每个项目的重要性因人、因时、因地不同。当事人可以根据考虑项目的重要性与迫切性，对其进行加权(加权范围为 1~5 倍)，再将平衡单上的原始分数乘以相应的权重。例如“符合自己的能力”部分，三个方案的原始分数(分别是-4，+5，+6)乘以加权的 5 倍之后，分数差距变大(变成-20，+25，+30)。最后算出相差值，并据此做出最终的决定。经过综合考虑，小 A 最终决定留在国内读研。

大学生在进行职业生涯决策时，可以在了解自己和外部世界的基础上，初步选定中意的几个方案，分析每个方案可能产生的结果、具有的优缺点，并运用“决策平衡单”来选择综合效用最大化的道路。其中：

(1)考虑的项目可以根据个人情况调整。主要包括“自我部分”：能力、兴趣、价值观、心理需求(自尊、自我实现)、声望、生活状态(休闲生活)、健康；“自己与环境部分”：家人支持、社会地位、经济收入、充足的社会资源、适合目前处境、择偶以及建立家庭、与家人相处时间；“外在部分”：工作环境、工作发展前景、工作内容有变化等。

(2)每一项具体的分数是根据分析得出的优缺点来确定的(原始分在 1~10 分)。

(3)根据每个考虑项目的重要性确定权数(加权范围为 1~5 倍)，进而折合成加权后的分数。

(4) 比较每一种方案的综合得分，据此做出生涯决定，此决定就是用生涯抉择单所得出的综合效用最大化的决定。

探索活动

职业生涯决策风格类型测试

你平时是如何做决策的呢？表 7-8 中的这些句子呈现了一般人在处理日常事务及生涯决策时的态度、习惯及行为方式。请仔细阅读并根据真实情况在右边的方框中进行勾选。完成选择之后，将得分统计出来，看看自己属于哪一类的决策风格。

表 7-8　　生涯决策风格类型测试

序号	情景陈述	符合	不符合
1	我常常做出草率的判断	□	□
2	我常常凭一时冲动做事	□	□
3	我经常改变我所做的决定	□	□
4	做决定之前，我从未做任何准备，也未分析可能的结果	□	□
5	我常常不经慎重思考就做决定	□	□
6	我喜欢凭直觉做事	□	□
7	我做事时不喜欢自己出主意	□	□
8	做事时我喜欢有人在旁边，以便随时商量	□	□
9	发现别人的看法与我不同，我便不知该怎么办	□	□
10	我很容易受到别人意见的影响	□	□
11	在父母、师长或亲友催促我做决定之前，我并不打算做任何决定	□	□
12	我常让父母、师长或亲友来为我做决定	□	□
13	碰到难做决定的事情，我就把它搁在一边	□	□
14	遇到需要做决定时，我就紧张不安	□	□
15	我做事总是东想西想，下不了决心	□	□
16	我觉得做决定是一件痛苦的事情	□	□
17	为了避免做决定的痛苦，我现在并不想做决定	□	□
18	我处理事情经常犹豫不决	□	□
19	我会多方收集做决定所必需的一些个人及环境的资料	□	□
20	我会将收集到的资料加以比较分析，列出选择的方案	□	□
21	我会考虑各项可行方案的利益得失，判断出此时此地最好的选择	□	□
22	我会参考他人的意见，再斟酌自己的情况来做出最适合自己的决定	□	□

续表

序号	情景陈述	符合	不符合
23	经过深思熟虑之后，我会明确一个最佳的方案	□	□
24	当已经决定了所选择的方案，我会展开必要的准备行动并全力以赴做好它	□	□

计分方法：选择“符合”的计1分，“不符合”的不计分。职业生涯决策风格类型测试结果如表7-9所示。得分最高的一组代表主要决策风格。

表7-9　**职业生涯决策风格类型测试结果**

题号组	1~6题组	7~12题组	13~18题组	19~24题组
得分				
职业生涯决策风格类型	直觉型	依赖型	回避型	理智型

实践环节

做出我的职业决策

一、结合前面所学内容，在完成自我认知分析和职业环境分析的基础上，明确自己的求职方向和目标。

二、利用所学的SWOT分析法或决策平衡单，做出大学毕业后的职业决策。

第八章
职业生涯规划

知识导航

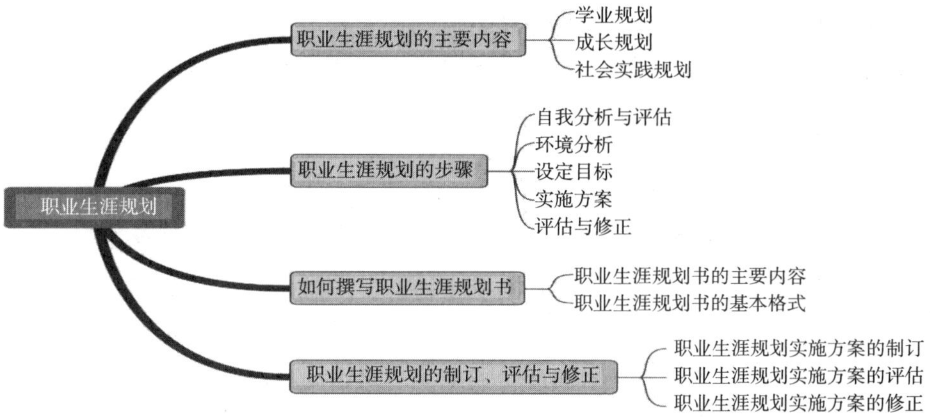

学习目标

知识目标

1. 掌握大学生职业生涯规划的基本步骤
2. 理解职业生涯规划书的主要内容和基本格式
3. 掌握大学阶段的学业发展规划、素质拓展规划和理财规划

能力目标

1. 制定大学发展阶段的职业生涯规划书
2. 掌握大学各阶段的主要任务并做好计划、充分执行

素质目标

1. 正确地进行自我评估与定位，明确职业目标

2. 制定学习规划，明确大学能力培养的重要性，完成大学期间的各项任务，培养责任意识

【案例导入】

比尔·拉福的职业生涯规划

比尔·拉福是美国知名企业家、拉福商贸公司总裁，他自幼立志成为一名成功的商人。他的父亲认为他机敏果断，具备成为优秀商人的潜质，于是鼓励他报考经济或商贸类大学。然而，比尔·拉福并没有直接遵循父亲的意愿，而是规划并选择了一条更为全面和系统的学习路径。

第一阶段：工科学习。

比尔·拉福选择了工科中最基础的机械制造专业，并进入麻省理工学院学习。在大学期间，他不仅认真学习机械专业内容，还广泛涉猎化工、建筑、电子等方面的知识。这为他后来的商业活动打下了坚实的基础。

第二阶段：经济学学习。

毕业后，比尔·拉福并没有立即投入商海，而是考入芝加哥大学，攻读为期三年的经济学硕士学位。在此期间，他系统学习了大量的经济学知识，为日后的职业生涯打下了良好的专业素养基础。

第三阶段：政府部门工作。

获得经济学硕士学位后，比尔·拉福又进入政府部门工作了五年。在此期间，他不仅熟悉了各种商务活动和商务技巧，还培养了强烈的自我保护意识，结识了各界人士，建立起一套广泛的人脉关系网络。

第四阶段：通用公司锻炼。

五年的政府工作结束后，比尔·拉福完全具备了成功商人所需的各种素质，于是辞职下海，去了美国通用公司。在美国通用公司，他不仅为实践所学的理论找到了一个强大平台，而且学习到了丰富的大型企业管理经验，完成了原始的资本积累。

第五阶段：自创公司，大展拳脚。

两年后，比尔·拉福已熟练掌握商情与商务技巧，便婉言谢绝了美国通用公司的高薪挽留，开办了拉福商贸公司，开始了他梦寐以求的商人生涯，实现了多年前的计划。他的公司资产从最初的25万美元发展成了现在的2亿美元，他也因此成为美国商业界的一个神话人物。

【案例分析】

比尔·拉福的职业生涯规划目标明确、脉络清晰、长短结合、步骤合理。他先从工科理论知识学习起步，逐步涉猎经济学、法律知识，再到政府部门和美国通用公司积累

实践经验，最终成功创办了自己的公司。他的成功不仅得益于个人的努力和坚持，还得益于他父亲的正确指导和支持。比尔·拉福的故事告诉我们，成功的职业生涯规划需要设定明确的目标，进行系统的学习和实践，不断地提升自我。

第一节　职业生涯规划的主要内容

一、学业规划

大学生的主要任务就是学习，因此，学业规划是大学生职业生涯规划最重要的内容。学业规划包括专业技能学习规划、公共基础知识学习规划、就业知识学习规划等。大学生应该根据自己的大学目标，在深入剖析社会需求、明确社会所需人才的基础上，结合学校的课程安排，制定科学的、个性化的学业规划。

（一）专业技能学习规划

进入大学前，每个大学生都必须选择一门专业。选专业是极为慎重的事情，它可能会影响一个人整个的职业生涯，大学生选专业的标准各不相同，但大部分人期望毕业以后尽量从事与该专业相关的行业。大学期间的学习，主要目的是习得工作岗位所需的专业技能，而专业技能是大部分大学生毕业后安身立命的本钱，其重要性不言而喻。那么，大学生该怎样做好专业技能学习规划呢？

首先，要确定专业技能学习的目标。例如，师范专业的大学生，其学习目标应该是达到教师岗位所需的技能要求，即一方面要达到理论学习要求，顺利毕业，取得教师资格证；另一方面，要通过实习，熟练掌握实操技能。会计专业的大学生的学习目标应该是掌握会计岗位所需要的会计知识，考取会计相关资格证书，如助理会计师证、会计师证等。大部分大学生或许对这些专业要求并不熟悉，需要通过多种途径增加了解，如查阅资料、咨询老师或者到相关岗位实地考察。有的大学生在整个大学期间学习目标模糊，浑浑噩噩，不知道该学什么，毕业以后才发现自己根本达不到岗位要求。

其次，要合理规划不同阶段的学习。大一阶段主要任务是打基础，适应新的学习环境，掌握专业的基础知识，了解专业的基本特点，寻找专业学习的方法，培养对专业的兴趣。大二、大三阶段是深入学习阶段，主要任务是了解专业的课程体系，掌握专业学习的主要方法，研究专业的发展动向，探析专业的就业特点。大四阶段是实习实践阶段，主要任务是提高专业能力，撰写毕业论文，准备相关职业资格证书考试，为毕业做好准备。

最后，要明确自己的学习方式。大学学习比较自由，需要大学生自主安排自己的学业。因此，自学能力是提升专业能力的重要保障。大学生应充分利用好课堂时间汲取知识，同时加强自学，提高自己的专业水平，增强自己的竞争力。

（二）公共基础知识学习规划

公共基础知识主要涵盖外语、计算机、写作、公共关系等方面的知识。如今处于信息化时代，社会的国际化程度越来越高，对人才综合素质的要求也越来越高。作为当代大学生，必须不断提高自己的综合素质，而公共基础知识正是综合素质的具体体现。有的大学生对公共基础知识学习不够重视，认为其对就业帮助不大，结果毕业时没找到相关专业工作，又因综合素质不足，就业陷入困境；而那些综合素质较高的学生，即便没有找到专业对口的工作，就业也相对容易。大学生在学好相关知识的同时，可适当考取一些外语、计算机等级证书，这对提升就业竞争力很有帮助。但是，要妥善分配好专业学习与公共基础知识学习的时间，不能顾此失彼。

(三)就业知识学习规划

就业知识学习主要指就业形势分析、就业信息搜集、就业技巧训练、职业素质培养等。

专业技能不等于专业岗位，技能与岗位之间需要一座桥梁，这座桥梁就是就业知识。并非专业技能学好了，就一定能有一份好工作。必须先掌握就业知识，找到合适的工作岗位，专业技能才有发挥的场所。有的大学生在校成绩很好，但对就业信息和职业要求一无所知，或是不知道如何在招聘者面前表现自己，最终导致求职失败，这都是缺乏就业知识的结果。

制定就业知识学习规划，要注意以下三点。一是明确阶段性学习目标。大一阶段主要任务是认识自我，确定职业目标，提高职业素养；大二阶段主要任务是了解行业形势，做好职业生涯规划；大三阶段主要任务是掌握搜集就业信息、面试笔试的技巧，做好求职准备；大四阶段主要是明确专业岗位职责、搜集就业信息、参加招聘会等。二是重视就业指导课，关注学校实习就业处的相关信息及国家相关就业政策。三是树立正确的就业观。

二、成长规划

大学生成长规划的内容主要包括：养成良好的生活习惯，培养健康的兴趣爱好，保持良好的心态，学会财务管理，树立正确的世界观，拥有梦想。

(一)养成良好的生活习惯

良好的生活习惯是个人身心健康的保证，而身心健康是人们学习、工作的基础。大学生精力旺盛，又处于长身体、学知识的阶段，养成良好的生活习惯有助于其顺利、成功地度过大学阶段。为了达到身心健康的目的，大学生从踏进大学校门开始，就应着手培养自己良好的生活习惯。

要养成良好的生活习惯，大学生应做到：保证合理的营养供应，不暴饮暴食，不采用节食的错误方法减肥；养成规律的作息习惯，科学安排作息时间；坚持适度的体育锻炼和文娱活动；改变吸烟、酗酒、沉迷电子游戏等不良生活习惯。

(二)培养健康的兴趣爱好

大学毕业生在参加招聘面试时，常常会被问有什么兴趣爱好。用人单位希望通过这个问题，了解应聘大学生的性格，进而分析该生是否适合招聘的岗位。很多大学生面对这个问题时显得很茫然，有的说不出自己有什么兴趣爱好，有的把上网、玩电游、跑步也当作兴趣爱好。这些回答对面试而言并无益处。

健康的兴趣爱好对大学生成长非常重要。兴趣是最好的老师，它可以激发一个人的潜能，提升效率。兴趣不全是天生的，大多数兴趣可以经过后天培养而得。大学生应拓宽视野，多接触新鲜事物，多尝试。唯有多尝试，才能知道自己究竟喜欢做什么，什么是自己的最爱。大学生应该充分利用学校的资源，多方寻找适合的平台，培养自己的兴趣爱好。

需要注意的是，健康的兴趣爱好有益大学生成长，不健康的兴趣爱好却危害极大。有的同学迷恋网络，通宵达旦地上网；有的同学喜欢赌博、酗酒等，这些都是不健康的恶习，要坚决杜绝。

（三）保持良好的心态

良好的心态是大学生身心健康的重要标志，也是学习、就业的重要保障。当今社会，科技越来越发达，知识更新越来越快，竞争压力越来越大，大学生就业、工作的难度也越来越大，这就需要大学生拥有良好的心态。“态度决定一切”正是对心态作用的最好描述。大学生应重点培养以下心态。

1. 成长心态

大学阶段是学习的阶段、成长的阶段，大学生要敢于尝试，不怕失败。失败是成功之母，成功者永不放弃，放弃者很难成功。大学生要学会找方法，要知道：成功一定有方法，失败一定有原因。

2. 竞争心态

这是一个竞争的社会，适者生存，不适者淘汰，大学生要想进入社会，取得成功，必须在大学期间培养出一种竞争的心态，提高自己的竞争力。有些大学生心理承受力较弱，面对就业困难时，心生畏惧，一味逃避，不敢面对，最终成为无业一族，这就是因为缺乏竞争的心态造成的。当然，要想竞争胜出，仅有竞争的心态是不够的，还须不断地充实和完善自己，给自己制定竞争策略和战略规划，并切实践行。

3. 责任心态

每个人都是带着责任来到这个世界上的。美国西点军校规定：每个学员无论在什么时候，无论在什么地方，无论是否进行自己的私人活动，都应履行自己的职责和义务。这种履行应源于内心的责任感，而非外在奖励。

4. 空杯心态

空杯心态强调人要保持一颗谦逊之心，敢于自我否定，不断地吸收新鲜事物，以提高自己的学识、修养。一代武学宗师、功夫巨星李小龙曾说：“清空你的杯子，方能再行注满，空无以求全。”空杯心态并非一味否定过去，而是不要沉溺过去，或者说保持一切向前看的态度，去融入新的环境，对待新的工作、新的事物。大学生是一个年轻的群体，容易接受新鲜事物，他们最需要这种空杯心态。

5. 积极心态

积极心态是指积极的心理态度或状态，是个体对待自身、他人或事物的积极、正向稳定的心理倾向，是一种良性的、建设性的心理准备状态。积极主动的人心中自有一片天地，无论外界阴雨绵绵还是晴空万里，都不会对他们产生影响。积极主动的人知道自己在做什么，知道自己想要什么。这样的人理智胜于冲动，他们能够慎重思考，选定价值观并将其作为自己的内在动力，他们依靠自己的能力来实现自己的人生目标。

积极不是与生俱来的个性，而是可以后天培养而成的，没有一个人天生就懂得怎么积极主动地去做事。大学生应有意识地培养自己积极主动的心态，为自己美好的未来而奋斗。

6. 专注心态

如果个体能够集中精力专注于一项工作，那么大部分人能把这项工作做到最好。能成大事的人都是能够迅速而果断地做出决定，目标明确，并专心致志地朝着这个目标努力的人。一次只做一件事，全身心地投入其中，并保持积极乐观的心态，这才是通向成功的正确道路。

7. 平常心

平常心指的是一种淡定的心态，即对自己有清醒的认识，能够积极主动地追求目标、竭尽全力，但对结果不过分强求，保持顺其自然、从容淡定的态度。

(四)学会财务管理

大学是人生的重要阶段，是理财的起步阶段，也是学习理财的黄金时期。对于没有收入的在校大学生而言，大学阶段的财商培养只是训练和演练，目的在于帮助大学生在日常生活中养成良好的理财习惯。学会理财，是大学生在踏入社会前的一项准备工作，也是尽快适应社会生存法则的捷径。大学生要树立一种正确的金钱意识，学会花钱。即能够量入为出，会计划、会管理，懂得专款专用，花钱有节制。

有大学生认为，在校大学生主要是靠父母出资缴纳学费、支付日常生活开支、完成学业，没有收入来源，实在是无财可理。真的是这样吗？一方面，部分大学生不合理地进行消费校园，“月光族”“负翁负婆”已成为一种普遍现象，这其实就是不会财务管理造成的。有调查显示，当代大学生实现经济独立的愿望是相当强烈的，相当数量的大学生认为“子女在大学时应尽可能自立”。另一方面，大学生已经成了非正式劳动力市场中的一个相当活跃的群体，他们在很多领域运用自己的能力，获得相应的报酬。因此，大学生学会理财是必要的，也是急需的。

大学生理财的核心可以概括为：开源和节流。

1. 开源

开源就是指拓宽收入来源，大学生拓宽收入来源的方式主要有勤工俭学、学会投资两个方面。

(1)勤工俭学。例如，在学校图书馆兼职管理图书，在食堂负责收拾餐桌；在麦当劳、肯德基等餐饮行业兼职做服务生；根据专业的不同在公司兼职做办事员、办公室助理，去超市做促销员、导购员；在报社兼职做记者、撰稿、校稿等。做兼职能使大学生走出校园、接触更为真实和广阔的社会，既能锻炼其人际交往的能力、处理实际问题的能力，也能使其更多地了解社会，提高心理承受能力和适应能力。

(2)接触投资领域。对于很多远离父母、独立生活的大学生来说，平日里打交道最多的便是银行。因此，大学生理财可以先从银行开始，通过了解最基本的金融常识和存款利率等基本银行功能开始，学习如何独立理财。但切记一定不要轻易尝试各种“校园贷”，以免走上不归路。

对于有一定经济基础的大学生来说，可以适当尝试进行一些真正的投资，如股票、基金等。涉足投资领域并不完全是为了挣钱，更多的是一种练习。大学生可以通过对过程的直接参与，使自己更好地认识投资市场，了解金融方面的基本知识，不仅开阔了眼界、培养了能力，还为日后步入社会积累了经验和教训。当然，由于大学生的风险承受能力近乎0，投资时一定要量力而行。

2. 节流

节流就是合理消费，是理财的另一个方面。要做到花钱有度，合理消费应从以下两个方面做起。

(1)树立正确的消费观念。大学生的主要任务是学习，不要片面追求物质享受或和同学攀比，要在自己能够承受的范围内消费。

(2)制订合理的消费计划，科学安排生活支出。自觉抵制超前消费和过度消费，适度参加各种聚会或团体活动。

(五)树立正确的世界观

“青年是引风气之先的社会力量。”作为国家的希望和未来，大学生应该树立正确的世界观，培养民族责任感，以强大国家为己任，立志做一个有利于社会的人。

(六)拥有梦想

梦想是指人们对于美好事物的一种憧憬和渴望，可以给一个人带来巨大的力量，教育家杜士扬老师这样赞叹：“梦想点燃了一个人生命的希望和热情，梦想催动了一个人奋斗、战斗的勇气和决心，梦想激扬着一个人无视眼前的任何困难，梦想鼓舞着一个人百折不挠永不放弃!”

梦想距理想只有一步，当一个人把梦想当作目标，加以规划、实施，梦想就变成了理想。为了理想，人们可以拼尽全力去实现它、完成它。可以说，人类因梦想而进步，生活因梦想而变得美好。我们看到，现代的人类能够飞上天，登上月球，冲向外太空；不用出门，在手机上轻轻一点，就可以知道天下事，这些古人们的梦想，现在都一一实现了，这无疑是人类的进步。每一个人都有梦想，但能够坚持梦想的却不多，而那些坚持者常常能取得成功。大学生都怀揣着梦想来到学校，面对生活的现实、就业的压力，大部分学生对于梦想会选择逃避，他们在世俗中奔走、忙碌，把梦想遗忘，最终泯然众人矣。

三、社会实践规划

参加社会实践活动有助于大学生通过体验自己学习和工作上的成功与不足，进行自我反思，不断完善自我，进一步提高自身综合素质，从而培养广大学生的创新意识，激发学生勤奋学习、勇于创新、奋发成才的积极性和主动性，推动大学生“创新教育、实践教育”向纵深发展，也让其平时的理论学习有付诸实践的机会。

大学生社会实践规划主要包括参加大学社团、社会实践活动和参加实习三个方面。

(一)参加大学社团

大学生活只有短暂的几年，转瞬即逝，应好好珍惜。选择一个感兴趣的社团好好锻炼自己，是每一个大学生都应该考虑的。社团为大学生提供了一个与人和社会接触的机会，从中可以提高自己的社交能力、实践能力、自制能力、生存能力，填补某些性格上的空白，也可以增进同学之间的相互了解，结识更多的新朋友。

大学社团种类很多，面对各种各样令人眼花缭乱的社团组织，大学新生应该按照自己的特长与爱好，明确自身定位，选择合适的社团。在选择社团时，还要综合多方面的因素和条件，考虑清楚后再做决定，切不可草率、贪多，也不能抱着功利性的想法。一旦入选某个社团，就得认真去做好社团的每一项工作，坚持到底。

(二)社会实践活动

“学以致用，贵在实践”，大学生必须把自己的所学应用到实践中去，在实践中增长自己的见识和才干，体现自身价值。参加社会实践活动可以提高大学生应对各种情况的能力，培养解决问题的能力，促进集体协作，提升交往能力。社会实践还可以培养大学生吃苦耐劳的精神，使他们学会管理自己，发掘自身潜能，以适应世界和时代的变化，增强生存能力。

那么，大学生应该如何开展社会实践活动呢？

首先，大学生可以利用假期和课余的时间参加社会实践活动。例如，前往国有大型企业参观领略国企改革的成就，定期参加学校开展的报告活动和学校社团活动；到农村进行农民生活状况的调查，作为青年志愿者深入社区，走进千家万户，帮助社区解决实际问题等。此外，许多单位也会在假期时有更多的用人需求，尤其是服务行业向大学生提供了许多临时性工作岗位。大学生在寒暑假参加社会实践活动，既可以锻炼自理能力，又可以提前适应社会，为以后就业打好基础。当然，利用课余时间如中午、晚上也可以参加勤工俭学等社会实践活动，但这样将会挤占大部分自我学习时间，对大学生丰富知识、精修专业是有一定负面影响的，一般情况下并不提倡。

其次，大学生必须明确参加社会实践活动的目的。大学生参加社会实践，应该明确自己为的是什么，是开拓视野、适应社会、学会独立、解决经济困难还是专业实践？或者兼而有之？只有明确了目的，才能够在实践中获得自己想要的收获，否则，一心只为赚钱，就失去社会实践的意义了。

最后，要做好社会实践总结。做好社会实践总结，可以让自己明确取得了哪些收获，得到了哪些经验教训，哪些是成功的，哪些是需要改进的，从而在以后的学习工作中，扬长避短。

(三)参加实习

实习对大学生来说意义重大，主要体现在：

(1)完善专业技能，增强动手能力。当前，我国大部分高校给大学生在校期间安排的学习都是以理论学习为主，大学生获得的实践操作机会相对有限，这就导致他们的专业技能存在缺陷，实习可以解决这个问题。在实习单位，大学生可以亲眼看见专业知识如何运用在实践中，并且在老师的指导下，他们可以亲手操作，从而把抽象的理论转化为实际的技能，提高自己的专业能力。

(2)了解职业与行业，确认喜欢或擅长的职业。了解职业与行业有很多方法，如阅读相关的文章，请教业内人士，但最直接的方法还是亲自做这份工作。在做的过程中，你可以确定自己是否喜欢这份工作，自己能否胜任。如果喜欢又胜任，以后毕业找工作，就可以把它作为目标职业；反之，就要寻找新的工作方向。

(3)为从学生角色向职业人角色转变做准备。人们常说，大学是个象牙塔。确实，学校与职场、学习与工作、学生与员工之间存在着巨大的差异。在角色转变的过程中，人们的观点、行为方式、心理等方面都要做适当的调整。而实习提供了一个机会，让大家接触到真实的职场。有了实习的经验，以后毕业工作时就可以更快、更好地融入新的环境，完成学生向职场人士的转换。

(4)增强找工作时的竞争优势。曾经有公司做过一项调查“雇主如何选择应届毕业生”，参与调查的公司包括外企、国企和民营企业，规模也有大有小。有一个题目是让他们选择看重的方面，包括学校、专业、成绩、证书、实习经验、社会实践和户口等。结果不同性质与规模的公司侧重点有较大的不同，唯有一个要素是所有公司都重视的，那就是和应聘职位相关的实习经验。所以，如果在大学期间有相关的实习经验，在找工作时会有很大的优势。而且不少公司会挑选实习生中的优秀者留下来成为公司的正式员工，这样的招募方式正被越来越多的跨国公司使用，并成为其挖掘“早期人才”的战略之一。例如，IBM公司去年的实习生中有50%留了下来，IBM公司高层希望今年这个比例可以提高到80%。

实习是大学生对自己未来职业的一种体验，只有亲身经历后方能进一步确定自己的目标职业是否正确，理想中的职业与实际中的职业是否有差距，差距有多大，自己是否能够接受。而对于招聘公司来讲，实习经验是他们检视大学生能力的一种方式。如果连实习都不能完成，怎么能相信个人可以胜任以后的正式工作呢？

大学生在实习前应对实习有所规划，对是否需要实习、到哪里实习、在实习中取得哪些职业素养做到心中有数，而且在实习中对自己遇到的困难要坦然面对。实习结束后尽可能请实习公司为自己的实习经历写一份实习评估或是评价，这种来自实习单位的评论，对大学生未来的求职有很大作用。

第二节　职业生涯规划的步骤

根据教育部《第二届全国大学生职业规划大赛成长赛道方案》中生涯发展报告的要求及评审标准(见表 8-1)，职业生涯规划的步骤可以分为自我分析与评估、环境分析、设定目标、实施方案、评估与修正。大学生要做好职业生涯规划，就应严格按照设计的流程，认真做好每个环节的工作。

表 8-1　　**第二届职业生涯规划大赛成长赛道评审标准①**

指标	说　明
职业目标	结合所学专业多渠道了解相关行业发展趋势和就业市场需求，综合分析个人能力优势、兴趣特长等，合理设定职业目标
	基于职业目标对综合素质和专业能力等方面要求，科学分析个人现实情况与职业目标间的差距，制订合理可行的成长计划
	职业目标能够将个人理想与国家需要、经济社会发展相结合，体现正确的择业就业观念
学习实践行动	围绕目标职业要求，结合学校育人特色和所学专业，利用学校及社会资源开展学习实践
	学习实践行动取得阶段性标志性成果，接近职业目标要求
动态调整	及时对学习实践行动成效进行自我评估，总结分析收获、不足和原因，对职业目标和学习实践行动路径等做动态调整

一、自我分析与评估

有效的职业生涯规划应该从全面了解自己即自我评估开始。自我评估的目的是审视自己、认识自己、了解自己。只有充分认识了自己，对自己的职业生涯做出正确的志向选择，选定适合自己的职业生涯发展路线，进而对自己的职业生涯目标做出最佳选择。

自我评估包括对自己的性格、兴趣、特长、学识、技能、智商、情商、思维方式、道德水准及社会中的自我等进行客观全面的评价。当然，自我评估还要求自我认识和他人评价相结合。通过自我评估，可以认识自身的条件，进行比较准确的自我评价，根据自身特点确定自己的职业志向和目标。大学生应以民族利益为重，用发展的、长远的眼光，从社会的需要来确定自己的职业选择和志向。

① 中华人民共和国教育部. 教育部关于举办第二届全国大学生职业规划大赛的通知[EB/OL]. [2024-10-22]. http://www.moe.gov.cn/srcsite/A15/s3265/202410/t20241023_1158910.htm.

二、环境分析

环境因素对个人职业生涯规划的影响很大。只有顺应外部环境的需要和变化，最大限度发挥个人优势，个人目标才能得以实现。外部环境分析包括对社会经济环境、行业环境职业环境、单位环境及个体成长的环境等的分析。一般而言，长期规划更注重对社会环境的分析，短期规划则更注重单位环境的分析。大学生要找出自己与上述环境的关系，以及环境对自己的有利条件、不利因素，并据此调整自己的目标。只有把自身因素和外部因素最大限度地契合，才能在现实中趋利避害，使职业生涯规划更具现实意义；才能更好地确定职业目标和选择职业路线。

三、设定目标

合理设定目标是职业生涯规划的核心。在认识自我、了解环境之后，大学生就要对自己的职业生涯方向做出完整、清晰的规划。目标包括人生目标、长期目标、中期目标与短期目标。这些目标分别与人生规划、长期规划、中期规划和短期规划相对应。在设定目标时，首先要根据个人的专业、性格、气质和价值观及社会的发展趋势确定自己的人生目标和长期目标，然后再把人生目标和长期目标细化。要注意将长远目标和短期目标结合起来，通过不断实现短期目标来最终实现长远目标。生涯目标要具体明确、高低适度、留有余地，并与组织目标相一致。

与此同时，大学生还要选择职业生涯路线，可以从三个方面考虑：一是个人希望向哪条路线发展，主要根据自己的价值、理想和动机来确定自己的目标取向；二是个人适合向哪一条路线发展，主要根据自己的性格、特长、经历、学历等客观条件，确定自己的能力取向；三是个人能够向哪一条路线发展，主要考虑自身所处的社会环境、政治与经济环境、组织环境等，确定自己的机会取向。例如，个人是走行政管理路线，向行政方面发展；还是走专业技术路线，往业务能力方面发展等。

四、实施方案

在职业生涯目标和职业路线选择确定后，还必须有相应的行动方案和具体的行动措施，这些方案和措施要明确、具体，具有较强的可行性，以便定期检查落实情况。这就需要制订一套周密的行动计划，并辅以考核措施，以确保目标的实现。这里所指的行动主要是指落实目标的具体措施，包括教育、培训、实践等方面的措施。例如，在职业素质方面，计划学习哪些知识、掌握哪些技能、开发哪些潜能等。

五、评估与修正

评估是个人对自己和社会的认识不断加深的过程，是使职业生涯与发展规划更加有效的有力手段。在实现职业生涯目标的过程中，必须根据实际情况自觉地总结经验教训，修正对自我的认知和定位，弄清自己适合从事什么职业。大学生刚开始进行职业生涯规划时，由于对自身及外界环境都不十分了解，最初确定的职业生涯目标往往比较模糊或抽象，有时甚至是错误的。经过一段时间的工作以后，必须有意识地回顾自己的得失，检验自己的职业定位与职业方向是否合适。这样在实施职业生涯规划的过程中自觉地总结经验教训，评估职业生涯规划，可以修正对自我的认知。通过评估与修正，大学生可以极大地增强自己实现职业目标的信心。

修正的内容主要包括职业的重新选择、职业生涯目标的修正、职业生涯路线的选择、实施行动计划的变更等。俗话说“计划赶不上变化”，尤其在现代职业领域，变化是永恒的主题。影响职业生涯规划的因素有的是可以预测的，而有些则难以预测。成功的职业生涯规划需要时时审视内外环境的变化，不断对自己的设计进行评估和修正，并调整自己前进的步伐。

在当今科学技术迅猛发展、知识更新加速、竞争日益激烈的环境下，青年人不仅要树立远大理想，更要以强烈的责任感和使命感，自觉肩负起新时代赋予的重任。个人的理想只有与国家利益和人民需求紧密结合，才能真正闪耀光芒。因此，青年人在规划职业生涯时，应坚定信念、志存高远，将个人价值实现与国家前途、人民意愿紧密相连，为实现中华民族伟大复兴的中国梦贡献青春力量。我们要抓住中华民族发展的最好时期这一历史机遇，努力学习文化知识和专业技能，丰富自己、提升自己。只有坚持不懈地学习理论知识、积累社会实践经验，练就过硬本领，并制定一份科学合理的职业生涯规划，我们才能更好地服务人民、奉献社会，不负祖国和人民的期望。

第三节　如何撰写职业生涯规划书

一个人的职业生涯历程是完整而连续的，但也是分阶段的，在每个阶段都有相应的任务和目标。只有充分认识到人在职业生涯发展各个不同阶段的特点和规律，才能更好地规划自己的人生，最终实现自己的目标。国内外学者们提出了各自的阶段划分理论。

一、职业生涯规划书的主要内容

职业生涯规划书是职业生涯规划的书面化呈现，包括扉页、自我评估、环境分析、职业选择、生涯策略和评估反馈等基本内容。

1. 扉页

扉页包括题目、姓名、基本情况介绍(如专业、年级等)、规划年限、年龄跨度、起止时间。其中，规划年限视个人具体情况而定，短则半年，长则5~10年，一般以3~5年为宜。

2. 自我评估

职业生涯规划书中的自我评估包括个人经历回顾、个人性格评估、个人能力判断、个人职业倾向分析、个人职业价值观判断以及自我分析与评估总结等内容。

3. 环境分析

职业生涯规划书中的环境分析包括社会环境分析、学校环境分析、家庭环境分析、行业环境分析、组织环境分析、职业分析、岗位分析以及环境分析结论等。

4. 职业选择

选择职业就是选择人生。这一部分应包括选择职业方向、判断职业价值、分析职业发展潜力、明确职业发展路径等内容，力求使自己的素质潜能与职业目标实现最佳匹配。

5. 生涯策略

这一部分应包括长期、中期、短期的职业生涯规划，各阶段规划的分目标，计划内容(专业学习、职业技能、职业素养)，计划实施策略等。

6. 评估与反馈

职业生涯规划书的评估与反馈包括预评估的内容、可能存在的风险、风险应对方案等内容。

二、职业生涯规划书的基本格式

(一)表格式

表格式职业生涯规划书一般仅包括个人情况基本介绍、职业目标的说明、各阶段规划任务与发展策略。它是一种简约直观的职业生涯发展设计文件，有的仅相当于一份完整的职业生涯规划书的计划实施方案表。这种格式的规划书更适合于作为阶段任务的提示。以下是一名会计学专业大学三年级学生设计的表格式职业生涯规划书(见表8-2)。

表8-2 **表格式职业生涯规划书**

基本情况	姓名：×× 性别：× 专业：会计学 年级：大学三年级 专业基础扎实，熟练掌握会计准则和财务软件，已通过大学英语四级考试，已考取初级会计师证书；热情乐观，极具亲和力，具有较强的人际沟通能力；思维敏捷，表达较流畅；在大学期间长期担任学生干部，有较强的组织协调能力；创新意识较强，有很强的学习能力
职业目标	知名会计师、财务经理(会计学方向)
发展策略 (职业生涯发展路线)	助理审计师—审计师—财务经理；财务总监—知名会计师或企业高级管理人员
短期规划	通过实践学习，深入掌握企业的财务管理理论和会计实务，积累一定的实践经验；通过初级会计职称考试，以优异成绩完成本科学业，并在会计师事务所找到一份会计方向的工作；踏实努力工作，积累工作经验，提高从业能力，早日成为具备独立审计能力的会计师
中期规划	熟练处理本职工作，工作业绩在同级同事中较突出；熟悉企业运作机制及企业文化，能与公司管理层进行无障碍沟通；通过中级会计职称考试，通过CPA；成为财务经理、财务总监
长期规划	拥有广泛的社会交际关系，能在国内外专业刊物上发表自己的研究成果；完成MPAcc的深造学习，取得硕士学位并考取高级会计师；成为知名会计师或财务总监

(二)条目式

条目式职业生涯规划书包含一般职业生涯规划书的主要内容，但语言表述较简略，以条目形式列出，缺少详细的材料分析和评估。其特点是简单明了，但规划过程的逻辑性相对较弱。以下是一则示例。

条目式职业生涯规划书示例

1. 大学毕业后的十年总体规划

时间：2025—2035 年。

美好愿望：成为技术领域的专家。

职业方向：软件开发、人工智能、大数据领域的领导者。

总体目标：完成本科及研究生阶段的学习，进入大型科技公司或创业公司。

2. 社会环境分析

(1)社会一般环境：全球经济一体化，科技快速发展，中国在全球科技领域扮演着越来越重要的角色。科技创新成为推动经济发展的主要动力，中国企业在国际市场上的竞争力不断增强。

(2)职业特殊社会环境：信息技术的快速发展对经济和社会产生了深刻影响。掌握并运用前沿技术，参与国际科技合作与竞争，对于个人职业发展具有重要意义。

3. 行业环境分析

当前信息技术行业的发展呈现出五大趋势：

(1)人工智能、大数据、云计算等新兴技术快速发展，对经济增长的拉动作用日益显著。

(2)以创新驱动的科技企业成为行业发展的主力军，中国在全球科技领域的竞争力不断提升。

(3)国际科技合作与竞争日益激烈，区域经济合作趋势增强。

(4)科技服务和创新成为行业发展的新动力。

(5)跨国公司在全球科技领域的主导作用日益增强。

4. 个人分析与角色建议

(1)个人分析：

自身现状：编程能力较强，对新技术有浓厚的兴趣；具有较强的逻辑思维能力和问题解决能力；有较强的学习能力和适应能力。

性格、爱好：性格开朗，乐观向上；爱好编程、阅读科技书籍、参与科技社团活动。

(2)不同角色给出的建议：

父母：要不断学习，提升自己的专业能力；工作要努力，要有发展，要在大城市发展，方便我们退休后搬来一起居住生活。

老师：要勤奋、有上进心、灵活、有纪律性。

同学：要有较强的工作能力，责任感强。

5. 职业目标分解与组合

职业目标：分阶段阐述。

成果目标：通过实践学习，熟练掌握计算机科学与技术领域的知识和技能。

学历目标：完成本科学业，适时考取研究生；尽量考取一些相关的专业资格证书。

能力目标：学习成绩、工作业绩在集体中居于突出地位；熟悉科技公司运作机制及企业文化，能与公司管理者进行无障碍沟通。

经济目标：年薪30万元以上。

6. 成功标准

我的成功标准是个人事务、职业生涯、家庭生活的协调发展。

7. 职业生涯规划实施方案

规划实施存在的障碍：

(1)快速适应新技术的能力欠缺。

(2)身体适应能力有差距。

(3)社交圈太窄。

(4)英语水平有待提高。

(5)专业技能需要进一步熟练。

8. 解决方法

(1)充分利用本科毕业前在校学习的时间，学习所需的知识和技能，包括参与社会团体活动，广泛阅读相关书籍，选修、旁听相关课程，报考技能资格证书等。

(2)养成良好的锻炼、饮食、生活习惯。每天保证6~8小时的睡眠时间，每周锻炼3次以上。

(3)充分利用自身的条件扩大社交圈，重视同学交际圈，重视和每个人的交往。

(三)论述式

论述式职业生涯规划书通常格式完整、规范，通过对自身条件、职业人士以及职业目标的定位分析来说明职业生涯规划的依据，对个人职业生涯的选择规划进行全面而详尽的分析和阐述，充分反映规划主体的内心思考过程。以下是一则示例。

论述式职业生涯规划书

姓名：张三。

规划期限：4年。

起止时间：2023年9月至2027年7月。

年龄跨度：18~22岁。

阶段目标：顺利毕业，成为一个有一定经验的电子商务运营人员。

总体目标：成为一家知名电商公司的运营主管。

个人分析：性格外向，具有较强的人际沟通能力和团队合作精神，思维敏捷，表达流畅，有较强的组织协调能力，对电子商务领域有浓厚的兴趣，高中毕业后有一段在电商公司实习的经历。

1. 目标分解与目标组合

(1) 目标分解。

目标可分解成两个大的目标：一是顺利毕业，二是成为一个有一定经验的电子商务运营人员。对于第一个目标，可分解为把专业课学好和把选修课学好，以便修完足够的学分，顺利毕业。接下来，还可以细分：在专业课程中，如何学好每一门课程；在选修课程中，需要选择哪些课程，如何取得相关资格证书。对于第二个目标，又可分解为接触电商阶段、了解电商阶段和熟悉电商阶段。接下来，还可以细分：在接触电商阶段，需要采用什么方法，和哪些公司保持联系等。

(2) 目标组合。

顺利毕业的前提是学好专业课程，同时保证必修学分和选修学分修满，而专业课程的学习也对职业目标(成为一个有一定经验的电子商务运营人员)有促进作用。

2. 具体实施方案

要成为一个有一定经验的电子商务运营人员，需要缩小自己和有一定经验的电子商务运营人员的差距。这些差距包括以下几项：

(1) 思想观念上的差距。

刚从事电商运营的人一般会认为运营只是管理商品，但有一定经验的人则会认为运营是“卖出自己”——客户只有相信运营者，才可能购买商品。为缩小这种差距，需要向有经验的人员请教，并在实践中体会这一点。

(2) 知识上的差距。

书本知识的欠缺只是一个方面，更重要的应当是实践的差距。为缩小这种差距，需要在学习书本知识的同时，多参与真正的电商运营，在实践中领会书本知识。

(3) 心理素质的差距。

电商运营工作需要从业者具有百折不挠的精神，而作为一个被人称为“天之骄子”的大学生，缺少的可能恰恰是这一点。这种差距，需要在实践中逐步消除。

(4)能力的差距。

这一点可能是最重要的。为缩小这种差距，除了在实践中逐步学习外，还要和电商运营高手保持密切的联系，以便随时请教和学习。

3. 检查和反馈

在向电商运营高手请教的过程中，发现自己需要学习的书本知识还有很多，特别是外语方面能力需要提高，否则就无法适应现在的电商运营要求。因此，决定加强英语的学习，准备报一个英语的口语班，每周上一次课，同时准备参加学校里的英语角，切实提高英语水平，尽量在2025年通过英语四级，在2026年通过英语六级。

美国的成功学大师安东尼·罗宾斯曾经提出过一个成功的万能公式：成功=明确目标+详细计划+马上行动+检查修正+坚持到底。从这个公式可以看出，要想成功，先要明白自己的目标，制订详细的计划。在职业生涯规划中，我们首先需要选择一个最适合我们发展的行业和职业，然后确定目标，同时对整个职业生涯进行初步规划，最后付诸行动，并且经常对自己的目标和计划进行检查修正，最后坚持到底，如此定能获得职业生涯的成功。

第四节　职业生涯规划实施方案的制订、评估与修正

职业生涯规划的目标设定好之后，大学生应根据这一目标制订配套的实施方案，并依据实施方案来行动。如果说目标是结果，那么实施方案就是过程，是根据目标所制订的、为了达成目标而必须采取的行动措施。有无实施方案，决定了个体是主动地接近目标，还是被动地适应外界环境。

在现实生活中，经常有人做事半途而废。究其原因，很多是因为目标过大、过高，在实施的过程中，没有对目标进行阶段性的分解，并制订科学、可行的实施方案，最终导致自己离目标越来越远。因此，在制订职业生涯规划的实施方案时，应该把大学四年的总体目标分解成一个个具体的阶段性目标，制订出相应的阶段性实施方案。只要坚持实施这些阶段性方案，完成这些阶段性目标，大学四年的职业生涯规划目标就一定能实现。

一、职业生涯规划实施方案的制订

大学生制订的职业生涯规划实施方案应与职业生涯规划的目标保持一致。例如，职业生涯规划中有大学四年的发展目标，有在发展目标下制订的学业目标、生活成长目标和社会实践目标等内容，也有以年度、学期、月、周、日为单位的阶段性目标。根据这些目标，大学生应分别制订出大一至大四每个年度和各学期的实施方案，然后将每个年度、学期的实施方案分解到每月、每周、每日中。计划制订完成后，再将每日、每周、每月的计划实施下去，直至实现自己的一年、两年、三年和四年目标，让自己的大学生

活始终处于“有目标、有方案、可测、可调”的状态。

(一)总计划

大学期间的总计划是大学生根据自己的职业发展目标制订的实施方案。例如，如果职业发展目标是大学毕业后考研，那么在学业上就要高质量地完成本专业要求的理论和实践课程，加强外语能力，并提升政治理论水平。大学生可依据表 8-3 来制订自己大学期间的总计划。

表 8-3 **总计划表**

实施时间		学业方面		成长方面		实践方面	
		目标	方案	目标	方案	目标	方案
第一学年	上学期						
	下学期						
第二学年	上学期						
	下学期						
第三学年	上学期						
	下学期						
第四学年	上学期						
	下学期						

(二)年度计划

年度计划是大学生为了完成年度任务而制订的实施方案。例如，要在大二通过英语四级考试，需要在考前 3 个月内规划学习进度，分配时间完成单词准备、语法提升及阅读和翻译能力的提高；考前 1 个月进行模拟考试练习和考试技巧培训等。大学生可依据表 8-4 来制订大学期间的年度计划。

表 8-4 **年度计划表**

实施时间	学业方面		成长方面		实践方面	
	目标	方案	目标	方案	目标	方案
1 月						
2 月						
3 月						
4 月						

续表

实施时间	学业方面		成长方面		实践方面	
	目标	方案	目标	方案	目标	方案
5 月						
6 月						
7 月						
8 月						
9 月						
10 月						
11 月						
12 月						

(三) 月度计划

月度计划围绕月度目标来制订，应以“周”为单位来制订实施方案。例如，计划本月完成 1000 个单词的学习，则可安排前两周每周学习 300 个单词，后两周每周学习 200 个单词等。月度计划包括要做的工作、应完成的任务，以及对数量和质量的要求等。大学生可依据表 8-5 来制订大学期间的月度计划。

表 8-5　**月度计划表**

实施时间	学业方面		成长方面		实践方面	
	目标	方案	目标	方案	目标	方案
第 1 周						
第 2 周						
第 3 周						
第 4 周						

(四) 周计划

周计划围绕周目标来制订，应以“天”为单位来制订实施方案。还是以英语学习为例，如果一周要完成 300 个单词的学习，那么每天至少要完成 40？50 个单词的积累。大学生可依据表 8-6 来制订大学期间的周计划。

表 8-6 **周计划表**

实施时间	学业方面		成长方面		实践方面	
	目标	方案	目标	方案	目标	方案
周一						
周二						
周三						
周四						
周五						
周六						
周七						

(五)日计划

日计划围绕每天的目标来制订，一般应具体到每个小时的任务安排。例如，给每天早上和晚上各安排一个小时的英语学习，每天晚上进行当日总结和浏览第二天的计划。需要注意的是，大学生在制订计划的同时，应给自己留出足够的休息和休闲时间。大学生可依据表 8-7 来制订大学期间的日计划。

表 8-7 **日计划表**

实施时间	学业方面		成长方面		实践方面	
	目标	方案	目标	方案	目标	方案
6:00—7:30						
7:30—12:00						
12:00—14:00						
14:00—17:30						
17:30—18:30						
18:30—21:00						
21:00—22:00						
22:00—6:00						

总之，有了科学、合理的大学职业生涯规划和与之配套的实施方案，就必须根据该方案严格实行，这样才能使自己向着既定的目标迈进。

二、职业生涯规划实施方案的评估

影响职业生涯规划的因素有很多，其中有的因素是可以预测的，而有的因素则是难以预测的。在此情况下，要使职业生涯规划实施方案行之有效，就需要时时审视内外环境的变化，持续不断地对职业生涯规划实施方案进行评估，以调整个人发展的步伐。

(一)评估内容

一般来说，职业生涯规划实施方案的评估可以归结为自身的素质和行为对现实环境的适应性判断，即针对变化的环境，分析自己的现状，找出偏差所在，并作出修正。

实施方案评估内容主要包括以下四个方面。

1. 职业生涯机会的重新评估

职业生涯机会的重新评估即结合现实的社会、经济、行业及组织环境来分析自己未来的发展空间及可能性。随着时间的推移，每个人周围的环境也将发生改变，可能会给个人的职业生涯发展带来新的可能性，进而需要对当初设定的职业生涯规划目标和实施策略进行相应调整。

2. 自身条件的重新评估

自身条件的重新评估即在实践的基础上，重新认识和分析自我，找到自己的劣势和优势，进一步对物质自我、社会自我、心理自我进行比较和分析。

3. 职业生涯实施策略的变更

职业生涯实施策略的变更即重新调整、变更职业生涯实施策略，进一步发挥自己的优点、发展特长，弥补自身的不足。

4. 职业生涯目标的重新修正

任何一个行动计划在实施之后都可能出现以下几种情况：第一，目标基本完成；第二，目标轻松完成；第三，目标没有完成。目标基本完成，说明目标设定合理、行动得当，实施方案合适；目标轻松完成，说明目标设定过低；目标不能完成，则可能是因为目标设定过高，目标设定合理但行动方案不合适，或目标和行动方案都配套，但自身行动力不足。

(二)评估原则

1. 全面性

实施方案的反馈与修正应当全面。既要看到自己的优点和特长，又要看到自己的缺点和不足；既要对自身某一方面的素质进行具体评价，又要对整体素质进行综合评价；既要考虑整体因素，又要考虑其中占主导地位的重点因素。反之，任何片面的、孤立的、不分主次的评价，都不可能全面且正确地反映自己的整体素质状况。

2. 评估适度性

评估应该适当，不能矫枉过正。既不能过高地评价自己已取得的成绩，也不能因为某些挫折而过分悲观。过高的自我评价容易脱离现实，忽视自身条件限制，甚至导致自傲狂妄，由自信走向自负；而过低的自我评价则容易忽视自身长处，缺乏自信，陷入过度自卑。过高或过低的自我评价，对自己都是不公正的，也会对自己重新选择职业产生极为不利的影响。

3. 发展性

在进行实施方案的反馈与修正时，应以发展的眼光看待原先制定的职业生涯规划的目标和策略。世间万物都不可能是静止不变的，包括职业生涯机会、自身条件、职业生涯实施策略和职业生涯目标等。大学生应当对自身条件、现有的职业生涯机会、职业生涯实施策略和职业生涯目标等作出适当、全面、客观的评价，同时着眼于未来的发展，有预见性地进行反馈与修正。

4. 客观性

实施方案的反馈与修正还应当遵循客观性的原则。尽管是对自己进行观察、分析和评价，也需要以客观事实为基础和依据。要努力克服和排除自身各种因素的限制及干扰，才有可能使自我反馈与修正趋于客观和真实。

(三)评估方法

PDCA 循环又称戴明循环(Deming Cycle)。20 世纪 20 年代美国著名统计学家、有“统计质量控制之父”美名的沃特·阿曼德·休哈特，率先提出“计划—执行—检查”的概念，后由美国质量管理专家戴明发展成为计划—执行—检查—行动(Plan-Do-Check-Action)的 PDCA 循环。PDCA 循环是计划、执行、检查、行动四个阶段循环反复的过程，是一种程序化、标准化、科学化的管理方式，是发现问题和解决问题的过程。从宏观角度看，它是一个很好的方法论，可以运用到职业生涯管理活动中。

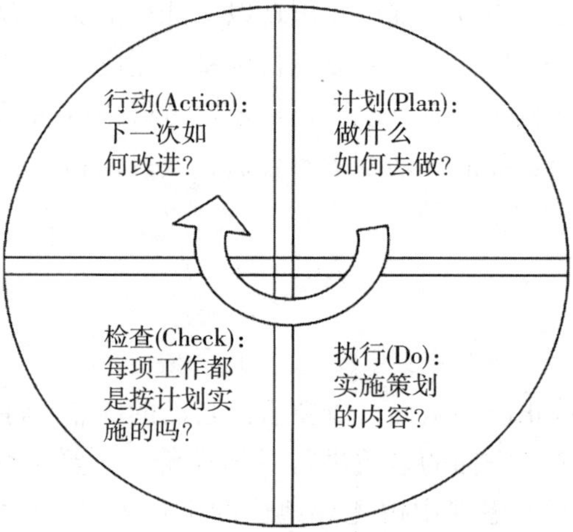

图 8-1 PDCA 模型

职业生涯规划实施方案的评估，同样应遵循 PDCA 循环体系，即整个过程可以分为计划、执行、检查与行动四个步骤。各步骤之间紧密相连，形成封闭的循环链条。当一个 PDCA 循环完成时，下一个 PDCA 循环又会开始，从而为职业生涯管理提供长期的、持续的支持与反馈。这是一个往复循环、逐步提高的过程，是由量变到质变的一种行动模式。

1. 计划

一个职业生涯成功的人，在其每个职业阶段中应该都有明确的目标，才能一步一个脚印，从低阶职位迈向高阶职位。刚毕业的大学生对其第一份工作肯定有憧憬，但是造化常常弄人，一个看似好的计划，其结果并不一定成功。如何才能制订一个好的计划呢？首先要对自己有全面和正确的认识，即所谓的知己知彼、百战不殆。其次计划的制订必须符合实际情况。

2. 执行

好的计划归根到底在于执行，对于执行，从古至今有很多的说法：言行一致、讷于言而敏于行，说的都是行的重要性。行动贵在坚持，这其实是非常困难的一件事，也就是常言的“说着容易，做着难”，许多人懂得这一点，但能持之以恒坚持下来的人很少。不能坚持执行的原因大多在于当初制订的计划不切实际，例如，自身的长处在销售，但偏偏希望在技术方面有所发展，这不仅会让自己在追求技术能力的道路上走不远，还会让自己非常痛苦。对于职业生涯的某一阶段，个人为达成目标所实施的行动，必须是让自己感到快乐的，是兴趣所在，这样才容易坚持到底。

无数人每天都会产生无数的想法，看到别人的成功，也要改变自己的生活状态，他们觉得如果自己处于他人的位置，也能做得很成功。需要指出的是，只有规划、没有行动是永远达不到彼岸的。不惧风险、排除风险、立即行动，才能拥有理想中的工作和生活。

3. 检查

应检查实施的结果与计划是否一致。进行检查时，需要确定时间点和标准两个因素。通常而言，某一阶段的职业生涯规划大目标下会分成几个子阶段，每个子阶段都可以作为一个检查点。检查的标准是当初设定的计划，如果完成了计划，那么执行是成功的，否则不成功。

每一个有志于掌握自己命运的人，在工作了一个阶段过后，都会将自己与他人、现状与理想做一番比较，都会反省自己当前的成就与自己的理想之间的差距，也会扪心自问是否满意自己的选择和努力。通过不断自检，及时发现问题、解决问题，这是人类进步和发展不可或缺的反省过程。

4. 行动

这里的行动是在对执行结果进行检验的基础上，纠正错误、调整方向。对于检验中没有达成的目标，需判断是计划本身的问题还是执行的问题。如果计划有问题，就应当调整计划，进入新的 PDCA 循环；如果执行有问题，就应当分析自己在时间、精力、金钱上的投入是否不足，方法是否存在问题。例如，在子计划中，学习计划没有完成，就需要分析花在学习上的时间是否足够、参加的专业培训是否必要、资料是否充足、学习方法是否合理等。深入挖掘执行不成功的原因，找到原因后，针对性改进后，然后进入下一个 PDCA 循环。周而复始，直到推动职业生涯发展。

使用 PDCA 循环评估职业生涯规划实施方案时，应注意以下几个问题。

(1)PDCA 循环的四个阶段缺一不可。计划—执行—检查—行动，这是使职业生涯规划从输入到输出的闭环管理过程，四个阶段相辅相成。

(2)大环套小环。大环套小环，一环扣一环，小环保大环，推动大循环。PDCA 循环的四个阶段中，每个阶段都可能嵌套自身的 PDCA 循环。其中，需要特别关注的是行动阶段。这一阶段是 PDCA 循环中的关键环节。缺乏此阶段，已取得的成果无法巩固(问题可能复发)，人们的问题意识难以提升，更无法提出遗留问题或新问题，循环将就此搁浅，无法持续下去。

(3)循环前进，阶梯上升。每完成一次 PDCA 循环，水平提升至新阶段，持续循环可实现持续改进。

在职业生涯规划体系中，PDCA 循环是一个动态的过程。它既可应用于体系中的每个子过程，也可贯穿整个系统。

(四)评估注意事项

为保证职业生涯目标的实现，在进行职业生涯规划实施方案的评估时，要具备目的意识、问题意识和改善意识，这也是评判其工作方法是否有效的重要标准。

1. 目的意识

目的意识就是行为主体对行动目的的认知。经常会看到某些人所做的很多事情与最终目标没有多大关系，虽然这样的人在工作中很卖力，但在衡量一个员工的工作业绩时，是看其工作目标的实现程度与投入成本的比较，而不只看他的工作量。例如，某人被安排参加培训，学习线上教学资源制作方面的知识，那么，其目的就是要通过学习提升自己的线上教学资源制作能力。这样一来，对培训结果的监控就显得非常重要，学习回来以后，个人不仅要写培训报告，还要在报告中写明自己准备如何根据学到的内容改进工作，改进哪些具体工作等。

2. 问题意识

问题意识是个体在认识活动中遇到疑难问题时产生的怀疑、困惑、探索和焦虑的心理，这种心理促使个体积极思考并解决问题。在职业生涯规划实施方案评估过程中，要不断地反思其中存在的问题，哪些做法有欠缺或不足。其原因之一是自己收集的资料不可能完全准确、齐全、客观，而评估本身也是一个主观行为，可能存在偏差；另一方面，事物总是在不断发展和变化，有些突发因素会在个人实施计划时出现，从而影响目标的实现。

此外，当前的职场环境也使得具备问题意识变得十分必要。职场竞争日益激烈，职业生涯机会来之不易，市场环境千变万化，如果没有问题意识，可能要付出沉重代价。凡是可能出现的问题一定会出现，况且事物的发展都有其必然性。如果具备问题意识，也许就能够提早发现问题，预测其严重性，及时修正计划。如果在做准备工作的时候，具备强烈的问题意识，会促使我们进行更缜密的思考，采取预防性措施。

3. 改善意识

改善意识是指找出问题后，一定要去改善。特别要强调的是，大学生应具备持续改善的能力。

三、职业生涯规划实施方案的修正

在职业生涯规划实施方案的执行过程中，无论是社会、组织环境还是自身，都会发生这样或那样的变化，很多变化都是事先难以预测的。这些不确定因素的存在，可能会使实施方案的执行结果偏离原来的规划目标，这就要求我们时时注意内外环境的变化，不断地审视自我，不断地调整自我，不断地修正策略和目标，这个过程就是大学生职业生涯规划实施方案的修正过程。

大学生进行职业生涯规划实施方案修正的根本目的，就是让自己时刻保持最佳状态，在通向最终目标的道路上跨越障碍，走得直、走得快、走得稳，谋求可持续的发展。

(一)修正内容

要使职业生涯规划实施方案行之有效，就需要对其进行修正。修正的内容包括：自我重新分析、职业生涯目标的修正、职业生涯路线和职业的重新选择、实施措施与计划的变更等。在对自己的职业生涯规划实施方案作出修正时，大学生通常需要回答以下一些问题：人们是否认为我值得这么做？我是否有机会显示自己的长处？我是否能作出一定的贡献？我的才能是否会受到赏识？这项工作是否将给我提供一个测试自我的机会？我是否有能力做好这项工作？我是否擅长这项工作？我是否喜欢这项工作？我将如何应对这项工作给自己带来的焦虑和紧张？我是否能顶住这项工作带来的压力？我在组织中的成员资格是否符合自己的理想、强化个人的自我意向？我是否会为自己与这种职业或组织结构融为一体感到骄傲？我是否会取得工作与生活的平衡？我是否有时间兼顾家庭和个人乐趣？我是否会对工作感到力不从心？

当然，职业生涯规划一旦制定，就不要轻易改变。在遇到一些不确定因素时，一般只对短期规划和中期规划进行调整，人生规划与长期规划的调整一定要慎重考虑。

(二)修正策略

1. 做好成长规划并积极参加训练

大学生在大学阶段的成长是顺利就业、成功创业的基础，合理地规划自己的大学生活，制订切实可行的大学期间的成长计划，对每一位大学生而言都非常必要。有计划地成长会加快大学生在校期间的发展速度，有利于职业竞争力的快速提升，要尽可能多地参加各种层次的成才、成长培训和训练，从而不断提高自己多方面的能力。

2. 树立成功意识

在职业生涯规划的实施中，大学生成功的愿望非常重要，只有愿意成长、希望成才、渴望成功的人，才有可能自觉地规划自己的人生，并走向成功。

3. 积极参加探索和实践

自我探索、自我规划、自我成长和自我完善的理念至关重要，在这种理念的指引下，大学生才能够积极、主动地投入各种成长活动中。

社会实践和实习是大学生了解社会的有效途径，通过社会实践，大学生能够对社会的政治、经济发展趋势有更为直观的了解和理解，对社会人才的素质要求有更加直接的认识，有利于大学生根据社会需要有计划地塑造自己，避免学习的盲目性。通过实习，大学生能够更加清楚社会职业分类及职位变化，清楚不同职业对自己的意义所在，有利于大学生在就业过程中正确定位、顺利毕业，以及成功地就业和创业。

4. 寻求有效帮助

在必要时，可寻求有效的支持和帮助。这些支持和帮助可以来自亲朋好友，也可以来自老师、学校，还可以来自一些专业机构的专业人员。

探索活动

我的旅行计划

1. 小组活动：5~7 人一组，请小组成员分别说出自己最想去的地方，制订一个详细可行的旅游计划，并进行讨论及总结。

(1) 在小组内，轮流分享自己的旅游计划。

(2) 你制订这个计划经过了哪几个步骤？

(3) 你将如何落实这个旅游计划？

(4) 这个过程与职业生涯规划有哪些相似之处？

2. 全班讨论交流：旅游前通常要做好哪几方面的准备？你会像精心准备旅游一样来策划你的人生吗？讲一讲你的打算。

3. 总结：职业生涯规划是一个过程，其功能在于设定目标，并找出达成目标所需要采取的措施。

4. 写下你的感悟。

实践环节

完成个人大学职业生涯规划书

1. 规划自己的职业发展，为踏入竞争激烈的社会做好准备。

2. 撰写一份符合自身情况的大学职业生涯规划书，内容需包含自我认知分析、职业环境分析、职业决策和行动计划几个方面，要求内容完整、分析准确、目标合理、实施步骤可行。

第九章
职业生涯管理

知识导航

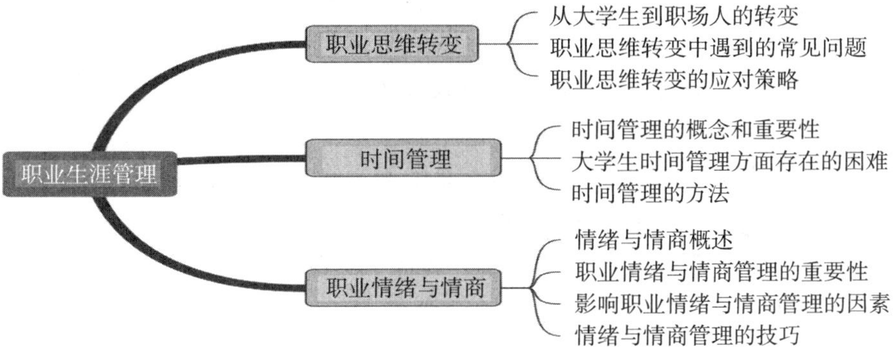

学习目标

知识目标

1. 了解从学生思维到职场思维的转变过程
2. 熟悉时间管理与规划的相关概念
3. 理解职业情绪与情商对个人职业发展的影响

能力目标

1. 掌握职业思维转变的应对策略
2. 掌握有效的时间管理和职业规划策略
3. 识别并管理自我情绪，提升职场沟通能力

素质目标

1. 提升自我认知和自我管理能力，高效利用时间资源，为实现个人职业发展目标奠定坚实基础。

2. 积极应对职场挑战，保持乐观的就业心态，增强职场适应能力和抗压能力，不断提升个人解决问题的能力

【案例导入】

从校园到职场：小李的成长之路

小李是一名刚毕业的计算机专业学生，他满怀激情地踏入职场，带着在大学期间积累的扎实编程知识和对技术的深刻理解，加入了一家充满活力的互联网公司。他原本以为，自己的工作仅仅是编写代码和解决技术难题。然而，现实情况远比他预想的要复杂得多。

刚进入公司的他很快便发现，职场中需要处理的不再仅仅是简单的编程任务。他需要学会与团队成员有效协作，理解并准确把握客户的需求，以及开发出既符合市场需求又具有创新性的产品。这些挑战对他来说都是全新的，也是他在学校里未曾遇到过的。

面对这些挑战，小李没有选择退缩，而是展现出了积极的态度和强烈的学习欲望。他主动参加各种项目会议，不仅认真倾听团队成员的意见，还积极提出自己的见解和建议。他意识到，要想在职场中取得成功，就必须不断学习和实践，持续提升自己的专业技能和团队协作能力。

小李开始主动寻求反馈，向经验丰富的同事请教，学习他们处理问题的方法和技巧。他还利用业余时间学习项目管理、用户体验设计等相关知识，以拓宽自己的视野，更好地理解产品的全貌。通过不断地学习和实践，小李逐渐适应了职场环境，并在团队中崭露头角。

他不仅在技术上表现出色，还在团队协作和项目管理方面展现出了卓越的能力。他能够准确地理解客户需求，并将其转化为具体的产品功能。他还学会了如何有效地沟通和协调，确保项目能够按时高质量完成。小李的努力和进步得到了团队和领导的认可，他逐渐成为团队中的佼佼者。

随着时间的推移，小李不仅在技术上更加精进，还在团队中承担了更多的责任。他开始带领小团队，负责一些关键项目的开发。他学会了如何制订项目计划，如何分配任务，以及如何激励团队成员。他的领导能力得到了进一步的提升，这也为他在公司的未来发展奠定了坚实的基础。

【案例分析】

小李的案例告诉我们，职场中的成功不仅仅取决于专业技能，还需要良好的团队协作能力、沟通能力和领导能力。对于从学生到职场人的转变，这一过程尤为重要。初入职场，我们往往会面临从理论学习到实践应用的挑战，需要适应全新的工作环境和要求。

面对这样的转变和挑战，我们需要保持积极的态度，不断学习和实践，持续提升自己的综合素质。这包括学会如何与不同背景的同事有效沟通，如何在团队中发挥自己的作用，以及如何在多变的工作环境中展现领导力。

只有这样，我们才能顺利完成从学生到职场人的转变，并在职场中脱颖而出，成功实现自己的职业目标。通过不断适应和成长，我们能够有效地将校中学到的理论知识与实际工作相结合，发展出更加全面和实用的技能，为未来的职业生涯打下坚实的基础。

第一节　职业思维转变

职业生涯发展过程中，个人通过自我评估、目标设定、职业规划与实施等一系列活动，主动管理和优化职业路径。这些活动涵盖职业选择的明智决策、职业思维的灵活转换、情绪与情商的有效管理、知识与技能的持续提升以及对时间管理与规划的科学运用等维度。这些举措能可帮助个人适应快速变化的职场环境，显著增强职业竞争力，及时调整职业目标，并推动职业生涯实现可持续发展。同时，个人不仅能够更好地驾驭职业生涯的航向，还能在不断演进的职业舞台上实现自我价值的最大发挥。

从学校步入社会，标志着大学生人生旅程中的一个重大转折点，这一转变对每位大学生而言都意义非凡。它意味着大学生将正式告别校园生活，从相对单纯的学习环境迈入纷繁复杂的社会，实现从“大学生”到“社会人”，再到“职场人”的深刻蜕变。初入社会，一部分人可能会因环境和角色的骤变而感到不适，甚至产生畏惧、抗拒的情绪。其实，这是每个人成长道路上不可或缺的一环，不仅意味着身份和角色的变化，更是一次从依赖到自主的飞跃。在这个过程中，个人需要面对各种挑战和问题，包括心态的调整、技能的转变、角色的定位以及自我管理能力的提升等，这是大学生迈向成熟的至关重要的环节。因此，大学生应积极拥抱这一转变，顺利实现角色过渡，迅速融入职业环境，为职业生涯的稳健发展奠定坚实基础。

一、从大学生到职场人的转变

在学校，大学生往往被动接受知识，而在职场，职场人需要主动解决问题，承担责任。两种角色转变要求个体从依赖型思维转向独立型思维，学会自我驱动和自我管理。大学生与职场人角色对比如表 9-1 所示。

表 9-1　**大学生与职场人角色对比**

角色	大　学　生	职　场　人
思维方式	被动接受知识，依赖老师指导	主动寻求任务，独立思考并解决问题
责任感	责任范围有限，主要关注个人学业	对自己的职业生涯负责，勇于承担工作责任
沟通能力	沟通机会有限，主要限于师生和同学间的交流	需要与同事、客户、上级进行有效沟通，建立良好的人际关系

续表

角色	大　学　生	职　场　人
解决问题能力	主要解决书本上的问题和作业	需要解决工作中遇到的各种实际问题，包括技术性和非技术性问题
时间管理	时间安排相对自由，缺乏严格的时间管理意识	高效管理时间，合理规划工作计划和任务优先级
团队协作	较少涉及团队协作，以个体学习为主	积极参与团队活动和项目，注重团队协作和沟通
创新思维	较少涉及创新思维的培养和实践	敏锐捕捉市场趋势，勇于尝试新方法和技术
自我驱动	缺乏自我驱动意识，主要依赖外部激励	具备强烈的自我驱动意识，主动追求职业成长和进步
抗压能力	较少面临较大的学习压力，主要通过考试和作业来评估	需要承受工作压力，包括项目截止日期、客户需求变化等带来的压力
职业规划意识	对未来职业方向的认识相对模糊，缺乏明确的职业规划	需要对自己的职业生涯进行明确规划，设定短期和长期目标

具体来看，可以从以下三个方面来分析大学生向职场人转变的不同之处。

(一)承担的责任不同

1. 大学生角色的责任

在学校，大学生的主要任务是完成学业，包括出勤、参与课堂讨论、完成课后作业，以及通过课程考试等。完成课程学习的同时，还会利用业余时间参与一些实践活动或项目，在学校老师的指导下努力提升自己各方面的能力。

大学生的责任相对有限，且主要集中在个人成长和知识积累上。即使犯错，学校通常以批评教育的方式进行，并鼓励大学生努力学习、改正错误。学校给大学生提供了较为宽容的环境，所以失败和试错的成本较低。

2. 职场人角色的责任

在职场，作为一名职场人需要承担更为广泛和复杂的责任，包括完成上级交代的工作任务、与团队成员协作、参与项目管理以及为企业创造价值等。职场人需服从组织安排，通过自己的劳动为企业创造价值，获得一定的报酬。

职场人需要对自己的工作结果负责，在岗位上的每一个行为所产生的实际后果将直接影响企业的运营和业绩。若在工作中犯错，不仅可能影响个人职业发展，甚至可能给企业带来严重的后果，如影响项目进度、损害企业声誉或造成经济损失。因此，职场人需要具备高度的责任心和良好的自我管理能力，在工作中保持高效和专注，减少错误的发生。

（二）心态与思维方式不同

1. 从依赖到独立自主的转变

在成长过程中，大学生和职场人面临完全不同的环境要求。在学校，大学生的学习任务通常由老师统一安排，大学生只需按照要求完成，遇到问题时可以寻求老师、同学和家长的帮助。部分大学生在这种环境容易形成依赖心理。然而，在职场，职场人需要独立承担责任，主动寻求发展机会，积极参与项目讨论，展现自己的能力和价值。这种从依赖到独立自主的转变过程，往往会使初入职场的大学生面临适应困难，产生迷茫和焦虑情绪。

2. 从理想预期到现实适应的转变

大学生对职场往往存在理想化认知：期待工作既轻松又高薪，能快速实现个人价值。然而现实中的职场环境要复杂得多：同事间存在竞争关系，工作职责边界模糊，个人发展受企业文化、领导风格等多重因素影响。成功的职场人需要完成三个关键调整：首先建立合理的职业预期，其次制订切实可行的发展计划，最后保持持续学习和动态调整的能力。这种认知转变是职业成长的重要里程碑。

（三）理论结构与应用能力的转变

大学生在学校阶段主要建立的是系统的理论知识框架，这些知识主要通过课堂教学、网络资源、自主阅读等渠道获取，通常以教材文字、专业公式和理论图表等形式呈现。这种知识结构虽然系统完整，但与职场实际工作情境存在明显差异。

职场人需要具备的核心能力是实践应用能力，这要求他们在掌握理论知识的基础上，通过实际工作来培养解决问题的技能。职场环境更注重独立工作能力、团队协作技巧和创新思维方法，这些都需要通过持续的项目实践、经验总结和技能整合来获得。这种从单一知识掌握到综合能力培养的转变过程，对职业发展至关重要。

初入职场的大学毕业生往往会面临理论知识难以直接应用的困境。为了顺利完成这一转变，大学生在校期间就应当通过实习实践来了解职场运作，主动参与实际项目来积累经验。同时，职场新人需要保持学习态度，在工作中不断尝试将理论知识与实践相结合，通过解决实际问题来提升自己的专业能力和业务水平。这种理论与实践的结合过程，是大学生成长为合格职场人的必经之路。

二、职业思维转变中遇到的常见问题

由于职场环境、工作内容、人际关系等方面的变化，个人可能感到不适应，出现焦虑、迷茫等情绪。从大学生向职场人思维转变过程中会遇到以下几个问题。

（一）适应新环境能力不足

当大学生从校园步入职场环境时，其思考方式和行事风格往往会发生显著变化。在这一过程中，部分大学生可能表现出言谈举止上的不成熟与稚气，面对困难和挫折时则表现出畏惧和退缩的态度。由于校园生活与职场文化在沟通方式、决策流程以及团队协作模式等方面存在显著差异，这些差异可能导致大学生在初入职场时感到不适应或缺乏自信。因此，他们可能会面临难以迅速融入社会、适应新的工作环境以及融入团队的挑战。

(二)专业技能储备不充分

专业技能储备不充分是许多职场新人的通病。现代企业对个人的专业技能要求往往较高，尤其是在面对新职位的高标准与严要求时，职场技能需求带来心理压力显得尤为突出。大学生初入职场时，当意识到自己当前具备的技能水平与实际工作需求之间存在差距时，很可能因此产生焦虑或自卑的情绪。这种情绪不仅会影响自我效能，还可能阻碍个人在职场上的成长与进步。

如果在大学期间，大学生没有充分积累与未来职业相关的实践经验或技能储备，通常在步入职场后可能会感到力不从心。缺乏必要的专业技能不仅会降低职场新人的工作效率，还可能在团队中显得格格不入。此外，专业技能储备的不充分可能进一步限制个人的职业发展，甚至错失晋升和成长的机会。

(三)人际关系紧张

职场中的人际关系相较于学校环境要复杂得多。它不仅仅是简单的同学、师生之间的交往，而是涉及同事、上级、下属、客户等多个维度。在社会交往中，每个人都在为自己的职业发展而努力，因此人际关系的处理就显得尤为重要。

大学生们的社交方式随着互联网的普及也发生了显著变化，越来越多的年轻人过分依赖手机，使用QQ、微信、抖音等线上沟通工具，而忽视了面对面交流的重要性。职场环境对面对面的沟通有着更高的要求，在许多情况下，仅仅依靠线上的文字沟通是难以准确传达信息、理解对方意图的。对于一些习惯了线上社交方式的大学生来说，可能会难以适应职场环境，因为缺乏面对面沟通的经验而感到不自在，甚至会因为误解或沟通不畅而与同事、上级或客户产生矛盾。人际关系的紧张不仅会影响个人的情绪和工作效率，还可能对整个团队的氛围和合作产生负面影响。

(四)自我管理能力弱

在从依赖到独立自主的职业思维转变过程中，个人自我管理能力的强弱对工作效率和职业发展前景具有至关重要的影响，包括时间管理、情绪管理和压力管理等多个方面。很多大学生在刚进入职场时，自我管理能力存在明显不足。例如，一部分人缺乏清晰的时间规划，导致工作与私人生活之间的界限模糊不清；在职场环境中，个人情绪的稳定性与调节能力直接关乎团队氛围的和谐与工作效率的高低，一些职场新人由于角色认知模糊、心态尚未稳定，往往情绪易波动，对批评和挫折表现出过度的敏感。随着社会人才需求结构的快速变化以及职业竞争的日益激烈，许多职场新人面对日益增多的压力与挑战时缺乏有效的应对策略，导致心理承受能力脆弱、工作能力提升缓慢、工作热情减退，甚至产生了“躺平”的消极心态。这些现象都是自我管理能力不足的直接体现，可能对团队氛围造成不利影响，甚至严重制约个人职业发展的步伐。

三、职业思维转变的应对策略

从大学生向职场人的转变，不仅是一次角色和责任的变化，更是一次从依赖到自主、从理想化到现实化的飞跃。每个大学生都要做好充足的思想和心理准备，采取有效的方法，以积极的心态努力学习和适应变化，为社会的繁荣发展和科技进步贡献自己的力量。针对大学生职业思维转变过程中容易出现的问题，可以采取以下策略。

(一) 增强责任感，树立正确的价值观和人生观

初入职场的大学生应时刻保持高度的责任感，对自己的工作任务负责到底。无论面对何种任务与挑战，都应全力以赴，力求高质量、高效率地完成每一项工作。当出现问题时，应勇于承认错误，不推卸责任，积极寻求解决方案，最大限度地减少损失和影响。

在职场中，单打独斗往往难以取得长远的成功，而团队合作能够汇聚众人的智慧与力量，共同应对各种挑战。因此，大学生应学会与他人共同承担责任，掌握经验分享与互助的方法，培养大局观意识，提升职业道德与职业素养。

此外，职场新人应以积极的态度迎接挑战，深入理解并适应职场规则与标准。同时，还应具备社会责任感和使命感。这不仅有助于在职场中立足，更能为自己的职业生涯奠定坚实的基础。对于初入职场的大学生而言，增强责任感至关重要，它不仅是树立正确价值观和人生观的基础，更是实现个人职业发展和社会贡献的重要保障。

(二) 调整心态，积极面对现实挑战

大学生在完成学业后，步入社会工作是必然的选择。无论是进入单位工作还是自主创业，都应以积极的心态和开放的态度迎接新环境。面对职场，新人可能会感到在工作经验和管理能力等方面存在不足，甚至可能无法有效管理自己或他人。因此，大学生应高度重视入职前的培训和实习机会，通过这些实践提前熟悉职场文化、规章制度及工作流程。

具体而言，可以通过参加培训课程、亲身实践和阅读职场相关书籍等多种途径，提升对职业环境的适应能力。这种积极的准备有助于调整心态，增强面对现实的信心。

为了有效克服职业转变过程中可能产生的焦虑和困惑，大学生还应注重心理健康教育、职业目标管理、自我管理等方面的实践。这些努力不仅有助于培养自律和坚持不懈的品质，还能为未来的职业生涯奠定坚实的基础。通过这些方法，大学生能够更好地适应职场挑战，调整心态，积极面对现实。

(三) 学会倾听、理解和尊重他人

职场如同一片广阔的森林，大学生们则像初生的幼苗。无论在校成绩多么优秀，踏

入职场后，都应从零开始、虚心求教。尤其要学会倾听他人的意见和建议，深入理解对方的想法，并展现出对他人的差异性和多样性的尊重。通过不断学习和践行职场礼仪与规范，才能逐渐绽放出属于自己的职场光彩。

在职场中，与同事和客户构建和谐的关系至关重要。职场新人需深刻认识到，人际关系的处理不仅仅是简单的社交技巧，更是职业素养的重要组成部分。学会建立并维护良好的人际关系，意味着要具备有效的沟通技巧、理解并尊重他人观点的智慧，以及化解冲突和矛盾的能力。新人应不断拓展人脉圈，培养独立分析问题和解决问题的能力。这些能力不仅为个人职业发展铺平道路，还能促进团队协作，提升整体工作氛围。

总体来看，学会倾听、理解和尊重他人，是职场新人迈向成功的基石。这一能力贯穿于职场生涯的各个方面，为个人的成长与团队的和谐提供了坚实的支撑。通过不断实践和反思，新人能够在职场中更好地适应和发展，最终实现自己的职业目标。

第二节　时间管理

编者所在院校曾经对大学生做过一次关于时间管理的调研，大家普遍谈到了一些共性问题，例如，“转眼又到考试周，时间都去哪儿了”“学生工作、专业学习占用太多时间，自己想做的事情一直没时间做”“永远在忙，永远不知道自己忙些什么”“每天几乎都到凌晨才睡”“学累了，看会手机放松下，然后 2 个小时没了”“计划是一回事，完成又是另一回事”……关于时间管理的众多困惑，凸显了做好时间管理的重要性。本节我们通过学习和实践时间管理方法，以更有效地管理自己的时间，提高学习和生活的效率，为未来的成功打下坚实的基础。

一、时间管理的概念和重要性

(一) 时间管理的概念

时间管理是指通过事先规划和运用一定的技巧、方法与工具，实现对时间的灵活、有效运用，从而实现个人或组织既定目标的过程。时间是一种稀缺资源，它无法再生、无法储存且无法购买。时间管理本质上是自我管理，是改变习惯，提升个人的绩效和效能。

需要注意的是，把事情很快地做完，叫作效率高；把事情很快又很正确地做完，叫作效能高。

(二) 时间管理的重要性

在现代社会，时间已成为宝贵的资源之一。有效的时间管理不仅关乎个人的工作效率和生活质量，还直接影响到职业生涯的长远发展。对于大学生而言，时间管理的重要性体现在以下几个方面：

1. 提高学习效率

在大学生活中，学习是核心任务之一。通过合理安排课程学习、作业完成、复习备考等任务的优先级，避免拖延和浪费时间，能显著提高学习效率，更好实现学业目标。

2. 缓解压力和焦虑

在快节奏的现代生活中，大学生常常面临巨大的压力。通过合理平衡学习、社交和休闲等活动，将其科学安排到日常生活中，可以避免因时间紧迫和任务堆积而产生的焦虑，从而提升生活质量，保持身心健康。

3. 培养自律性

自律性强的学生更能有效管控行为和情绪，从容应对各种挑战。通过培养自律能力，大学生可以更好地管理时间和行为，养成良好习惯，如规律作息、健康饮食、适度锻炼等。这些习惯对身心健康具有积极影响，自律不仅是个人成长的重要品质，更是实现学业目标和未来成功的关键因素。

4. 增强自信心

自信心能激发大学生的潜能和创造力，帮助其积极面对挫折。良好的时间管理是增强自信的重要途径：通过合理规划和高效执行任务，大学生能获得成就感，提升自我效能感。每一次按时完成任务都是对自我价值的肯定，这种正向反馈会激励他们追求更高目标。

5. 培养自我规划能力

良好的时间管理能力帮助大学生明确目标，科学规划学习和生活。通过设定短期和长期目标，并将其分解为可执行的小步骤，任务会变得清晰可控。掌握时间管理技巧有助于制定更有效的职业规划和个人发展计划，为实现人生目标奠定基础。

6. 增强职业竞争力

在学业、社团和兼职等多重压力下，具备优秀时间管理能力的大学生往往展现出更强的学习能力、组织能力和团队协作精神。在职场中，高效的时间管理者能更出色地完成任务，合理安排时间，从而在竞争中脱颖而出，获得更多发展机会。因此，大学生应重视时间管理能力的培养，以适应未来职场挑战。

二、大学生时间管理方面存在的困难

新时代的大学生受过良好的高等教育，对于时间管理的重要性有较好的认识，但一部分人尚存在认识不足等问题。这些问题不仅影响着个人的学习和生活质量，同时对职业发展和个人成长带来了挑战。

(一)时间管理认识不足

许多大学生对时间的价值认识不足，没有意识到时间的宝贵和有限性。他们可能认为大学生活时间充裕，可以随意挥霍，从而导致大量时间被浪费。对时间的轻视使得大学生在面对任务时常常缺乏紧迫感，难以高效利用时间。

(二)缺乏自觉性

从高中到大学，学习环境发生了显著变化。高中时，学生的时间安排紧密，有老师和家长的监督；而进入大学后，学生获得了更多的自由，但同时也失去了外部的约束。这种自由使得部分学生缺乏自觉性，导致时间管理失控，学习和生活陷入无序状态。

(三)缺乏时间管理技能

大学期间，许多学生面对丰富多彩的校园生活、社交和娱乐项目时，过度参与分散学习的时间和精力。由于缺少时间管理技巧，无法合理安排时间。如科学制订计划、设置优先级排序、时间合理分配等，导致学习和生活陷入混乱。当同时面对多项任务时，常常感到无从下手，最终导致学业任务积压，压力倍增。随之产生逃避心理或畏难情绪，久而久之，这种负面情绪可能会影响学生的学习动力和自信心，甚至导致学业成绩下滑。

(四)缺乏目标导向

这部分大学生在进入大学后，由于缺乏明确的学习目标和职业规划，往往陷入一种得过且过的状态。他们满足于混到及格分，缺乏追求卓越的内在动力。这种心态不仅影响了学习热情，更导致了时间的严重浪费。因没有未来职业发展目标，难以将时间有效地分配到有意义的活动上，如深入学习专业知识、参与社会实践、提升综合素质等。目标缺失不仅影响了学习效率，也使得学生在面向未来的职业选择时感到迷茫和无助。

三、时间管理的方法

在工作和生活中，我们常常会遇到各种突如其来的问题，比如电话不断、请示和投诉接踵而至；感觉自己比谁都忙，总是在四处“救火”，工作越积越多；计划总是赶不上变化，或者计划从未真正实现过，常常感到焦虑和无助；对很多事情都放心不下，每天忙于处理各种事务性工作，却抓不住工作的重点，也没有时间去思考什么是真正的重点；常常难以拒绝他人的请求，导致自己的时间计划总是被打乱。这些问题容易使人陷入一种忙碌而低效的工作状态，因此需要找到有效的方法来应对和改善这种无序状态。下面给大家介绍几种提高时间管理效率的办法。

(一)时间管理矩阵

时间管理矩阵，又称时间管理优先矩阵或四象限法则，是一种高效的时间管理工具。它通过将任务按其紧迫性和重要性进行分类，帮助个人和组织更有效地管理时间和资源。时间管理矩阵的四个象限是：重要且紧急、重要但不紧急、紧急但不重要、不紧急不重要。具体内容如图 9-1 所示。

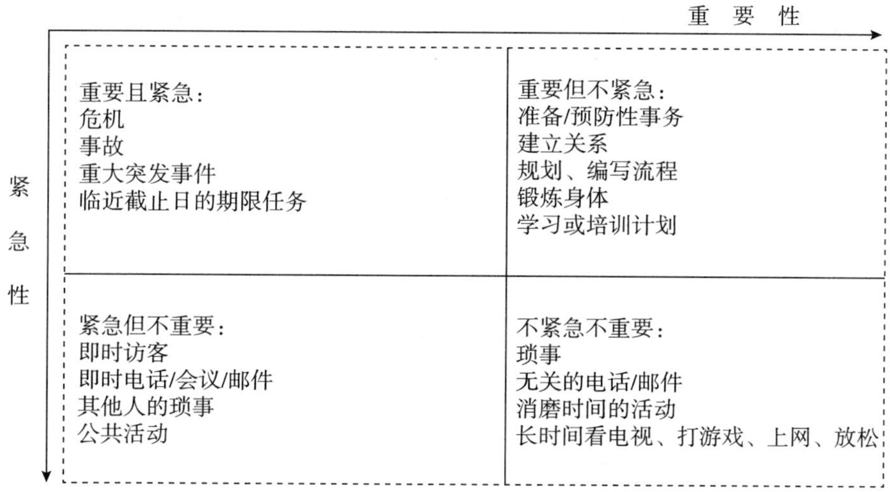

图 9-1　时间管理矩阵

1. 第一象限：重要且紧急

任务特点：任务既重要又紧急，需要立即处理。例如，危机、事故、重大突发事件等。

处理方法：优先处理此类任务，避免因拖延导致任务积压，影响学习和生活质量。

2. 第二象限：重要但不紧急

任务特点：任务很重要，但不需要立即完成。例如，制订学习或培训计划等。

处理方法：合理安排时间，确保此类任务能够按计划完成。虽然不紧急，但对个人的长期发展至关重要。

3. 第三象限：紧急但不重要

任务特点：任务虽然紧急，但对个人的长期发展并不重要。例如，访客、临时的会议邀请、他人的紧急请求、即时的电话或邮件等。

处理方法：尽量减少此类任务的干扰，合理安排时间，避免被占据过多时间。如果可能，可以将这些任务委托给他人处理。

4. 第四象限：不紧急不重要

任务特点：任务既不重要也不紧急，通常是一些琐事、消遣和娱乐活动。例如，刷视频、追剧、无意义的社交媒体浏览，长时间地玩游戏，无目的地闲聊等。

处理方法：尽量减少此类任务的参与，避免浪费时间。虽然参与这些任务可以短暂地放松，但对个人的长期发展没有帮助。

(二) 番茄工作法

番茄工作法是意大利学者弗朗西斯科 · 西里洛发明的一种时间管理方法。该方法的核心是将工作时间划分为若干个 25 分钟的工作单元，每个单元称为一个“番茄钟”。在每个番茄钟结束后安排 5 分钟短暂休息，每连续完成 4 个工作周期后，则进行一次更长时间的休息，通常是 15～30 分钟，如表 9-2 所示。这种科学的时间管理方法通过合理的工作—休息交替机制，有助于大学生提升专注力，克服拖延习惯，确保任务高效完成。

表 9-2　　**“番茄钟”记录表**

日期	“番茄钟”编号	任务描述	开始时间	结束时间	完成情况
2025 年 2 月 20 日	1	收集项目资料	09:01	09:25	完成
2025 年 2 月 20 日		喝水、走动	09:26	09:30	
2025 年 2 月 20 日	2	撰写论文引言	09:31	09:55	完成
2025 年 2 月 20 日		听音乐、拉伸身体	09:56	10:00	
…	…	…	…	…	…

1. 番茄工作法的核心原理

首先，25 分钟为一个“番茄钟”。在这段时间内需要全神贯注于手头的工作，排除如手机、邮件、社交媒体等一切干扰。由于人的大脑在一段时间内只能有效处理一定数量的信息，过多的干扰会分散注意力，降低工作效率，番茄工作法通过设定明确的时间单元，帮助使用者进入高度专注状态，从而极大地提升工作效率。

其次，5 分钟的短暂休息至关重要。短暂的休息是为了让大脑得到放松，避免长时间工作导致的疲劳和倦怠。可以利用这段时间进行一些轻松的活动，如走动、喝水、做眼保健操、伸展运动等。短暂的休息有助于恢复精力，为下一个“番茄钟”做准备。

再次，15～30 分钟的长时间休息。每完成连续的四个“番茄钟”后，利用长时间休息可以进行较复杂的活动，如运动、冥想、思考当天的工作进度、制订接下来的计划等。长时间的休息有助于巩固学习成果，提升整体的工作效率。

2. 番茄工作法的实践技巧

(1)任务选择与拆解。

在开始“番茄钟”前，务必选择明确、具体且能在 25 分钟内完成的任务。避免选择过于复杂或耗时过长的任务，以免因无法按时完成而产生挫败感。对于较大的任务，建议将其拆解为多个可独立完成的小任务，每个小任务对应一个“番茄钟”。例如，“撰写项目报告”可以拆解为“收集资料”“拟定大纲”“撰写初稿”等子任务。

(2)时间预估与计时设定

在启动“番茄钟”前，先预估任务所需时间。如果预计需要超过 25 分钟，可将任务拆解；如果预计时间不足 25 分钟，可将多个小任务合并。使用计时器严格设定 25 分钟，期间保持专注。通过反复练习，逐步提高时间预估的准确性。建议使用专门的“番茄钟”计时工具，避免因看时间而分心。

(3)中断管理策略。

“番茄钟”期间若遇到中断，应先判断其紧急性。对于非紧急中断(如邮件、消息)，记录在“中断清单”中稍后处理；对于必须立即处理的中断，可暂停当前“番茄钟”，处理完毕后重新开始。对于内部中断(如突然想起其他事情)，也应快速记录后继续当前任务。建议将自己的“番茄钟”时间提前告知他人，减少不必要的打扰。

(4)灵活调整与个性化

根据实际工作情况进行灵活调整。若任务即将完成但时间不够，可适当延长5~10分钟；若感到疲劳，可缩短工作时间或延长休息时间。经过一段时间实践后，可根据自身专注力特点调整“番茄钟”时长(如调整为30分钟工作+10分钟休息)。每周进行复盘，分析时间预估的准确性、中断频率等，持续优化工作方法。

(三)碎片时间管理

碎片时间是指日常生活中零散的、短暂的时间段，如上下课途中、课间休息、食堂排队等待时间、用餐后的短暂休息或散步、晚上睡觉前等，这些时间段通常容易被大学生们忽视。时间虽然较短而且未形成系统的时间板块，但累积起来可以形成相当可观的时间资源。大学生可以利用碎片时间来高效处理琐碎事务，提升时间管理技能，做到“案无积卷，事不过夜”。

下面有一些常见碎片时间管理技巧：

1. 睡前时间

在入睡前你不妨花10~15分钟，像放电影一样回顾当天的学习和活动：一天中发生了哪些事情？上了哪些课程？课程中是否有未完成的作业或未听懂的知识点？参加的社会活动中哪些地方做得不妥当，工作流程还可以改进一下？或者为明天制订一份清晰的任务清单，提前计划一下第二天要上哪些课程、参加社团活动、讲座、必须提交的作业等，可以将任务分为“必须完成”“优先完成”和“可以稍后处理”三个类别。利用手机的日程表、记事簿等软件简短地记录任务、设置提醒或跟踪进度。这样在开启第二天学习时，就能迅速进入状态，而且能顺利完成每一项任务，避免因学习任务堆积而感到焦虑。

2. 上下课途中或课间休息时间

上下课途中是利用碎片时间的绝佳好时机。可以通过手机阅读新闻，了解国内外最新动态；选择一本喜欢的有声书提升阅读能力，还能在轻松的氛围中享受阅读的乐趣；利用在线学习平台提供的短时课程或讲座。例如，学习一门新语言、掌握某项新技能或了解某个领域的基础知识，不仅能够拓宽视野，还能增加知识储备。

利用课间休息时间，可以快速回顾上一节课的重点内容或预习下一节课的内容、阅读专业书籍的某个章节或整理笔记，确保学习的连贯性；也可以与老师、同学交流，这不仅能够增进师生之间的友谊，还能通过交流提升学习效果，实现知识与技能的双重提升。

3. 散步或跑步

大学生可以巧妙地利用饭后散步或跑步的时间段，将身体锻炼与思维活动相结合，以达到多重效益。无论是学习英语、提升声乐技巧，还是增强沟通技巧，都可以在这样的身心状态下进行。身体活动不仅不会干扰学习，反而能通过促进血液循环、增加大脑的氧气供应，提高专注力和思维清晰度，使学习过程更加高效。

4. 等待的时间

生活中时常会出现各种等待的时刻，比如食堂排队买饭、买咖啡、会议开始前的等待时间。这些不起眼的时间，其实也可以作为充电或休闲娱乐的好机会。大学生可以打开电子书阅读，或者听一段讲座、看一个短视频、浏览官方网站等。见缝插针的时间管理能丰富课余生活，提升生活质量，亦能在悄然间提升自己，丰富阅历。

碎片时间管理是大学生提升时间利用效率、减轻学习压力、丰富课余生活、提升个人能力的重要策略。大学生要善于利用碎片时间进行合理休息，避免过度学习或娱乐带来的疲劳积累，保持学习和生活的平衡。时间管理技巧不仅有助于大学生在校园内取得优异的成绩，更能为未来的职业发展打下坚实基础，在面对职场挑战时更加从容不迫，具备更强的竞争力和适应能力。因此，大学生应该重视碎片时间管理，将其列入日常学习和生活的规划中，不断提升自我能力，实现个人价值的最大化。希望每一位大学生都能通过合理利用碎片时间，找到适合自己的时间管理方式，实现高效学习和生活，提升个人能力，赢得美好的未来。

第三节　职业情绪与情商

一、情绪与情商概述

(一)情绪的定义与特点

情绪是指个体对客观事物的反应，是多种感觉、思想和行为综合产生的心理和生理状态。它包括喜、怒、哀、乐、惊、恐、爱等基本情绪，以及由这些基本情绪组合而成的复杂情绪。当个体感到愤怒时，身体会出现心跳加快、血压升高、肌肉紧张等现象；而当个体感到快乐时，身体会分泌多巴胺，让身体处于一种轻松愉悦的状态。

情绪具有情境性、暂时性和明显的外部表现等特点。它随情境或一时的需要的出现而发生，也随情境的变迁或需要的满足而较快地减弱或消逝。

(二)情商的含义

情商(Emotional Quotient，EQ)是人的情绪商数的简称，它主要是指人在情绪、情感、意志、耐受挫折等方面的品质。它反映了一个人认识自身情绪、妥善管理情绪、自我激励、认知他人情绪以及人际关系管理的能力。

情商的构成要素主要涵盖以下四个方面：

1. 自我认知

自我认知是指个人对自身情绪状态的了解，它包括情绪产生的原因以及情绪对自己行为和思维的影响。具备良好的自我认知能力的人能够清晰地识别自己的情绪，并理解情绪影响个人的决策和行为。

2. 自我管理

自我管理是指个人有效控制自身情绪的能力，在不同环境下保持情绪的稳定，避免情绪失控或过度反应。尤其是面对压力和挑战时，能够激发自己的内在动力，保持积极向上的心态，并设定和追求个人目标。通常自我管理能力强的人，往往也具备较强的自我激励能力，能够在逆境中坚持不懈，勇往直前。

3. 社会认知

社会认知是指个人能够精准感知他人情绪的细微起伏，并且做到设身处地、换位思考。具备良好社会认知的人能够更好地理解他人的情绪和感受，在社会交流活动中表现出同理心和敏感性。

4. 人际关系管理

人际关系管理是指能够建立良好的人际关系，有效地沟通和协调与他人的关系，包括良好的沟通能力、团队合作能力和领导能力等。在社交场合，能够准确地表达自己的观点，同时尊重他人的意见，有效地协调团队成员之间的关系。

在竞争激烈的职场环境中，职业情绪与情商管理对于职场人士而言，犹如鸟之双翼、车之两轮，是实现职业成功与个人成长的关键要素。

二、职业情绪与情商管理的重要性

情绪管理是职场成功的关键因素之一。在职场中，我们常常会面临各种挑战和压力，如工作中遇到的难题、人际关系问题、职业发展瓶颈等。面对这些不顺的挑战与压力时，往往会产生诸如焦虑、愤怒及沮丧等消极情绪。倘若无法有效管理负面情绪，将对工作产生负面影响，如降低工作效率、影响决策质量、破坏团队氛围等。

相反，若能成功驾驭自己的情绪，便能从容应对职场中的挑战与压力。通过识别、领悟并调整个人的情感反应，实施高效的情绪智力管理，保持冷静与理性，进而做出更为明智的决策。同时，积极向上的情绪能够激发个人的内在潜能与创新能力，提高工作表现。

（一）职业情绪管理的重要性

职业情绪是员工在工作过程中所体验和表达的各种情绪状态，对工作的各个方面都有着极其深远的影响。

1. 影响工作效率

积极的职业情绪如同催化剂，能激发员工的工作热情，使其全身心投入工作任务中。例如，当员工对项目充满期待、满怀喜悦时，思维活跃度大幅提升，创造力也被充分激发，处理复杂工作任务时能够迅速厘清思路，找到高效的解决方案，工作的速度和质量都能得到显著提升。相反，消极的职业情绪如焦虑、沮丧，会干扰员工的注意力，使其难以集中精力，导致工作效率大打折扣。

2. 塑造个人职场形象

员工在职场上展现出的情绪状态，是其个人形象的重要外在体现。始终保持乐观、沉稳情绪的员工，无论是面对工作中的困难还是日常的交流沟通，都能给同事、上级以及客户留下可靠、专业的深刻印象。特别是对于从事服务行业的工作人员而言，面对客户的抱怨和投诉时，若能始终保持微笑服务，并以平和、耐心的语气细致解答客户的疑问，不仅能迅速且有效地解决客户的问题，还能使客户深刻感受到公司的专业素养与责任心，有利于提升公司的整体形象与信誉。反之，若员工动辄发脾气、抱怨，情绪管理失控，就会被视为缺乏职业素养。这不仅有损个人的职业形象塑造，还可能对企业的声誉造成不良影响。

3. 构建和谐的团队氛围

个人的职业情绪具有极强的传染性，会对团队氛围直接产生较深刻的影响，如同涟漪一般，在团队中扩散。一个充满活力、积极向上的员工，能够带动身边同事的情绪，营造出轻松愉快的工作氛围，促进团队成员之间的沟通更加顺畅，协作更加默契，能够充分发挥团队的优势，提高工作效率。反之，倘若团队中有成员长期散发消极情绪，如抱怨工作辛苦、待遇不公平等。这种负面情绪会像病毒一样在团队中蔓延，引发团队成员之间的矛盾和不满，降低团队的凝聚力和战斗力，导致团队内部人心惶惶，影响工作的正常开展。

（二）职业情商管理的重要性

职业情商管理不仅关乎个人的职业发展，还影响团队协作、企业文化的塑造以及企业战略目标的实现。它既是个人职业成功的关键，同时也是企业提升竞争力、构建和谐工作环境的重要因素。

1. 促进个人职务晋升与职业生涯发展

高情商的员工在职场中往往能够崭露头角，获得更多的职务晋升机会。他们具备敏锐的环境洞察力，能准确领会和理解上级的意图和需求，并在恰当的时机展示个人能力和价值，赢得领导的青睐和信任。同时，能精准捕捉领导的情绪变化，灵活调整自己的行为表现，给领导留下深刻而积极的印象。

在与同事相处的过程中，情商高的员工擅长沟通，能够妥善处理人际关系，充分发挥个人的协调能力，将团队资源高效整合，拥有全局观念，懂得权衡利弊，在关键时刻能做出明智的取舍。通过建立良好的人际关系，积累丰富的人脉资源，为个人的职业晋升奠定坚实的基础，从而推动个人职业生涯的顺利发展。

2. 有效识别与应对职场压力

在职场环境中，员工压力来源较多，如紧迫、繁重的高强度工作任务、复杂的人际关系，都可能给员工带来巨大的心理负担。拥有高效情商管理能力的人，能够敏锐地察觉到自身所承受的压力情绪，并采取一系列积极有效的应对措施。通常采取运动、找朋友倾诉、旅游、听音乐等方式来缓解压力，保持积极乐观的心态和高效的工作状态。

在面对职场压力时，他们展现出强大的抗压能力和抗逆力，不仅不会被压力击垮，反而能将之转化为激励自我前进的动力，在逆境中不断实现个人成长和突破。相比之下，情商较低的员工在面对压力时，更容易沉溺于焦虑、抑郁等负面情绪中，难以自拔。这种消极情绪不仅损害身心健康，还极大地削弱了工作表现，进而导致工作错误频发，形成恶性循环，加剧心理压力。

3. 助力客户满意度提升与企业文化塑造

高情商的员工好似企业的“情绪纽带”，在客户满意度提升与企业文化塑造方面发挥着积极的作用。

情商高的员工能够敏锐捕捉客户的情绪变化与具体需求，从而提供个性定制、暖心的服务，让客户感受到被高度重视与尊重。面对客户投诉，高情商的员工能充分运用同理心，设身处地地理解客户的不满与诉求，耐心倾听，并妥善且迅速为顾客解决问题。将可能恶化的负面事件转化为提升客户忠诚度的宝贵契机，不仅为企业赢得社会赞誉，还能提升企业的社会影响力和树立企业良好的品牌形象。

情商管理能力强的员工能够通过积极的情绪和行为影响企业文化，增强企业的凝聚力和向心力。通过积极的情绪和行为影响工作环境，构建和谐、积极的工作氛围，传播企业正面的价值观，增强员工对企业的认同感和归属感，吸引更多的优秀人才加入企业，从而推动企业战略目标的实现。

总之，职业情绪与情商管理在职场中具有举足轻重的地位。大学生应重视并不断提升个人情绪和情商管理的能力，以便更好地应对职场挑战，实现职业目标和个人价值。

三、影响职业情绪与情商管理的因素

(一)内部因素

1. 性格特质

外向型：擅长管理自己的情绪的人性格通常比较开朗、乐观，在频繁社交和团队协作中展现出较高的情商，能够游刃有余地处理人际关系。

内向型：性格内向、敏感的人可能在社交环境中感到压力较大，容易产生紧张、焦虑等负面情绪，在一定程度上影响情商的展现。但内向型的人在需要深度思考和高度专注的工作中，可能表现得更为沉稳，情绪波动较小。因此，内向型的人需要找到与自己性格匹配的工作环境，这对于发挥其优势至关重要。

2. 自我认知

能清楚了解自己能力、兴趣和价值观的人，在职业选择上往往更加精准，能更容易从工作中收获成就感，并能够维持一种积极向上的职业情绪。相反，自我认知不足的人，可能难以精准定位适合自己的职业方向，在不匹配的岗位上会遭遇挫折，容易滋生负面情绪，进而阻碍情商的有效发挥。

3. 情绪智力

情绪智力在不同个体之间存在显著差异，主要体现在情绪感知和调节能力的水平上。高情绪智力的人能迅速察觉自己和他人的情绪变化，并采取有效措施应对情绪波动，展现出良好的情绪管理能力。然而，情绪智力较低的人，应对工作压力与人际冲突时可能显得力不从心，容易陷入情绪困境，难以理性处理问题，甚至可能做出冲动行为，对工作、团队协作及人际关系造成不利影响。

4. 心理素质

心理素质反映了一个人在面对压力和挑战时的心理稳定性和适应能力。心理素质良好的人能够更好地应对各种压力和挑战，保持积极的心态，具备情绪稳定、环境适应能力强、积极乐观及自我调节能力强等特点。心理素质较差的人可能更容易受到情绪的影响，表现出情绪失控、环境适应困难、消极悲观及自我调节能力弱等特征，从而增加心理压力。

（二）外部因素

1. 人际关系

良好的人际关系能够提供情感支持，有助于缓解心理压力，增强情绪韧性。在团队中，和谐的同事关系和积极的上下级关系能够营造一个轻松愉快的工作环境，提升职业情绪和情商；而复杂的人际关系和频繁的冲突可能引发情绪问题，影响情商的正常发挥。

2. 职业压力

工作任务的繁重程度和时间紧迫性是影响职业情绪的重要因素之一。高强度的工作压力可能导致情绪疲劳，削弱情绪管理能力。通过合理分配任务和有效管理时间，个体可以有效缓解职业压力，保持积极的工作状态。

3. 职业发展机会

职业发展空间与晋升机会对职工的情绪和情商起着举足轻重且显著的影响。企业为员工规划出清晰、明确的职业晋升路径，并提供丰富多样的学习和成长机会，使员工在工作中充满干劲与热情。面对工作中各种挑战与困难时，他们始终能保持沉稳、积极且稳定的职业情绪，展现出较高的情商水平。

反之，假设员工长期处于职业发展的“瓶颈期”，看不到晋升机会或未来职业发展渺茫，内心容易产生沮丧、消极的情绪，逐渐对工作失去热情，陷入消极怠工的状态，还会严重干扰个人的情绪管理能力，甚至可能会影响到其他成员，破坏团队和谐氛围，降低团队的整体协作效率。

4. 社会文化与教育背景

社会文化和教育背景的差异，深刻影响着个人表达和管理情绪的方式。崇尚个人主义文化的人，更习惯于直接表达情绪，认为是展现真实自我的重要途径。崇尚集体主义文化的人的情绪表达则显得较为含蓄和谨慎，会更多地考虑他人的感受和集体的和谐，以免因过度表露情绪而引发不必要的冲突。教育背景对个人的情绪管理能力同样至关重要。良好的教育不仅传授知识和技能，还培养心理素质和情绪智力。接受过系统情绪教育的人对情绪的认知更科学，调节情绪的方法也更有效，能够更好地应对职场中的情绪挑战。

此外，家庭、朋友和同事的支持能够极大地增强个人的情绪韧性。在职场上遇到挫折和压力时，家人的关心、朋友的鼓励、同事的帮助能够帮助个体更积极地应对挑战，保持良好的情绪和心理。反之，缺乏社会支持的人遇到困难时更容易陷入焦虑、抑郁等负面情绪，从而影响情绪管理能力和职业发展。

四、情绪与情商管理的技巧

在日常生活与工作中，无论是与家人、朋友之间的亲密相处，还是在职场与同事合作、接待客户，掌握情绪与情商管理的技巧不仅有利于大学生塑造健康的心理状态，还能在不同情境中沟通应对自如，游刃有余。下面分享几个提升情绪与情商管理的技巧，希望对大学生们能有所帮助。

(一)自我情绪管理的技巧

1. 识别情绪

当处于特定情境时，身体往往会先给出一些生理信号，比如心跳不由自主地加速、呼吸变得急促。同时，行为上也可能有所表现，表现出兴奋时手舞足蹈，或是心情愉悦时大声说笑。在生理和行为产生变化的同时，思维也会受到相应影响。例如，面对压力时可能会产生负面想法，处于不确定的情境中容易感到焦虑，导致神情紧张。

识别情绪的技巧就是需要仔细观察并真实地去感受身体、行为和思维上的变化，精准判断情绪状态与变化，从而精准地判断自己的情绪状态及其变化趋势，察觉是否存在情绪波动过大、喜怒无常等情况。

2. 理解情绪

识别出情绪应激反应后，我们需要进一步理解它的来源和影响。是什么导致了某种情绪的产生？它对我们的学习、生活或工作产生了哪些影响，这些影响是否不利于个人身心健康或职业发展？通过深入分析，可以更好地理解自己的情绪反应，并找到应对的方法。

3. 调节情绪

一旦识别和理解了自己的情绪反应，我们可以采取一些有效的策略调节情绪。

根据不同的场合和对象，选择合适的方式和程度来表达情绪。在表达情绪时，要做到真诚、坦率，让对方能够准确地了解你的感受。如果表达不当，可能会引发不必要的矛盾和误解；而合理表达，则能增进彼此的理解和信任。假设，与朋友相处时，若对方的行为让自己不舒服，就可以真诚地告诉对方自己的感受和想法，而不是一味地隐忍或指责。

当察觉到自己陷入不良情绪时，可以通过深呼吸或尝试做一些自己喜欢的事情来转移注意力。比如室外慢跑、散步、听音乐、看电影、冥想等，将注意力从引发情绪的事情上转移开，让自己的情绪得到缓解。还可以寻求亲密的朋友、家人的支持来提振士气，用积极、鼓励的话语来代替消极的内心独白。避免自我贬低和消极地自我评价，应该利用正面情绪来提高工作表现。

（二）人际关系中的情商管理技巧

1. 学会倾听与理解

在与他人交流的过程中，认真倾听对方的观点和感受是至关重要的。我们应做到不打断、不急于评判，给予对方充分的表达空间。

2. 运用同理心

将自己置于对方的处境中，真切地感受他人的喜怒哀乐，以真诚的态度给予温暖的回应和有力的支持，让对方从心底感受到被重视、被关怀，从而自然而然地拉近彼此的距离，促进良好人际关系的形成。

3. 冲突解决的智慧

在面对人际冲突时，保持冷静和理智是解决问题的关键。首先，避免情绪化的反应，明确冲突的核心问题，并通过客观分析找出问题的根源。其次，积极寻求双方都能接受的解决方案，可以通过妥协和协商等方式，以达成共识为目标。

4. 有效沟通的具体做法

（1）保持交流中的尊重。通过点头、眼神交流等方式注视讲话的人，使用礼貌用语、不随意贬低对方的观点，认真倾听对方的意见和用心去理解对方话语背后的情感和需求，在倾听过程中给予适当的回应。

（2）树立积极的沟通态度。积极的态度具有感染力，要学会乐观面对生活，消极情绪会影响沟通效果。当我们以积极的心态与他人交流时，更容易获得对方的积极回应，这有助于解决问题，同时能营造出良好的沟通氛围。

（3）避免在不良情绪中沟通。当情绪不稳定时，不要进行重要沟通，以免引发冲突。当我们处于愤怒、焦虑等强烈情绪中时，往往难以理性地表达自己的观点和理解对方的想法。此时，先让自己冷静下来，调整好情绪后再进行沟通，这更有利于问题的解决。

（4）面对错误勇于承担。承认错误并不意味着软弱，而是一种成熟和负责任的表现。当我们意识到自己的错误时，及时向对方道歉，真诚地表达歉意，能够化解矛盾和修复关系。

（5）重视非语言沟通。肢体语言、面部表情、眼神交流等非语言沟通技巧能够增强沟通效果。一个微笑、一个肯定的眼神、适当的手势等，都能传递出丰富的信息，帮助我们更好地表达自己的情感和意图，同时也能更准确地理解对方的意思。

综上所述，情绪与情商管理的技巧相互关联、相辅相成，是大学生迈向职场、走向成功的必备素养。大学生只有在生活中不断学习、反思与调整，才能实现对情绪的掌控，提升情商，以更加积极、自信的心态应对生活和工作中的各种挑战，实现个人价值和促进职业理想达成。

探索活动

情商训练

通过组织学生参与情绪管理小组讨论或角色扮演，提升学生的情商管理能力。

1. 任务说明

(1)组织学生分组讨论自己在学习(或工作)中遇到的情绪问题以及应对方法。

(2)让学生进行角色扮演，模拟职场情境并运用情绪管理技巧解决问题。

2. 实施步骤

(1)分组。将学生按4~6人进行分组。

(2)问题引导。引导学生回忆在学习(或工作)中遇到的情绪问题，如压力过大、挫折感、与他人的冲突等。

(3)角色扮演。模拟职场中的真实情况，进行有效沟通。

(4)小组分享。小组成员轮流分享自己的经历和采取的应对方法，小组其他成员倾听后给予反馈和建议。

(5)总结。根据小组分享，总结出一些有效的情绪管理策略和方法，如调整职业心态、改变职业思维方式、寻求支持等。

实践环节

时间管理应用

作为大一新生，下面是除去课表所规定课程外每天要做的事情，包括：①专业学习；②学习外语；③锻炼身体；④社团的临时任务；⑤朋友的临时邀约；⑥帮室友拿快递；⑦晚上按时睡觉；⑧明天截止的考试报名；⑨第二天要交的作业；⑩娱乐消遣；⑪睡懒觉。

请运用时间管理矩阵，将上面的任务进行分类并填写在下方。

重要且紧急	重要但不紧急
紧急但不重要	不紧急不重要

问题：

(1) 如果某些任务之间出现了时间冲突，比如重要且紧急的任务和重要但不紧急的任务在时间上有重叠，你会如何调整安排？

(2) 在实际完成一些任务的过程中，可能会遇到哪些干扰因素，你打算如何应对这些干扰因素来保证任务的完成？

(3) 完成此次任务分类后，你对自己的时间管理有了哪些新的认识和体会？

附录
职业索引——霍兰德职业兴趣代码①

RIA：牙科技术员、陶工、建筑设计员、模型工、细木工、制作链条人员。

RIS：厨师、林务员、跳水员、潜水员、染色员、电器修理、眼镜制作、电工、纺织机器装配工、服务员、装玻璃工人、发电厂工人、焊接工。

RIE；建筑和桥梁工程、环境工程、航空工程、公路工程、电力工程、信号工程、电话工程、一般机械工程、自动工程、矿业工程、海洋工程、交通工程技术人员、制图员、家政经济人员、计量员、农民、农场工人、农业机械操作、清洁工、无线电修理、汽车修理、手表修理、管理工、线路装配工、工具仓库管理员。

RIC：船上工作人员、接待员、杂志保管员、牙医助手、制帽工、磨坊工、石匠、机器制造、机车(火车头)制造、农业机器装配、汽车装配工、缝纫机装配工、钟表装配和检验、电动工具装配、鞋匠、锁匠、货物检验员、电梯机修工、托儿所所长、钢琴调音员、装配工、印刷工、建筑钢铁工作、卡车司机。

RAI：手工雕刻、玻璃雕刻、制作模型人员、家具木工、制作皮革品、手工绣花、手工钩针纺织、排字工作、印刷工作、图画雕刻、装订工。

RSE：消防员、交通巡警、警察、门卫、理发师、房间清洁工、屠夫、锻工、开凿工人、管道安装工、出租汽车驾驶员、货物搬运工、送报员、勘探员、娱乐场所的服务员、起卸机操作工、灭害虫者、电梯操作工、厨房助手。

RSI：纺织工、编织工、农业学校教师、某些职业课程教师(诸如艺术、商业、技术、工艺课程)、雨衣上胶工。

REC：抄水表员、保姆、实验室动物饲养员、动物管理员。

REI：轮船船长、航海领航员、大副、试管实验员。

RES：旅馆服务员、家畜饲养员、渔民、渔网修补工、水手长、收割机操作工、搬

① 来源：https：//www. xycareer. com/knowledge/3783. html.

运行李工人、公园服务员、救生员、登山导游、火车工程技术员、建筑工人、铺轨工人。

RCI：测量员、勘测员、仪表操作者、农业工程技术、化学工程技师、民用工程技师、石油工程技师、资料室管理员、探矿工、煅烧工、烧窑工、矿工、保养工、磨床工、取样工、样品检验员、纺纱工、炮手、漂洗工、电焊工、锯木工、刨床工、制帽工、手工缝纫工、油漆工、染色工、按摩工、木匠、农民建筑工作、电影放映员、勘测员助手。

RCS：公共汽车驾驶员、一等水手、游泳池服务员、裁缝、建筑工人、石匠、烟囱修建工、混凝土工、电话修理工、爆炸手、邮递员、矿工、裱糊工人、纺纱工。

RCE：打井工、吊车驾驶员、农场工人、邮件分类员、铲车司机、拖拉机司机。

IAS：普通经济学家、农场经济学家、财政经济学家、国际贸易经济学家、实验心理学家、工程心理学家、心理学家、哲学家、内科医生、数学家。

IAR：人类学家、天文学家、化学家、物理学家、医学病理、动物标本剥制者、化石修复者、艺术品管理者。

ISE：营养学家、饮食顾问、火灾检查员、邮政服务检查员。

ISC：侦查员、电视播音室修理员、电视修理服务员、验尸室人员、编目录者、医学实验室技师、调查研究者。

ISR：水生生物学者，昆虫学者、微生物学家、配镜师、矫正视力者、细菌学家、牙科医生、骨科医生。

ISA：实验心理学家、普通心理学家、发展心理学家、教育心理学家、社会心理学家、临床心理学家、目标学家、皮肤病学家、精神病学家、妇产科医师、眼科医生、五官科医生、医学实验室技术专家、民航医务人员、护士。

IES：细菌学家、生理学家、化学专家、地质专家、地理物理学专家、纺织技术专家、医院药剂师、工业药剂师、药房营业员。

IEC：档案保管员、保险统计员。

ICR：质量检验技术员、地质学技师、工程师、法官、图书馆技术辅导员、计算机操作员、医院听诊员、家禽检查员。

IRA：地理学家、地质学家、声学物理学家、矿物学家、古生物学家、石油学家、地震学家、声学物理学家、原子和分子物理学家、电学和磁学物理学家、气象学家、设计审核员、人口统计学家、数学统计学家、外科医生、城市规划家、气象员。

IRS：流体物理学家、物理海洋学家、等离子体物理学家、农业科学家、动物学家、食品科学家、园艺学家、植物学家、细菌学家、解剖学家、动物病理学家、作物病理学家、药物学家、生物化学家、生物物理学家、细胞生物学家、临床化学家、遗传学家、分子生物学家、质量控制工程师、地理学家、兽医、放射性治疗技师。

IRE：化验员、化学工程师、纺织工程师、食品技术师、渔业技术专家、材料和测试工程师、电气工程师、土木工程师、航空工程师、行政官员、冶金专家、原子核工程师、陶瓷工程师、地质工程师、电力工程师、口腔科医生、牙科医生。

IRC：飞机领航员、飞行员、物理实验室技师、文献检查员、农业技术专家、动植物技术专家、生物技师、油管检查员、工商业规划者、矿藏安全检查员、纺织品检验员、照相机修理者、工程技术员、编计算程序者、工具设计者、仪器维修工。

CRI：簿记员、会计、计时员、铸造机操作工、打字员、按键操作工、复印机操作工。

CRS：仓库保管员、档案管理员、缝纫工、讲述员、收款人。

CRE：标价员、实验室工作者、广告管理员、自动打字机操作员、电动机装配工、缝纫机操作工。

CIS：记账员、顾客服务员、报刊发行员、土地测量员、保险公司职员、会计师、估价员、邮政检查员、外贸检查员。

CIE：打字员、统计员、支票记录员、订货员、校对员、办公室工作人员。

CIR：校对员、工程职员、海底电报员、检修计划员、发报员。

CSE：接待员、通讯员、电话接线员、卖票员、旅馆服务员、私人职员、商学教师、旅游办事员。

CSR：货运代理商、铁路职员、交通检查员、办公室通信员、簿记员、出纳员、银行财务职员。

CSA：秘书、图书管理员、办公室办事员。

CER：邮递员、数据处理员、办公室办事员。

CEI：推销员、经济分析家。

CES：银行会计、记账员、法人秘书、速记员、法院报告人。

ECI：银行行长、审计员、信用管理员、地产管理员、商业管理员。

ECS：信用办事员、保险人员、各类进货员、海关服务经理、售货员，购买员、会计。

ERI：建筑物管理员、工业工程师、农场管理员、护士长、农业经营管理人员。

ERS：仓库管理员、房屋管理员、货栈监督管理员。

ERC：邮政局局长、渔船船长、机械操作领班、木工领班、瓦工领班、驾驶员领班。

EIR：科学、技术和有关周期出版物的管理员。

EIC：专利代理人、鉴定人、运输服务检查员、安全检查员、废品收购人员。

EIS：警官、侦察员、交通检验员、安全咨询员、合同管理者、商人。

EAS：法官、律师、公证人。

EAR：展览室管理员、舞台管理员、播音员、驯兽员。

ESC：理发师、裁判员、政府行政管理员、财政管理员、工程管理员、职业病防治、售货员、商业经理、办公室主任、人事负责人、调度员。

ESR：家具售货员、书店售货员、公共汽车的驾驶员、日用品售货员、护士长、自然科学和工程的行政领导。

ESI：博物馆管理员、图书馆管理员、古迹管理员、饮食业经理、地区安全服务管理员、技术服务咨询者、超级市场管理员、零售商店店员、批发商、出租汽车服务站调度。

ESA：博物馆馆长、报刊管理员、音乐器材售货员、广告商售画营业员、导游、(轮船或班机上的)事务长、飞机上的服务员、船员、法官、律师。

ASE：戏剧导演、舞蹈教师、广告撰稿人，报刊、专栏作者、记者、演员、英语翻译。

ASI：音乐教师、乐器教师、美术教师、管弦乐指挥，合唱队指挥、歌星、演奏家、哲学家、作家、广告经理、时装模特。

AER：新闻摄影师、电视摄影师、艺术指导、录音指导、丑角演员、魔术师、木偶戏演员、骑士、跳水员。

AEI：音乐指挥、舞台指导、电影导演。

AES：流行歌手、舞蹈演员、电影导演、广播节目主持人、舞蹈教师、口技表演者、喜剧演员、模特。

AIS：画家、剧作家、编辑、评论家、时装艺术大师、新闻摄影师、男演员、文学作者。

AIE：花匠、皮衣设计师、工业产品设计师、剪影艺术家、复制雕刻品大师。

AIR：建筑师、画家、摄影师、绘图员、环境美化工、雕刻家、包装设计师、陶器设计师、绣花工、漫画工。

SEC：社会活动家、退伍军人服务官员、工商会事务代表、教育咨询者、宿舍管理员、旅馆经理、饮食服务管理员。

SER：体育教练、游泳指导。

SEI：大学校长、学院院长、医院行政管理员、历史学家、家政经济学家、职业学校教师、资料员。

SEA：娱乐活动管理员、国外服务办事员、社会服务助理、一般咨询者、宗教教育工作者。

SCE：部长助理、福利机构职员、生产协调人、环境卫生管理人员、戏院经理、餐馆经理、售票员。

SRI：外科医师助手、医院服务员。

SRE：体育教师、职业病治疗者、体育教练、专业运动员、房管员、儿童家庭教师、警察、引导员、传达员、保姆。

SRC：护理员、护理助理、医院勤杂工、理发师、学校儿童服务人员。

SIA：社会学家、心理咨询者、学校心理学家、政治科学家、大学或学院的系主任、大学或学院的教育学教师、大学农业教师、大学工程和建筑课程的教师、大学法律教师、大学数学、医学、物理、社会科学和生命科学的教师、研究生助教、成人教育教师。

SIE：营养学家、饮食学家、海关检查员、安全检查员、税务稽查员、校长。

SIC：描图员、兽医助手、诊所助理、体检检查员、监督缓刑犯的工作者、娱乐指导者、咨询人员、社会科学教师。

SIR：理疗员、救护队工作人员、手足病医生、职业病治疗助手。

参考文献

[1]洪向阳.10天谋定好前途：职业规划实操手册(第二版)[M]. 北京：中国经济出版社，2021.
[2]冯小苏，黄丹，赵文国. 大学生职业生涯规划[M]. 天津：天津科学技术出版社，2022.
[3]余文玉，钱芳. 我的未来我做主：大学生职业生涯规划[M]. 上海：上海交通大学出版社，2020.
[4]刘建中. 大学生职业生涯规划[M]. 成都：电子科技大学出版社，2020.
[5]康月林. 大学生职业生涯规划[M]. 长沙：湖南科学技术出版社，2023.
[6]罗陈娟，韩赟. 职业生涯规划团体活动教程[M]. 北京：清华大学出版社，2023.
[7]马幼莲，吕闽. 大学生职业生涯规划与就业指导[M]. 北京：航空工业出版社，2019.
[8]杨璟，陈起风. 大学生职业发展规划与就业指导[M]. 哈尔滨：哈尔滨工业大学出版社，2018.
[9]金树人. 生涯辅导与咨询[M]. 北京：高等教育出版社，2007.
[10]王虎平. 大学生职业生涯规划[M]. 武汉：武汉大学出版社，2022.
[11]延凤宇，王红. 大学生职业生涯发展[M]. 武汉：武汉大学出版社，2012.
[12]侯亚辉. 应用型本科院校大学生就业指导与职业发展[M]. 北京：航空工业出版社，2020.
[13]陈金山. 大学生就业指导与职业生涯规划[M]. 武汉：武汉大学出版社，2021.
[14]王科，姜雪丽. 大学生职业生涯规划[M]. 北京：清华大学出版社，2021.
[15]涂雯雯，魏超. 大学生职业生涯规划：慕课版：双色版[M]. 北京：人民邮电出版社，2019.
[16]熊龙. 当代大学生价值观形成研究[D]. 保定：河北大学，2021.
[17]周锋. 当代大学生职业价值观研究[D]. 石家庄：河北师范大学，2015.
[18]张佳玉. 当代大学生职业价值观现状及培育对策研究[D]. 桂林：桂林理工大

学，2023.
[19]王泽兵，付玉婷．新时代大学生树立正确职业价值观的策略研究——基于马克思《青年在选择职业时的考虑》的思考[J]．攀枝花学院学报，2019(3).
[20]李莉．大学生职业生涯规划[M]．北京：北京理工大学出版社，2022.
[21]姚裕群，曹大友．职业生涯管理[M]．大连：东北财经大学出版社，2022.
[22]彭彦华，彭海滨．大学生职业生涯规划[M]．北京：人民邮电出版社，2022.
[23]张惠典，陈欣．新时代大学生职业生涯规划教程(第2版)[M]．厦门：厦门大学出版社，2023.
[24]戴良铁，余家军．大学生职业生涯规划理论、方法、云服务平台[M]．广州：暨南大学出版社，2022.
[25]周文霞，谢宝国．职业生涯研究与实践必备的41个理论[M]．北京：北京大学出版社，2022.
[26]曾永安，刘伟，杜松松．大学生职业生涯规划[M]．上海：上海交通大学出版社，2021.
[27]秦福德，王卫民，刘敏．模拟职场 规划未来——大学生职业生涯规划与就业指导[M]．上海：上海交通大学出版社，2020.
[28][美]乔治·安德斯．能力迁移[M]．武越，葛颂，译．北京：中信出版社，2019.
[29][美]史蒂夫·科维．高效能人士的七个习惯[M]．顾淑馨，常青，译．北京：中国青年出版社，2003.
[30]马华兴，王鹏．做出好选择[M]．北京：中国友谊出版公司，2021.
[31]古典．拆掉思维的墙[M]．北京：中信出版社，2021.
[32][美]比尔·博内特，戴夫·伊万斯．斯坦福大学人生设计课[M]．周芳芳，译．北京：中信出版社，2022.
[33]王鹏程．职场幸福课：把工作折腾成自己想要的样子[M]．北京：民主与建设出版社，2017.